# 井筒俊彦

英文著作翻訳コレクション

# 言語と呪術

TOSHIHIKO IZUTSU

*Language and Magic:*
*Studies in the Magical Function of Speech*

安藤礼二——監訳
小野純一——訳

慶應義塾大学出版会

# 言語と呪術 ❋ 目次

# 凡　例

一、本書は Toshihiko Izutsu, *Language and Magic: Studies in the Magical Function of Speech*, Keio University Press, 2011 の全訳である。

二、原著の引用符〝　〟は「　」で、強調の斜字体および大文字はそれぞれ傍点と〈　〉で表記した。訳者の判断で、「　」による強調を加えたところがある。（　）と［　］は原文どおりである。〔　〕内は訳者による補足である。

三、原注・訳注は、それぞれ各章末に置いた。原注番号は（　）で、訳注番号は〔　〕で本文中に示した。

四、原著で英語に訳されている古典古代文献の引用は、著者の理解を示すために原著の英文に基づいて訳した。

五、現在の用法からは差別的とされる語彙も、原著出版時の状況に鑑み、原文どおりとした。

# 言語と呪術

# まえがき

本書は、慶應義塾大学語学研究所の援助を得て最近創刊された人文・社会科学を扱う新しい叢書の一冊目である。この場を借りて企画当初から関心と励ましを示してくださった本叢書の監修者である松本信廣教授に心からの感謝を表したい。これまでと同じように今回も寛大に接してくださった慶應義塾大学の西脇順三郎教授にも謝意を表したい。

さらに、この書物を執筆する全過程をとおして、私の元学生である鈴木孝夫氏が貴重な助力を惜しまれなかったことに謝意を伝えたい。とりわけ第九章は、その内容に関連する彼の有益な情報と助言に負うところが大きい。

本書が素描《スケッチ》以上のものであると主張するつもりはない。というのも、紙幅に制限があるゆえ、取り上げてしかるべき多くの話題に触れることができなかった。それゆえ、言語の呪術的な働きをめぐって私が企てたような探求にとって、この上なく重要と思われるテーマのみを選ぶしかなかったからである。それ以上に、本来は、中国語の構造について、第四章と第八章で展開したいくつかの点——とくに中国語の命題のもつ主語＝述語形式と品詞の歴史的形成に関する——を具体例を挙げて例証するため、若干の補注を加えるつもりであった。だが、これらの問題は扱うにはあまりに大きすぎて満足のゆく議論をするとなれば、本書の目的からはるかに逸れてしまうことをすぐさま確信した。そこでこの議論は他日を期すことにした。

そう遠からぬ将来、特に中国語のもつ構造的特徴とそれが中国人の言葉による思惟方法に及ぼしてきた影響を取り扱う別の著作を著したい、というはかない希望を抱いている。

井筒 俊彦

一九五五年　東京

# 第一章　呪術《マジック》と論理《ロジック》のあいだ——予備的考察

いかなる角度から迫ろうとも、言語とは無限に複雑な主題であり、それが提起する問題はおのずと極端に多様であり、無数にある。人間の活動におけるこの局面について関心を共有するさまざまな研究者によって、大いに異なる探究方法がいくつも提案されてきたことは驚くべくもない。このような事情を考えれば、これから続く各章で論じることになる問題のもつおもな性質や、どんな方法でそれらに取り掛かるのかを、その準備としてここで明らかにしようとするのも場違いではなかろう。そうすれば、私の考察が及ぶ範囲と限界もここでおよそ示せるだろうと思う。

本書の目的を簡潔に述べるなら、次の通りである。世界で広く、また古くから信じられている言語の呪術的な力を考察すること。そして、それが人の思考および行動の様式に与える影響を検討すること。最後に、呪術と言語とのあいだにある密接なつながりの本性と起源について可能な限り体系的な探究を成し遂げることである。

言語が現代のきわめて重要な関心事のうちでも第一にして最重要であることは誰も否定しないだろう。事実、学問の世界でも一般社会でも、言語は目下、最も人気のある話題の一つである。その一方で、次のことに注意するのは重要である。すなわち、言語の問題へのこの一般的な関心は、言葉の働きに対する際立って否定的、または批判的な態度で特徴づけられていること。そしてそれが、全体として、現在の思想傾向に特徴的であるということである。ここで、最近のラディカルな思想家たちのあいだに確実に広まりつつある考えを想い起こすのは有益であろう。彼らによれば、哲学ですらまさに言語批判であってそれ以外の何物でもないと考えるべきなのだ。よく指摘されるように、現代は人がますます言葉に意識的となっている時代である。人間の心性を理解するなかで、言語のもつ本源的な形成力が中心的な位置を獲得するに至り、言葉によって欺かれ、惑わされてしまうのはどれほど容易なことかと、一般の人々ですら驚きをもって実感している時代である。このようにして、言葉のもつ「呪術的」な力が、人間の心の本性および知の構造を究明しようとする人たちの注目を独占するに至ったことに驚く理由はない。

他方で、この主題が難解さと不確かさとで満ちていることも認めねばならない。「呪術」や「呪術的なもの」という観念自体は、実際、表面的にはきわめて単純明快のように思われる。しかし、言語活動のより基礎的な側面に関して詳しく理解しようと思うと、たちまちに異様な複雑さに巻き込まれてしまう。というのも、この問題を考察するということは、遅かれ早かれ、言語的「意味」そのものに深く潜む呪術的な含意を解明するという、手ごわい課題を引き受けざるをえなくなるからだ。確かに、世界中に存在する野生の人々の間で実際に遭遇するような言葉に関わる迷信から、さまざまなタイプを列挙して記述することはたやすいし、これらの異質な風習や慣習から理論的な原理を明るみにもたらすこともさほど難しくない（これは本書の最初の数章で取り組む）。だが、深刻な困難が現れるのは、言語呪術すべての隠れた源泉へと降りて行こうとするとき、言い換えれば、呪術と言語とのあいだにあると思われる有機的な連関をその究極的な源まで遡ろうとするときである。しかしながら、この問題にはすべてを賭けても挑むべきである。それゆえ、私は、困難ではあるが非常に重要なこの問題を本書の後半であらためて検討するつもりである。そのときに、私は人間言語の前史に関して作業仮説を提出しようと思う。それは、あらゆる言語的意味が呪術的な「倍音」〔含意〕をもつという事実を考察するにあたって、さらに明晰さへと歩みを進める一助となろう。

手始めにここでは、発話《スピーチ》の諸機能を階層化するという問題に大まかな注意を払いながら、言語のもつ呪術的な用途の、いわば生活史《ライフ・ヒストリー》を辿ってみよう。呪術的な用途はそれ以外のあらゆる用途に対立するものであり、生活史は想像できる限り最も早い時代から今日に至るまでの歴史である。その全般的な構図を心に留め置いてもらえるなら、それはこのあと本書全体にわたって続く議論を適切な見方で捉えるために有益となるだろう。そう私は期待しているのだ。

今では、明確に識別される数段階の発展に分けて人間言語を考察することが可能である。著名なフランス人の学者アンリ・ベル[1]は、手と言語があって〈人〉は存在するという含蓄のある発言を残している[2]。彼が意味するのは、諸生物が進化の過程を上昇していく歩みのなかで、手と言語の発生が動物学的な段階を終焉させ、人間の歴史の始まりを徴《しるし》づけている、ということだ。正確にいつ、いかにしてこの決定的な人類学的瞬間が到来したのか、人間になることを運命づけられたヒトに近い動物がいつ初めて二本足で立ち、話し始めたのかは、決して解き明かされることのない問いである。しかし、かなりの確率で次のことまでは推測できる。すなわち、歴史の夜明けを遡ること数十万年前に初めて人間の発話《スピーチ》が開始されたとき、それはほとんど動物の鳴き声と変わらなかったはずである。というのも、そのごく初期の時代に〈ヒト〉自身は知性が限定されていたので、動物の仲間である状態から抜け出せていなかったことは疑いないからだ。猿人《ピテカントロプス》は北京原人とともにまぎれもなくヒトではあるが、きわめて初期のヒトを代表する。彼らは、分節言語〔分節された明瞭な発話〕の能力と通常結びつけられる脳領域を発達させ、拡張させるのに十分な脳容積をもっていた。さらに、彼らは直立歩行したことを明らかに示す人間のそれに類する大腿骨をもっていた(1)。それゆえ、猿人は話したのだとは推察できるが、人が話すという場合にわれわれが習慣的に期待するような仕方で話したかは大変疑わしい。先史考古学の専門家が述べるには、〔中期〕旧石器時代のムスティエ文化に属する人々〔初期人類、原人のこと〕の段階、つまり、人間の歴史が始まってからごく控えめに見積もって二〇万年後の段階ですら、これらのヒトの場合は、下顎が未発達で、眼窩上隆起は顕著であり、額はなだらかに狭く後退していた。彼らはまさに獣を彷彿とさせる風貌をしており、その言語《スピーチ》は舌筋の配置から判断して不明瞭な発音に留まっていたはずである。(2) とはいえ、他方で、ル・ムスティエ〔フランス南西部ドルドーニュ地方の渓谷〕での埋葬は、この段階でさえ早くもヒトが超自然的なものについてある程度はアニミズム的な、もしくは前《プレ》アニミズム的な観念を所有していたはずであることを示唆している。そのうえ、遺体の周りに置かれた品々は、呪術的な意義があると解釈されうると言われる。もちろん、遥か遠い当時の言語と呪術の相互関係については完全に不明であり、たった一つの仮定すら支持するような証拠もない。しかし、たとえ確証がなくとも、純粋な理論として考察することが許されるなら、未開の呪術が——確かにこの上なく未熟な形態においてながら——、発達の最初期の段階で手探りしている人間言語を統括している、という想像上の一場面を思い描くことはまったく不可能というわけではない。

人間言語がその要素を十全に具えて完成に至ったのは、アジール文化〔フランス南部からスペイン北部を中心に分布〕の時代（旧石器時代と新石器時代の間に位置する）にまで遡りうると言われることがある。この見解が概ね正しいと考えてよいなら、それが意味するのは、動物的な形式をもつ意思疎通の段階から明確に人間の言語と呼べる類いの言語形式への移行が、大まかに言って、われわれの祖先の間で呪術の慣習が段階的に形成されるのと同時に起きたということであろう。というのも、実際に新石器時代に残されたさまざまな考古学的な遺物にわれわれが見いだす呪術は、すでに十全に発展しており、種類が非常に豊富だからだ。偶像、崇拝物、霊符、護符、魔除けのような呪術を目的とする何千もの石製品や骨製品が考古学者の手で発掘され、新石器時代に帰されてきた。したがって新石器時代人の呪術・宗教的習俗がしっかり確立されていたことに疑いを挟む余地はない。これは人類の文化史上、二つの決定的な出来事——つまり一つは呪術的な風習の目覚ましい開花、もう一つは人間言語の本格的な進化——が同時に起きたことを想定させ、言語の起源をめぐるあらゆる理論的な議論にとって何らかの深い意義があると思われる。

しかしこのことが言語の「祭祀的な起源」を採用する人たちの論拠とされてはならないことを急いでつけ加えておく。[3] 呪術・宗教的な儀式が人間言語《スピーチ》の発生の場であるとか、祭祀的で儀式的な行事だけが人間言語を生み出したなどと主張するのは、無論、私がとる論点ではない。というのも、K・ビューラー[4]が正しく述べるように、それは本末転倒であるからだ。言語使用が儀式の形成や標準化に先立つと確信する理由はいくつもある。しかしそれを理由に、呪術が人間言語の形成過程でみごとに果たしたかもしれない本質的部分を切り捨てることは、深刻な誤りとなるであろう。さらに、ビューラーが『言語理論』で行ったように、われわれが用いる言葉に付随するすべての呪術的な関連づけが、実際には付加的で外的な要素にすぎず、いわばすでに固まった言語の表面に徐々に蓄積されてきたものである、と論じることも深刻な誤りであろう。

この問題は明らかに本書全体をとおして絶えず検討しなければならないので、ここでは目下の目的に必要な注意を向けることにして、さらに詳細な議論は後章にゆだねよう。こうしたことを考慮に入れた上で、暫定的に次の三点を強調してよいだろう。第一は、エルンスト・カッシーラー[5]が『象徴形式の哲学』で術語として「象徴」を定義した意味で人間言語のもつ現象学的な構造が徹頭徹尾、象徴的であること。もしこの観点から問題に迫るなら、言語の発生はスザンヌ・ランガー[6]が「象徴的変容」と呼んだものへと向かう、人間の心に深く根ざした傾向にまでおそらく究極的には辿られよう。この傾向とは、すなわち、常に経験を象徴に翻訳するという人間のもつ根本的な欲求である。こう述べることは、言語が呪術にきわめて近い関係にあると認めるに等しい点に注意しよう。ヘンリー・H・プライス[7]は、目覚めているときの生よりも夢をみているときの方が人間の心にとっては、おそらくより本性的であると近著『思考と経験』（一九五三）で述べている。「その〔夢見の〕いわば本来的な要素とは、望んだことすべてが、まさに望んだという事実によって満たされる世界であり、そこでは思考されるというただそれだけのことによって、すべての命題は真となってしまう」（一四〇頁）。この種の非経験的思考を心の本質的な働きと真に認めてよいとしよう。すなわち、心のもつ基礎構造とは、「実際には空に雲ひとつなくとも、黒雲を思うだけで、今にも雨が降りそうだと心は信じさせられうる」〔同上〕ようなものとしよう。もしそうであるなら、その際、言語と呪術とは人間の心が夢見および象徴形成へ向かう同一の本性的な傾向から生まれた双子の姉妹であると考えることは正当であろう。

次に第二点へ移ろう。従来の理論のほとんどが、言語的な意味のもつ現実的な構成要素として呪術的なものを認めるか、否認するかしてきた。それらは、「呪術」と言えばなんであれ、標準化された形式群、つまり伝統的に定着した儀礼行為や信仰内容と同一視してきただけであって、それではまるで呪術について考慮すべき他の考えがないかのようである。私見では、これは過度の単純化という過ちを犯している。われわれが問題に取り組んでゆくにつれて、次のことがますますはっきりとみえてくるだろう。先行理論のおもな欠陥は、呪術的な儀礼が数々の主観的で情緒的な経験を現れの場として人にその姿を露わにしたはずだという点を認識できなかったことである。言い換えるなら、定まった形式に標準化される以前、呪術的な儀礼は、情緒を表現する自発的な儀礼であったと記述するのが最もふさわしいであろう役割を長いあいだ果たしたはずだと認識できずにいたのだ。それと同時に、自発的な儀礼という類いの呪術的な儀式——標準化された呪術の前身、と言ってよいだろう——こそが、まさしく意味に関する一般理論にとって中心となる重要性をもつことがのちに判明することに留意しておかねばならない。

現在、野生社会のもつ実態は通例では、呪術・宗教的なものと世俗的なものという本質的な二元性の立場から解釈される。今日、人類学者と民族誌学者のあいだで通説となっているのは、未開の人々がある意味で本質的に区別される二つの世界に生きているということである。一つは、俗世間、すなわち自然的で正常で完全に予測可能な出来事の領域。もう一つは、非日常的、超常的、または超自然的な事態の世界である。この仮定に従うなら、（標準化された意味で理解される）呪術は後者の類いの生活状況《ライフ・コンテクスト》に完全に属するとされて当然であるのに対し、前者を司るのは、日常的なものを実際にいかに扱うかという知識たる科学である、と信じられていることになる。これはおおかた疑いのない事実ではあるし、その理論が反論可能であると主張するような準備も私にはまったくない。しかしながら、未開の生がもつ実際的な諸側面をあまりに厳格かつ徹底して二分化しようものなら、言語形成の過程だけでなく、未開の人々の生活一般において呪術の精神が果たす役割を歪めて理解することになる、ということを見落としてはならない。

端的に言えば、私自身の見解はこうである。外的な行動においても、精神的かつ情緒的な生においても、有機的な統一体としての人間に対して働きかけるものとして、呪術なるものがもつ力動的《ダイナミック》な側面をよりよく把握するため、いわゆる〈聖俗〉の「領野」が鋭い切断によって分離されてはおらず、むしろそれらはマリノフスキー[8]にならって「自発的」な呪術とでも呼ぶべき中間的な位相を介して互いに結び合っていることを認識しなければならない。自発的な呪術は、形式化され標準化されたタイプの呪術とは対照的に、抗いがたい感情や執拗な欲求に対する人の自発的で本性的な反応に基づいている。それらは、癇癪を起こして人を脅すときの言動のように、爆発する制御不能な感情や、敵に対して呪詛の言葉をおのずと吐くこと、待望する結果を自発的に模倣して再現することなどである。これらは何と言っても日常の実践的な活動のただなかで人に襲いかかる強い情緒的な経験であり、そうである限りは本性的なものの領野に属している。とはいえ、見方を変えれば、これらの自発的な振る舞いや行いは、未発達ながらも実際に呪術的な儀礼のあらゆる原理を内包していると考えられる。自発的な呪術という新しい観念を導入するなら、呪術と言語のもつ関係という問題が新たな細部にわたって、しかも大半の研究者がこれまで気づかなかった側面をもつものとしてみえてくるだろう。とりわけ、私は、言語の起源という問題をも解明する光がこの側面から投げかけられることを期待している。だが、この問題を語る機会は、のちほど十分にあるだろう（第七章参照）。

この予備的考察でとくに強調したい三つ目のポイントは、言語とその呪術・宗教的な環境とが互いに及ぼす作用と反作用について注意深く考察する必要があるという点である。この相互関係は世界を神話的に描き出す際にみられ、〔世界の〕至るところでごく初期段階にある未開的な思索の目印となっている。言語の呪術的な起源をめぐる仮説について何を言われうるとしても、言い換えれば、呪術と言語の本質的かつ有機的なつながりが初めからあろうがなかろうが、いずれにせよ変わらずに確かなことがある。それは、先史時代のある時期において、呪術と言語は相互に浸透し互いを満たし合うきわめて密接な関係を結ぶようになり、ついには言語が全体として、またそれ自体として、あたかも聖別されているとみなされるに至ったであろうということだ。先ほど言及した本でカッシーラーは、言語そのものの概念は初めにこの種の神話的世界観において生起したという優れた観点を提示した。このことは呪術的な精神が人間の生全体に浸透し、聖なるものの領域を統括するだけでなく、俗なるものの領域へもある程度の支配を広げている社会でのみ起こりうることに留意するのも重要であろう。

未開の人々の生活習慣に対して、日常と超常という二分法的な分割をあまりに厳格に強行してしまう危険についてはすでに言及した。同種の危険は目下の問題との関連でも生じるであろう。事実、未開人の心理に関する現在のほとんどの議論においては、この二つの「領野」のあいだにある均衡が非常に流動的な本性をもつことに、わずかな注意しか払われていないように思われる。それらは、あらゆる野性社会で等しく重要であり、この生のもつ両様相は決して交わらずにどこででも併存していると通常は思い込まれている。しかし、もしここで歴史的進化の観点を導入するなら、より良い見識が獲得されるかもしれない。平和な共存を装ってはいるが、実は呪術・宗教的な原理と理性的な原理のあいだには、絶え間ない覇権争いが続いてきたのである。古代人の世界観が悪名高いほど迷信深かったのに対し、近代の文化的な人々の世界観は、理性的な原理のもつ優越性ゆえに、呪術と迷信からますます解放されてきたことは、誰もが知っている。これは、実際的な関心事からなる世俗世界が呪術と儀礼主義の領分を損ねるほどに自己拡大したことで、呪術・儀式の領分が、ついにわれわれの社会生活の表層で、いわば猫の額ほどの土地にまで縮小されてしまったことを含意している。

ここまでくればこの事実からだけでも次のことを示唆するに十分であろう。すなわち、この「領土問題」の長い歴史を逆向きに辿るなら、呪術的な原理のもつ優越性が急速に高まるにつれて、純粋に日常的なものの支配権がますます制限されてゆき、最後には振り子が完全に反対側に振り切れてしまうに至るのをわれわれはみることになろう。呪術と儀式主義の精神が段階的に社会の隅々にまで広がり、われわれにとってまったく世俗的で日常的である人間生活の諸相にまでその精神が浸透しているのをわれわれは目撃するであろう。こうして、この精神的な逆行の最終局面においてわれわれは、未開の生活が進化していくプロセスでのある段階を想像することができる。その段階では、呪術・宗教的観念が個人と社会とをほぼ無制限に支配しており、要するに、呪術が生それ自体と事実上、同一の広がりをもっているのである。

このことはジェームズ・フレイザー[9]によって示唆されていた。彼は『金枝篇』の第一巻で「呪術時代」という今や名高い仮説を提起した。人間文化史の物質面においてあらゆるところに石器時代があるのと同様、知性面においてもあらゆるところに呪術時代があったはずであると彼は論じた。人の身体をその種に固有な特徴をもつように発達させる成長の普遍法則は、人の精神構造にも作用を及ぼし、あらゆるところで人間の心が同じ方向に進化するよう駆り立てていると思われる。そして、その方向とは、はじめは異様に聞こえるかもしれないが、つねに呪術と儀式主義がもつ方向と同じなのである。

「呪術時代」は確かに作業仮説にすぎないが、それが根拠のない妄想の断片ではないことは、昨今の人類学的・民族誌的研究の傾向によって示されていると思う。事実、未開人の習わしについての調査がますます増えるにしたがって判明したのは、最も野生の状態にある部族のあいだでさえ常に呪術が見いだされるだけでなく、大半の場合、呪術が未開という条件下にある人々の生活の全体を覆い尽くしていることである。現代の未開の人々の生活であまねく行われている社会的な風習や習慣を広範囲に調査すると、飲食、洗濯、入浴などわれわれが日常行為と呼んで、単純かつ実用的な行動にすぎないと見なすものが、未開の人々の目には著しく深い象徴的な価値を確かにもっていることが明示されるであろう。近代的な文化生活がもついわゆる日課は、実際には衰退したいくつかの儀式に他ならないことが判明するのだ。揺籠から墓場まで、いや目覚めから眠りまで、呪術・宗教的性質の厳密な規定と禁止が最も微細な点に至るまで、未開人の生を統制しているという発見によって、確かにわれわれは今、いくぶんなりとも当惑している。人生の「重大な岐路」のすべて（誕生、青年期、結婚、そして死）、さらに重要な集団的事業（狩猟、農業、あるいは商業）もまた、厳粛な祭祀や祭礼に取り囲まれているだけでなく、実践的な毎日のあり方それ自体の隅々まで、神聖な力のおぼろげな認識が行き渡っている。この認識は、呪術的なるものをもつ何かによって生全体を色づけているようなのだ。それゆえ結果として極端な場合、この語を普通に理解するときの意味で「日常生活」は事実上ないと思われるほどである。

したがって、われわれが祖先についての議論へ進もうとも、あるいは文明化した世界の周辺で今日生きる未開部族についての議論へ進もうとも、いずれにせよ、こう結論するよう促されているようである。すなわち、人間という種は、「呪術時代」として記述されるのが最もふさわしいと言ってよい精神的発展の特有の段階を通過することをあらかじめ運命づけられており、その「呪術時代」においては呪術に優先性を置くことが、生のほぼすべての領域においてかなり支配的なのである。実際、時代を遡るほど、そして、より高次の生活様式から離れるほど、呪術は未開の生活の基調を形成し、未開人の心は、レヴィ＝ブリュール[10]の理論に対して提出されたすべての有力な反論にもかかわらず、結局、圧倒的に「前論理的」もしくは前経験的であることが、ますます確かになってゆくようなのだ。この観点から考えると、呪術的な基調は初期の、そして未開の人々一般の言語的振る舞いに対して優勢であり、それは彼らの生活全体を呪術的に方向づける、部分的ではあるが明らかに最も重要な側面に他ならないことが判明する。（あれこれ個々の語ではなく）「言葉」そのものの至聖性が普遍的に信じられているることは、全世界、全時代をとおして、神話的思考がもつ特徴の一つとみなされる。一般的に考えられているように、それは単に興味深い一致であるにはあまりに顕著な現象である。「呪術時代」に特有の産物とみなして、精神的進化のそのような段階を特徴づけるさまざまな観念、風習、習慣を背景に研究する場合にのみ、この現象に対して十分に納得のゆく説明ができるのだ。

ここで、これまでの議論を要約しておこう。私はまず、言語と呪術はともに最終的には人間の心がもつ基本的な要請にまで遡ることができる、とある程度の確信をもって仮定することから始めた。その要請は、経験の象徴化されたさまざまな姿を、つねに心そのものに供給しようとする傾向、つまり象徴形成へ向かう人の本性的傾向である。両者の相互関係については、呪術が言語進化におそらく先立つと言えるであろう。なぜなら、より低次の象徴化の諸過程がすでに横溢し、増殖した場でなければ、人間言語のように精巧で高度な形態の象徴体系が出現しえたとはとても考えにくいからだ。私はさらに、自発的な儀礼という意味での呪術、つまり危機的状況に対して自発的に噴出した人間的機構の反応が、音声言語の母胎と見なすのは妥当であろうと提案した。しかし、これが正しかろうと誤りであろうと、いずれにせよ、初期人類〔原人〕がもっていた言語的なものの見方と呪術的信仰は、それらが連続的で解きほぐせないほど密接に結びついている、というのが経験的な事実であり、この事実はこれまでとは違う別の仕方で説明されねばならない。「呪術時代」という仮説が、この統合過程を明らかにするためには決定的に重要であると私は述べた。

サロモン・レナック[11]はかつて、人間の歴史は世俗化の過程であると言った。事実、歴史時代の夜明け以来、人類の物語は、未開の呪術・宗教的世界観を、完全に世俗化されて物理学的に基礎づけられた科学的なものの見方に転換する長い苦難の過程であったと簡潔に述べてよかろう。迷信の足枷や束縛、さらに心のなかの他の未開の段階から自己を解放するために、人が払った努力の量は膨大なものであった。

この過程はより凝縮された形で言語の歴史にみることができる。人の生が世俗化される進展と密接に並行して、そして言語のさまざまな形態や機能のなかにその進展を忠実に反映させながら、言語は呪術師や魔術師のような象徴を拡散する人々の手からますます解放されてゆき、世俗化された社会で営まれる人間生活の全き複雑さに適応する道具へと徐々に自己を変革していった。現代の社会がますます多様で独立した活動の領域へと分化する強い傾向を示すにしたがい、多様で独立した領域のそれぞれが公的かつ私的な領域に内在する諸関係のネットワークを伴うこととなる。それに対応して、言葉にあてがわれる用途が、これまで以上に多様化し変容していくのはきわめて自然なことである。言葉は、いわば、柔軟性と適応性とを増すよう強いられ、文化文明のとどまることのない要求に応じて、ますます多岐にわたる機能を果たす義務を負うようになった。こうして現在、「言語」という単純な名称のもとに呼ばれるものは、実際には高度に発展した複雑な構造、つまり多重階層の機能からなる複合体となるに至った。現代の個的かつ社会的な生活に存在する諸条件の下で、同一の言葉や、言葉の同一の組み合わせは、このように継続的に広く多様な目的に奉仕することが要求されている。それゆえ、意味あるいは言語「使用」の根底的な様相を区別し分離する緊急の必要性が、言語的な象徴を取り扱うどのような科学的論述においても感じられている。事実、C・K・オグデン[12]とI・A・リチャーズ[13]が刊行した先駆的業績『意味の意味』で今や有名となった意味機能のもつ指示と感情の二分法が初めて学界に提示されて以来、言語的な象徴が用いられる原理的な方法を分化し、さらにそれらをいくつかの二次的区分に分けるさまざまな試みがなされてきたし、この主題をめぐってあまたの論争が繰り広げられてきた。この込み入った問題の根そのものに迫るなら、今ではこの問題が主要な種類の記号《サイン》と象徴《シンボル》を包括的に分類するという基礎的な問題であること、さらにそれが疑いなく哲学的かつ意味論的な考察の最先端にある問題であることが明確となる。

　この問題に最も真摯に取り組んできた試みの一つとして、チャールズ・モリス[14]の試みが挙げられるだろう。彼は『記号、言語、振る舞い』で意味指示のもつ四つの原理的様相、四つの第一義的な記号使用を区別し、これら両区分を組み合わせることで、十六の主要な「言説《ディスコース》のタイプ」、つまり言語における〔機能の〕特化〔第一義的な記号使用を機能ごとに類型化すること〕を着想した。このように区別されたすべての言語使用について詳細にまで立ち入るのは本章の目的からは離れすぎているので、不要であろう。それに、モリスがするように純粋に「行動主義的」記号論の枠組みのなかで言語的な象徴を論じる正当性に関わる問題は、現時点ではわきに措かねばならない。ここでは、モリスが認めた言語における〔機能の〕特化の多くが、一見すると呪術や儀式の領域から遠く離れているということのみ指摘しておこう。事実は、人間的な生の絶えず進展する世俗化と分岐は、膨大に多様な言語の特化された使用をもたらしたが、その使用は未開的な世界観とほぼ関係ないか無関係であったため、言語の呪術的な使用はかつての誉れ高き地位からいわば追放され、その他もろもろのうちの一つの使用に過ぎなくなってしまった。われわれのもつ近代的な観点からみると、言語の呪術的な使用はきわめて特殊で、きわめて取るに足らない地位を占めるだけであり、かつてほしいままにした栄光の座を彷彿とさせるものは何もない。

一見、言語の呪術的な機能は、われわれのあいだでは、社会的かつ個的な生の背景へと完全に追いやられてしまっている。だが、正確には死に絶えたのではない。それはなお生き続けてはいるものの、おのれの狭い世界に閉じ込められてかろうじて生きながらえているのだ。いわゆる祭礼的あるいは儀式的な言語を観察するとよい。そのような言語は、事実、原初的である呪術的言語の直系の子孫に他ならない。その用法は今や範囲が狭く限定された状況に制限されていることは明白だ。われわれは確かに、結婚式、埋葬式、礼拝所で執り行われる祭祀のように、多かれ少なかれ宗教的な重要性をもつ厳かな行事で儀式的な言語を耳にする。ところが、これらはきわめて特殊で、きわめて稀な機会であって、日常の生からは明確に分離されている。それに加え、これらの行事は本来有していた呪術・宗教的な連想を急速に失いつつある。例えばわれわれがこの種の言語を使用するのは、呪詛したり、宣誓したり、教条を唱えたり、契約の言葉を述べるときである。約束とは「それによってわれわれがどんな行為の遂行にも拘束される決まった言葉の特定の形式[15]〔*certain form of words*〕[16]」のことであり、聖なる祭祀における言葉の使用に属すると考えたのは、デイヴィッド・ヒュームに他ならない。しかし、近代的な生活様式がもつ理性的な基準で判断するなら、このことはいずれにせよ取るに足らない事柄であり、単に人が言葉の十全な意味において「野生の人」であった未開時代から生き残った不名誉なものである。われわれの近代的で文明化した世界の住人のうちどれほど多くの人々が、例えば挨拶の定型表現を発話するときに何らかの呪術的行為を遂行していることに意識的であろうか。誰一人として毎日の会話で使用される誓いの言葉を真に呪術的な呪文として用いるようなばかげたことはしないであろう。それらは単なる「強調」以上の機能を助長するものでないことは誰もが知っている。「誓って!」(By Heaven!〔天にかけて〕)、「大変だ!」(Goodness gracious!〔慈悲深き善(なる神)よ〕)、「おや!」(My God!〔我が神よ〕)――これらの表現や他のあまたの表現はみな完全に間投詞になってしまった。卓越した科学の時代に生きるわれわれは隠れた力の働きという観点から思考することももはやなければ、社会もまた文明のあらゆる恩恵を備えているため、幽霊、悪霊、怨霊、その他、悪意に満ちた、あるいは慈愛に満ちた精霊がうろつきまわるのに相応しい場所ではない。では、呪術、魔術、占い、予言など、野生時代の父祖によるこの上なく野蛮なこれらの奇行すべてには、どんな用途があったのであろうか。言語の未開的な使用が野生の名残でしかないと考えられているなかで、それらはわれわれといかなる関係があるのだろうか。

確かに、言語に関しているかどうかは別にして、呪術や魔術ほど今日の科学的な心のあり方から隔たっているものもないように思われる。たとえ言語の呪術的な使用が最も未開的な、つまり〔言語の〕発生という観点からみて最も根底的な言語《スピーチ》機能を代表するものであり、それ以外はすべて二次的な派生にすぎないことが事実であったとしても――実際、私はそう信じているが――、〔呪術が言語の〕発生にとって最優先事項であることが必ずしも無条件に字義通りの「最優先事項」を意味するわけではない。さらに、言語的な象徴を現代において使用する人たちの観点からすれば、評価の目安が完全に逆転しているようにすらみえることは十分に考えうる。実際、これは、この〔象徴という〕特殊な言語《スピーチ》機能をめぐって多くの卓越した言語論者が極度に乏しい見解に甘んじる原因となっている。ある者はこの機能が特段注視するに値しないと考え、他の者はこの機能がさらに根底的な一つ、もしくは複数の機能から派生したと説明しようとした。ミシガン大学のアーヴィング・M・コピ[17]は例えば『論理学入門』で、情報的（informative）・表現的（expressive）・指示的（directive）という基本的な言語機能の三層説を採用し、言語の「儀式的（ceremonial）使用」を完全に特殊な類いの使用と認めることはできないが、表現的かつ指示的機能の合成もしくは組み合わせから理解するのが最善であろうと主張している（二七―二八頁）。

このようなアプローチは、言語の純粋に論理的な分析に関係する限りにおいては、おそらく正当である。だが、それにもかかわらず、われわれ自身がもつ言語的な習慣の本性については、非常に浅薄で多くの場合間違った見解に導きかねないことに注意を喚起したい。私の思うところでは、言語《スピーチ》の仕組みの根底にある心の諸過程を捉えようとする言語論者であれば、言葉の呪術的な機能がもつ比類のないあり方を無視してよいと思うような人はいない。人間言語の神秘に深く入り込むほど、言葉の〔呪術的機能という〕働きが生み出す効果はますます顕著となるのだ。さらに、視点を少しずらしてみれば、世界の文明化された部分でほぼ死滅し、絶滅したとわれわれが信じている太古の言語呪術の精神は、実際には、ほぼ力を失わずに――もちろん、言うまでもなくかなり変容した形をしてはいるが――、しかも文化的な人々のなかにすら、今なお生き続けていることがただちに明らかになるだろう。そして、これらのいわゆる「野生の名残」は、彼らの思考や行動のさまざまな側面に公然かつ隠然と絶大な影響力を発揮しているのだ。

スチュアート・チェイス[18]は、犬や猫は「現実主義者」だ、と辛口の皮肉を述べている。彼らに迷信はなく、地上の王のみが信じがたい愚行と不条理を犯すことができるのだ、という意味である。人間の心がもつ本質的な特徴の一つとして呪術を好むことは、善かれ悪しかれ、疑いもなく人間の特質である言語《スピーチ》能力が発展する上で大いに意味があった。このことだけでも、直前の段落で提示したことを納得してもらうためには十分であろう。つまり、人間のレベルで言語的習慣を真に分析しようとするのであれば、人の心に強固に根ざす象徴化の傾向に深々と突き刺さっている言語の呪術的機能という比類ない重要性を拙速に無視するわけにはいかない、ということだ。

いまだにわれわれの周囲で「未開的な不条理」として観察できる、あからさまに呪術的な要素を受け継いでいる言語的な習慣を見下すのは正当であろう。しかし、その際に、われわれの所有する言語が本来、「不条理な」目的に奉仕すべく設計された道具であること、「樹上生活する人の必要に適うべく発展した媒体」（オグデンとリチャーズ）であることを忘れるなら、それは重大な過ちとなろう。近代化された形態と合理化された構造の恩恵をどれほど被っていようとも、結局、それは不条理のなかの不条理である。論理学や科学の観点から語ったり思考している最中でさえ、われわれが実際に使用する言葉は、大部分が最古の時代からの生き残りであることをよく心に留めておかねばならない。

さて、この研究における私の立場は、言語的な象徴を今日使用する人々の立場とは異なる。むしろ、私の目下のテーマは、言語《スピーチ》の仕組みのより深い諸層を究明することであるので、言語のもつ最終目的としての思考の伝達を強調するあまり、他の機能を犠牲にする傾向のある合理主義的な言語観からは距離をとることも許されよう。ただし、この種の探究においてさえも、言語という〔人間〕知性に関わる側面がもつ計り知れない重要性を組織的に軽視することは無思慮に過ぎるであろう。というのも、言語的な象徴の合理化は人間知性がその進化のなかで獲得した最も貴重なものの一つであることはまったく否定しようがないし、加えてそれは人類の純粋に知的な作業のほぼすべての出発点であったことが明らかだからである。

言語には指示＝情報提供能力というきわめて重要な能力がある。これは、事実を客観的で中立的に叙述するよう設計されている発話にも役立ち、あるいはさらに科学的なタイプの言説に属する命題を作るのにも役立つ能力である。さらにそれは、明らかに呪術的な観念という圏域から最も遠くかけ離れており、進化の最先端において呪術のもつあらゆる喚起作用とは正反対の場に位置づけられている。しかし、表示や指示の要素なくしては、いかなる言葉の現実的な使用も考えられない。したがって、いまだ未発達な形態における情報提供の機能は、まさに最初から他の機能とともに人間言語にあったはずなのだ。さらには、現状で呪術や儀式に一切の関わりがないと思われるこの言語《スピーチ》機能を呪術的な起源に遡りうるとする観点さえある。他にも、人類学や民族誌学が提供する証拠が示しているのは、表示や指示という行為自体が、身体的であろうと精神的であろうと、未開の心に対して、何らかの深い呪術的な影響を与えるということである。この側面から問題を論じるには長い議論が要求されるので、後の諸章で何度かこの問題に戻ることにする。今の時点では、言語の指示＝情報提供的な使用の起源については いずれにせよ、その発達が人の知的性質における極度の発展をともなって、より一般化するなら文化文明の進歩にともなって初めて可能となったことは明らかであり、また言語の科学的あるいは論理的な精密化については、ごく近い過去に始まったと述べておけば十分であろう。

新しく発展したこの機能が、現代の文明化した男女の知的生活のなかで非常に重要な部分を占めるに至った結果、人々は自分たちの言語を日常的な環境において、滅多に客観的な仕方で用いることすらしないということを忘れがちである。多くの思想家は、あたかも客観的な用法が人間言語の最も本性的な機能であるかのように記してきた。対象を記述したり叙述することこそ言葉の典型的な使用であって、それ以外のすべては何らかの形で付加されたにちがいないと終始、想定してきたのだ。このような見方は、言語が実際に用いられる仕方の観察が不十分であることから生じた。論理的推論は言うまでもなく、事実の客観的で中立的な叙述ですら、文明化した国々の一員のあいだでもまったく一般的ではない。そのようなことを目的にする場合、われわれの言語はどうあっても欠点のない道具ではない。逆に、大まかに検討するだけでも、科学や論理学のための道具として、言語はあまりに頼りなく、不十分であることがすぐ明らかになる。誤解に導くあらゆる種類の性質をともなう言語は、ときに現実を歪める目的で特別に案出された呪術的な鏡に比べられることがあるのは当然であろう。言語に関する問題に関心を抱く現代の数学者や論理学者は、一般に、自然言語のもつ論理的な機能を引き出して使い尽くす可能性に関して多かれ少なかれ懐疑的である。ルドルフ・カルナップがわれわれに納得させたように、どの文も論理的にするためには書き換えられねばならず、しかもたとえ書き換えられたとしても、それは十分に論理的ではない[19]。したがって、厳密な精確さを要求する人たちは、遅かれ早かれ自然言語を超えて、科学的省察によって開発され、人工的に構成された論理的な言語を手段とするよう強いられることとなる。

これまでのさまざまな考察を総合すると、あらゆる言語的な振る舞いの二極である呪術《マジック》と論理《ロジック》の対立を基礎として、ある包括的な言語理論を構成することは、かなりの成功を収めるだろうと思われる。もちろん、これが言語理論への唯一（または最善）のアプローチであると言い立てることはできない。それは多くの可能な接近方法の一つにすぎないうえに、きわめて特殊なものであるが、他の仕方では気づかれないままであるような問題の側面に光を当てる利点があろう。このような接近方法の中心となる点は、呪術《マジック》と論理《ロジック》のあいだの相克という観点から言語活動の全領域を新たに検討することにあろう。換言すれば、言語は優位性を求めて相争うこれら二つの拮抗する原理の狭間にあるものとして提示されるだろう。古代オリエントの神話では、いかにして地上世界が二つの争い合う宇宙的な力の犠牲となり、ついには光の領分と闇の領分の双方の特徴をともなった二重の事態を帯びるに至ったのかが語られる。われわれの言語の現状についても、まさしくこのような二重性の事態を帯びていると言うことができるのである。人間本性に深く根ざした呪術的な傾向を一方とし、観察される的確な事実についてのこれまで以上に精確な情報を目的として今や急速に進展しつつある論理的な要求を他方とする二つの極の間に、われわれの言語の現状はおかれているのだ。

したがって、このように仮定すると、言語はきわめて複雑で特徴的な二面をもつ中間的なものと考えられよう。それは純粋に呪術的でも、また完全に論理的でもない。しかし、それは最も低次の用法、すなわち公然たる迷信的な言葉の使用から、科学的な言説において最も客観的な仕方で事実を叙述する用法に至るまで、さまざまに程度を異にし、両極のあいだを絶えず揺れ動くものであるだろう。ここではこの主題をめぐる詳細にこれ以上は立ち入らず、私の念頭にある結論のみ書き留めよう。それは次の通りである。少なくとも最低限の論理性なしに言語の呪術的な使用はありえないので、言語の日常的で記述的な使用においても――あるいは科学的な言説においてさえ――、実際に用いられた言葉は、事の性質上、非論理的であることから完全に自由ではありえない。自然言語には徹底した論理的分析に対して頑なに抵抗するものが常にあるが、それゆえに自然言語を全体として論理化する試みはいずれも破綻することがあらかじめ運命づけられているのだ。

前述のように、言葉そのものや言葉を組み合わせる仕方は、大部分が未開時代からの残余である。これら残存するものの背後に潜む呪術的な精神という太古の力は、時機を見計らって再び自己を主張する。一見、この太古の力は現代の科学的な言説の広大な領域から完全に追放され、他の領域に対してもつ優位性も急速に失いつつあるようにみえるけれども、代々受け継がれてきた言葉によってわれわれが話し、考える限り、それが絶滅することはないのだ。それは依然としてあり、姿を変えて働き続けている。ジョン・マーフィー[20]が述べたように、「われわれが感情や行為と同じく宗教においても未開へと一気に遡るのは、未開がわれわれ皆のうちにあり、われわれのうちでもこの上なく高級なものですらそこから上昇してきていて、その究極的な起源は未開な形態にあるからである[3]」。矛盾するように聞こえるかもしれないが、何人かの優れた意味論学者によれば、二〇世紀は、過去のどの時代にも増して言語呪術が破壊されることによって、深刻な被害を受けている。それはなぜか。言語呪術は、いわば、地下へと潜伏してしまったからである。それは自分のあり方を変え、自らを偽装し、前よりも油断ならない形を帯びるに至った。言語呪術は大いに中立化され弱められた。しかし、それはこの喪失を耐え抜くことによって、われわれのすべての思考の〔基盤となる〕縦糸と横糸になることに成功し、この事実について少しも意識されることもない。そしてここに大いなる危険が横たわっている。

これらの考察からは次のことが導かれよう。われわれは、現代において言語に関する最も差し迫った問題のいくつかを適切に扱うことができるようになることを目的としている。現代、人はますます言葉に意識的となり、われわれ自身の言語によって至る所に仕掛けられた危険な罠や落とし穴が痛感されている。そこで、われわれは今一度、利用可能な資料が許すかぎり時代を遡って、あるいはときには時代をも超えて、われわれの言語的な習慣を跡づけるべきである。そのようにして、発展の全段階を通して〔歴史的な観点も考慮して〕、これらの資料を解釈し直すべきである。この方法によって、われわれは現代的な関心の最前線にある言語呪術という問題の根本に横たわる難題の中心そのものに向かって行けると期待している。それだけでなく、古くからの問題の多くに対して〔この方法を取ることで〕、われわれは新しい種類のアプローチを切り開くことができるだろう。

## 注

（1）Grafton Elliot Smith, *The Evolution of Man; Essays*〔London: Oxford University Press, 1924, p. 88〕.

（2）Vere Gordon Childe, *Man Makes Himself*, Chap. IV〔New York: New American Library, 1951, rev. [London: Watts, 1936], p. 49〕.

（3）John Murphy, *The Origins and History of Religions*, p. 4.

## 訳注

〔1〕Henri Berr, 1863–1954.　歴史家、科学史家、哲学者。

〔2〕«La main, le langage, voilà l'Humanité», Henri Berr, «Avant-propos: La Main et l'outil», in Jacques Jean-Marie de Morgan, *L'Humanité préhistorique*, Paris: Renaissance du livre, 1921, p. vi.

〔3〕言語の起源が祭祀にあるという仮説をドノヴァンが一九世紀末に二つの論文で提出した。Donovan, J., "The Festal Origin of Human Speech", *Mind*, 1891, Vol. 16(64), pp. 498–506; 1892, Vol. 1(3), pp. 325–339.

〔4〕Karl Bühler, 1879–1963.　ドイツ人の心理学者、哲学者。合衆国に移住。言語理論のほか児童心理学でも知られる。

〔5〕Ernst Cassirer, 1874–1945.　新カント派のドイツ人哲学者で、象徴論、認識論、科学論、思想史に多大な足跡を残した。後出のスザンヌ・ランガーへも影響を与えている。

〔6〕Susanne Langer, 1895–1985.　合衆国の哲学者で、カッシーラーやホワイトヘッドから影響を受け、論理学、象徴論、芸術哲学、心の哲学で大きな足跡を残した。

〔7〕Henry Habberley Price, 1899–1984.　イギリス・ウェールズ出身の哲学者。論理学、認識論、心の哲学で知られる。

〔8〕Bronisław Kasper Malinowski, 1884–1942.　人類学者。当時オーストリア＝ハンガリー帝国下のクラクフに生まれ、物理、数学、哲学で学位取得後にイギリスで人類学を学ぶ。第二次世界大戦を機に合衆国に移住し、イェール大学で講じる。

〔9〕James George Frazer, 1854–1941.　スコットランド出身、民族学、宗教人類学、社会人類学、神話学、比較宗教学などの創設期を代表する。

〔10〕Lucien Lévy-Bruhl, 1857–1939.　フランスの哲学者、哲学史家であり、人類学や社会学への多大な貢献で知られる。

〔11〕Salomon Reinach, 1858–1932.　フランスの考古学者、文献学者で、宗教学、宗教史、美術史の諸分野に業績を残した。

〔12〕Charles Kay Ogden, 1889–1957.　イギリスの言語学者、哲学者。ヴィトゲンシュタイン『論理哲学論考』の翻訳者の一人。

〔13〕Ivor Armstrong Richards, 1893–1979.　イギリスの文芸批評家、修辞学者。

〔14〕Charles William Morris, 1901–1979.　アメリカの記号学者・哲学者。

〔15〕David Hume, *A Treatise of Human Nature*, eds. David Fate Norton & Mary J. Norton, New York: Oxford University Press, 2000 [1740], p. 335 (3.2.5., SB522).

〔16〕David Hume, 1711–1776.　スコットランドの哲学者で、歴史学、政治学、経済学に多大な貢献をした。経験論を代表する。

〔17〕Irving Marmer Copi, 1917–2002.　合衆国の哲学者、論理学者。

〔18〕Stuart Chase, 1888–1985.　合衆国の経済学者、著作家。一般意味論ではコージブスキーの影響を受けている。

〔19〕例えば井筒が引用する『哲学と論理的統辞論』（*Philosophy and Logical Syntax*, p. 46）でカルナップは、論理記号で書かれていても命題でないかぎり、文はほとんどの場合、曖昧であり、論理化する必要があると述べる。この前提部分を井筒は半ば逆説的に表現していると思われる。

〔20〕John Murphy, 1876–1949.　イギリスの宗教学者。フレイザーにもみられる一九世紀特有の自然主義に対して批判的であり、人類学の「文化圏」学派に近い立場。

# 第二章　神話的な観点からみた言語

前章で論究したアニミズムの時代、または「呪術時代」は、たやすく分かるように、言葉に関わるあらゆる種類の迷信を生み出す傾向がある。この章では、われわれの主要な問題を定式化するのに適切な出発点を得るために、言語呪術の典型例をいくつか挙げることから始めたい。まず準備作業という難題に立ち向かわねばならない。その後でなければ、提示される実例の関連性や意義を支障なく検証することはできないのだ。

現在まで、われわれは「呪術」や「呪術的」という用語をいくぶん緩やかに定義しないまま用いてきた。私のこの研究が提起する射程と目的は、文化的発展の初期段階における人の思想を特徴づける、言語の迷信的な理解を扱うことではない。むしろ第一に、人間言語の構成自体に関わる限りで、一般言語学の理論によって呪術の観念を詳述することであり、この点で多少ともさらなる精密さを用語法に導入する必要があろう。しかし、この問題の概念に満足のゆく定義を与えるのは、不可能ではないにしろ、決して容易ではない。呪術と宗教とのあいだに境界線を引くという、もう一つの難問が直ちに生じるという理由だけでも、それは非常に難しい。この問題について人類学者や比較宗教学の研究者たちは長いあいだ創意を凝らして考察し、議論してきた。そして、一世代前に先導的な立場にあった権威のあいだで、宗教が確かにそうであるように呪術も、意識または人格のある行為者《エージェント》への信仰を伴うのか、さらに呪術と宗教のどちらが人類史のなかでより古いのかについて、二つの見解が対立しあうこととなった。ジェイムズ・フレイザーは『金枝篇』第四章「呪術と宗教」[1]で提出した著名な説で、呪術と宗教とのあいだには原理の根源的な闘争があると提唱する。すなわち、呪術は類似性や近似性ゆえに単純に間違って連想してしまうことから始まり、世界が精霊や神々にではなく、自然の不変法則として機械的に作用する無意識の非人格的な力によって統べられるという最も基礎的な観念を仮定する。かたや宗教は事象の生々流転も人間的生の成り行きも超人間的な存在によって方向づけられ、その善なる意志に人は祈りや供犠によって懇願できるとする。このように、超人間的な存在を慰撫する意味で取るなら、宗教は確かに呪術に対して根本的な対抗関係に立つと言えよう。しかし他方で、何らかの神秘的な力をほしいままにする精霊、あるいは少なくとも「聖なる」存在に対し、どんなに粗野で未発達であろうとも信仰がなければそもそも未開的な呪術が実践されうるものかきわめて疑わしい。したがって、精霊や聖なる存在が作用を引き起こすのは、自然の厳格で不変の成り行きという仕方ではなく、むしろ日常的な理解を困惑させ挫折させる仕方においてであり、それによって未開人の心に畏れや崇敬の感情を生み出すのだ。

フレイザーの見解によれば、宗教的な祭祀と呪術的な祭祀とはそれぞれが互いにまるで異なる性格のものである。祈りや呪文を同時に唱えることは（偶然ながら、例えば、R・H・コドリントン[2]が記述したメラネシア人の場合）、振る舞いに関する紛れもない理論的矛盾を犯すことである。しかし、言語学者の観点からみると、呪術と宗教との原理のあいだには認識できる根本的《ラディカル》な違いがない。一方のまじないや呪文のもつ根源的な言語構造は、他方の祈りや儀式のもつ根源的な言語構造と実質上は同じである。両者の違いは本質的なものにあるのではなく、その大部分が表面的なものなのだ。正確に同一のタイプと認められる言語が諸段階を経て進化するという観点からすれば、それらの違いはかなり適切に説明できる。そのうえ、このことは宗教の起源をめぐる学問の比較的最近の傾向によりよく合致すると思われる。この学問は、呪術と宗教との絶対的区分を前提とする代わりに、全時代をとおして世界中、人類のさまざまな民族のあいだで実際にみられるあらゆるタイプの崇拝を検討し、比較し、分類することで研究を進めている。アニミズムやいわゆるマナ崇拝に「未開宗教」の名を与え、つまり、アニミズムやマナ崇拝を最も未開的で基礎的な宗教形態として、最も高度な宗教でさえそこから緩やかに段階を経て発展したという認識をこの学問は提示している。この見解によれば、呪術と宗教はともに神秘的で超自然的な力であるマナ（Mana）という共通の主根から発芽するので、マナを呪術・宗教的と特徴づけることは正当であるということになる。そして、自然の全現象を貫流するこの聖なる潜勢力への信仰から呪術と宗教の起源を導き出すことができる、と説かれるのだ(1)。

これらをすべて考慮した上で、暫定的な定義で満足しておくのが最善と思われる。その定義は、呪術（白魔術と黒魔術を含む）、魔法、あるいは魔術と呼ばれうるものすべてを含み、それらを宗教的な信仰や実践から厳格に、絶対的に差別しない。この定義は、われわれの叙述の目的にとって最も有用であり、それによってわれわれは、人が意のままに自然の成り行きを掌握し、最も卑しい動物から神々に至る――さらに初めは奇妙に聞こえるかもしれないが、自分自身を含む――あらゆる存在に影響を及ぼす行いのすべてを呪術の下に一つにまとめることになるだろう。これらの行いが最も広い意味で呪術的な祭祀を構成し、その効力は、特定の品物、言葉、あるいは身振りにそれらの核心部分として内在していると信じられている驚異的な力に大いに依存している。呪術から区別された宗教の場合には、これらの〔呪術に関わる〕プロセスがもつ効力は通常、人自身の意志というより、自然の可視的な垂れ幕の向こう側で働く何らかの高位の力の絶対的な意志に依存することになっている。しかし、少なくともわれわれに固有の観点からはその違いはむしろ重要ではないため、便宜上、考慮の外においてよい。この線に沿って議論するなら、言語呪術は、言葉や文章が恐ろしい威力を担うとする特定の種の呪術と見なしてよかろう。すなわち、特定の言葉や文章が、霊符、まじない、呪文などとして、直前で記述した望んだ結果をもたらすためのプロセスのなかで、主導的な役割を果たすようになっているのだ。その結果が、個々人の利益であろうと損害であろうと、共同体の安寧、あるいは人自身の力をはるかに卓越した宇宙における何らかの力を要請することや慰撫することであろうとも、それは同じである。

話された言葉がもつ生命力に対する信仰は、未開の心を特徴づける最も顕著な特性の一つである。実際、古代人や未開人のあいだでは、発話される言葉のもつ神秘的な力としての観念が、言語呪術という刻印で彼らの生の傾向全体に深く刻み込まれていると言っても過言でないほど、傑出した役割を担っている。言葉という手段を操作する技法に熟達した呪術師は、事実上、望んだことなら何でも成し遂げると期待されるほど、その力は絶大で抗いがたいと信じられている。しかし、留意しなければならないのは、未開社会ではあらゆる人が多かれ少なかれ呪術師であるということだ。古代人は驚くほど多様な目的で言語呪術の過程に絶えず頼っていた。国や部族の繁栄を保証すること、畜牛の多産や食用植物の豊穣を確保するために自然の移り行きを統制すること、病気を予防したり治癒したり引き起こすこと、有害な動物を撃退すること、敵の死を引き起こすこと、空気中を満たす——と古代人は信じていた——悪の力の急襲を防いだり避けること、少女の心を射止めることなど、ほぼ無限にある目的のためである。呪文を声に出すことで自分に利するよう神々を強制し強要するという観念でさえ、古代人の心にとってまったく不自然ではなかった。古代エジプトの呪術師や魔術師は、高位の神々を前に卑しくひれ伏し助けを請うことに満足せず、代わりに脅迫や威嚇で神々を説き伏せようとした(2)。

しかし、天界の住人ですら、たいていは呪術や呪術的な言葉を必要としたのである。エジプトおよびバビロニアでは高位の神々が防護のために護符や魔除けを身につけ、自分たちの目的を成就するためさまざまな呪術をその手段として用いていた。バビロニアの主神マルドゥクは「神々のなかの呪術師」であった。同じように、エジプトの創世神トートは魔術神でもあった。これら神々の呪術の場合でも、驚異的な力の内在した言葉は彼らの手にある主要な道具であったことに留意すべきである。神々の用いる言葉はどれも呪術として効果を発揮し、発せられたら最後、それは変更できず抗えぬものだった。第二イザヤはこう宣言する(この預言者はヤハウェの名において、その代弁者としてここで語っている)。

雨と雪が天から降って地を潤さずに戻ることはなく、そのため種をまく人には種を、飢えた人には糧をそれはもたらすことが確かなのと同じくらい、わが口から出て行くわが〈言葉〉は、われが望んだことを成し遂げず、またわれがそのために遣わしたことを果たさずに、むなしくわれに返ってくることはない。(「イザヤ書」第五五章第一〇―一一節)

イシン第一王朝〔紀元前二〇一七年頃―一七九四年頃〕とハンムラビ王の時代〔在位紀元前一七九二年頃―一七五〇年頃〕に用いられた正典的祈禱文には、通常他のものに加えて、神的な〈言葉〉(Enem)への特別な讃歌が含まれているのをわれわれは知っている。[3] ここには月神へのきわめて古い祈りからなる特徴的な章句がある。

汝、そなたが言葉の、風のごと高くわたるとき
　そは陸《くが》に牧場と水場を豊かとす
汝、そなたが言葉の、地の上に流れいづるとき
　甘く匂い立つ草木の萌ゆるなり
汝、そなたが言葉の、羊囲いと牛小屋とを富ます
　命の息吹で生き物いや増さん
汝、そなたが言葉の、正義と公正とを引き起こす
　かくて民草まことを語らん
汝、そなたが言葉の、天にはるか遠く地に隠れし

なにひとたりとみた者はなし
汝、そなたが言葉よ、たれぞ分からん[3]

話された言葉の強制的な威力がもつ、このような深遠な重要性を考慮すれば、古代人のあいだで、神々がしばしば呪術的な語りによる祭祀で世界を統べると表象され、宇宙の起源が聖なる言葉がもつ創造的な働きに帰されていることは驚くにあたらない。神々が世界を呪術的な定型文によって統治しているという考えは、リグ・ヴェーダ讃歌の作者たちのお気に入りである[4]。しかし、同じように、古代の人々のあいだで一般的なのは、この信仰とは逆に、言葉の特定形式に存する超感覚的な力が神々をも凌駕するという考えである。事実、古代インドのアーリア人のあいだでは、神々が、呪文を正しく詠唱し吟誦できる呪術的な祭官によって制御されるという理解が、ごく初期に展開されていたようである。

神が言語によって世界を創造するという理解に関しては、『旧約聖書』の教義を通して親しまれているので、ここで言葉を費やす必要はない。古代イスラエル人(あるいはさらに一般化してセム人)が歴史の明るみに現れるはるかまえ、シュメール人はエンキ神の〈言葉〉によってありとあらゆるものが創造されたという教説を有していた、とだけ述べれば十分だろう。V・K・ゴーカク[4]は『言語への詩的アプローチ』(第六章)で、「光あれ」という定型文に代表される白魔術があった点を強調する。それが白魔術なのは、この定型文が神の意志の乗り物であり、この言葉は発話されるや、対象を突如として存在させるのに十分強力であったからである。だが実際は、言葉の向こう側で働く神の意志をみるだけでは十分ではない。観察されるべきなのは、古代人の信仰において言葉そのものが、このような文脈では、聖なる意志という独立の、人格的な行為者《エージェント》なのだ、ということである。上で引用した「イザヤ書」の一節で(そしてさまざまな民族の呪術・宗教的な文献にみられる無数の類似する表現でも)、神の言葉は生きた実体、すなわちほとんど超感覚的な人格と見なされている。また、離散ユダヤ人の

「メムラー」(Memra〔「(主の創造的)言葉」を意味するアラム語〕)という著名な事例にこの現象の際立った代表例をみることができるのだ。

古代インドではヴェーダの宗教と同じくらい古くから、ヴァーチュ(Vāc)、すなわち〈言葉〉がすでに崇拝と崇敬の人格的対象へと高められていた。ある女神〔すなわちヴァーチュ〕は、本来は供物としての讃歌の声を嘉する者であったが、天と地のあいだの唯一の伝達の手段として務め、自然界で声を有する万物を包摂し、かつ統一している。『リグ・ヴェーダ』第一〇巻では一つの讃歌全体が、「全存在を統合」〔一〇・一二五、八〕し、「このあまねく大地を超え、諸天を超えて、その荘厳のかくも偉大なる」〔一〇・一二五、八〕ものである、この「女王」〔一〇・一二五、三〕を寿ぐために捧げられている〔一〇・一二五、さらに一〇・七一を参照〕〔ヴァーチュを言語の女神とし、言語の威力や機能を称えている〕。のちに『ブラーフマナ』〔ヴェーダ文献の祭儀書〕においては、この同じヴァーチュがときに全世界の至高の管理者にして創造主としてさえ礼賛されている。聖なる言葉の人格化や神格化に向かう傾向が人間の心にあることを明示する証拠もさらに付け加えておこう。ヴィシュヌやシヴァとともにインドの神格ブラフマーは、ヒンドゥー教において大いに崇敬されている三神一体[5]を構成し、しばしば至高の創造主とされる。しかし、現在広く受け入れられたユベール[6]とモース[7]の説によれば、ブラフマーは本来、ヴェーダの神々のうちで独立した神ではまったくなく、簡潔に言うなら、まじない、あるいは祈りのうちに作用しているとされる何らかの神秘的な力にすぎない。『リグ・ヴェーダ』時代のあと祭官カーストが着実に勢力を拡大するにともなって初めて、供犠に関わる聖なる定型文の知識を独占的に主張するようになると、ブラフマーは民衆の宗教的な生においてそのような他を圧する地位へと徐々に高められてゆくこととなったのだ。

言語のもつ呪術的機能をめぐるこれらの〔前近代の〕異質な考え方は〔近代の〕批判的知性とは顕著なほどそぐわず、また相反する。にもかかわらず、思惟の未開的な様態とは完全に一致し、さらに考察するなら少なくとも人類の大多数の一般的な心の枠組みや構成にすら一致しているのだ。これは、われわれの言語の本性そのものに対する重要な態度決定にかかわるので、もう少し注意を払う価値がある。

後ほど十分に考察するが、われわれの原初的な実在世界のもつ構成は、われわれ自身の言語のもつ構造の諸パターンに大いに依存している。常識が具体的で客観的な実在と信じているものは、注意深く観察すると、大部分が言語的慣習の産物であることが分かる。言語はわれわれの経験すべてに広がり浸透している。そして、言語があまりに深く組み込まれ、あまりに密に織り合わされているので、われわれが経験する「現実」という織物そのものは、事実上目にはみえない。したがって、外的世界をみるには言語という鏡をとおすしかないように思われる。要するに、言語と現実とは少なくとも日常経験の水準では一つに融合しているのだ。本書の主題にとってこの事実がもつ意義の全貌はようやく後半の章になってから明らかとなろう。ここでは次のことに注意しておきたい。われわれが直面する言語の構造と世界の構造とのこの種の密接な対応は、もちろん、人類がまだ知性発達の下位段階にある限り到達できる範囲を超えていた。しかし、未開の心は、代わりに、言語と現実とのあいだにある別の類いの密接な関係性、すなわち因果関係を仮定する傾向にある。やがてわかるように、これは記号《サイン》と、記号によって表示された物とを混同するという、人間の心の普遍的な傾向が引き起こすのだ。

言葉と物とが同一である、あるいは両者のあいだに何らかの不可思議な自然の対応があるという感覚ほど広く行きわたったものもない。さまざまな研究分野に従事する学者らはみな一致して、未開の人々もわれわれ自身の子どもたちも、言葉は物に貼り付けただの符号であるどころか、それ自体が現実の対象であり、あるいは対象の本質的で必須の部分を表象さえすると認めてきた。言葉は物の「魂」そのものなのだ。

科学の訓練を積んだ近代人にとって、言葉は慣習的な記号以上の何ものでもない。対象と、その象徴として機能する言葉とのあいだにある関係は原理的には外在的で恣意的なものである。とはいえ、擬音語や他の多かれ少なかれ「動機づけられた」言葉の場合、対象と言葉のあいだに何らかの自然な関連はあるかもしれない。いずれにせよ、言葉は言葉ではない物質的な物と同じ水準にある物ではないし、物に内在する特質や属性でもない。ましてや、ホイットマンやゲーテが自分たちの神秘的な陶酔のなかで想像したような「精神的な物」でもない。言葉は外在的で、非自然的な符号に他ならない。アレクサンダー・B・ジョンソン[8]はこう述べる。

> 言葉はどちらかというと紙幣のように単に慣習的、人工的、かつ代理的な価値である。しかし、われわれは、言葉が、金貨のように、まるで内在的で自然の価値をもつかのように使用する。〔その態度のまま真に〕言葉の価値を正確に理解したければ、われわれは言葉をそれが表象する自然の実物と交換しなければならない[5]。

この交換手続きは、未開の人々が慣れ親しんでいたことと正反対である。彼らにとって言葉そのものが物質的な対象、身体的な行為、物理的な現象と同じく具体的な物なのだ。それゆえ、あまたの古代語では言葉の観念と出来事や物の観念とが同一の語によって表現されることになる。これは『旧約聖書』を読む人にはよく知られている現象である。古代イスラエル人は実質上、物、名、考えのあいだにいかなる区別もつけない。さらに彼らは言葉と行いとを同一視する。その結果、聖書ヘブライ語では「言葉」を表す最も普通の語（dābār あるいはその同義語 ʾōmer）が、実際には、言葉、物、物質、事柄、行い、行動、出来事などを同時に意味する意味複合体であり、dābār と同じ語根 DBR から派生した動詞 dibbēr もこの一単語で「話す」の意味と「振る舞う」の意味で繰り返し用いられる。アラビア語では「指令の言葉」あるいは「命令」を本来は意味する ʾamr という語が、「物」、「出来事」、「事柄」、あるいは「事例」の意味で用いられる最も一般的な言葉である。この語に対応する動詞は ʾamara で、「命令すること」「指令すること」を意味し、語源的には聖書ヘブライ語の動詞 ʾāmar（言う）と同じ語根に帰属する。この聖書ヘブライ語の動詞も「指令する」という意味で用いられる（「ヨブ記」第九章第七節、「ネヘミヤ記」第一三章第九節、「歴代誌下」第二四章第八節、「詩篇」第一〇六章第三四節など）。加えて、砂漠のアラブ人たちの古い慣用句において「言う（qāla）」という動詞は、言語使用が含まれないあらゆる種類の行いに対して用いられていたようである。アルフレッド・ギヨーム[9]はきわめて興味深い事実に注意を促している。[6] イブン・アスィール[10]によれば、ベドウィンは、例えば「彼は手に取った」の意味で、「彼は手で話した」（“Qāla bi-yadi-hi”）とか「彼は歩いた」の意味で「彼は足で話した」（“Qāla bi-rijli-hi”）などと言う習慣があったという。アッカド語でも同じく amātu は「言葉」「物」「出来事」の意味を含む。同様にエチオピア語では nagar という同一の言葉が「話し《スピーチ》」と「物」の両方を意味する。同じことが、シュメール語の言葉 inim――あるいは enim または enem――にも当てはまる。これは実際には一つの意味の集合体であり、それが表象するのは、われわれ後代の分析的な心なら、「言葉」、「呪文」、「物」、「事態」といった少なくとも四つに区分される概念へと分割したくなるような一つの複雑で全体的な理解の仕方である（ついでながら、シュメール語で「呪文」を指す最も一般的な語 en は、ほぼ確実にこの言葉から派生している）。古代日本語についても同じように、話された言葉とその対象とのあいだには違いがなく、したがって「コト」という同一の語が両者に当てられる。

　もし未開の人々のあいだで、言葉がこのように対象と完全に同定されるなら、彼らが言葉を生きている精神的なもの、つまり、霊魂を与えられた何かと見なすようになるまで、もう一歩であろう。祝福と呪いは未開人の生において非常に重要であり、確かに人のいるところならどこででも密接に類似する形態が見いだされる。そして、言葉がもつ不思議な霊力へのこういった何らかの信仰に基づいてのみ、祝福と呪いは考察することができるのである。未開の環境で用いられる「汝、祝福されてあれ！」といった定型文は、形式的な挨拶言葉、つまり単に将来のための親切な願いの表現ではない。同じように、「汝、呪われてあれ！」は、話し相手に憎悪と嫌悪を示す型にはまった形式の発話ではない。それらは生きている実体であって、現実に善いことや現実に悪いことを為したり働いたりする。もしある人が祝福を他の人へ呼びかけるなら、言葉はその人の霊魂そのものに浸透して、そこで幸運と安寧とを生み出す。反対に、ある人が邪悪な言葉をその隣人に話すと、恐ろしい禍がたちまち被害者の霊魂に根づいて、そこで育ち、霊魂を蝕みつづけ、ついには霊魂を「軽く」、つまり霊魂の実体を完全に虚ろにしてしまう。聖書ヘブライ語で「呪うこと」を意味する一般的な動詞はqillelであるが、これが「軽くする〔減少する〕こと（qal）」から派生していることは注目に値する。[7]

言葉がもつ呪術的な力の効果への信仰をめぐる決定的な例は古代日本人の「言葉の霊魂」〔言霊〕にみることができる。七世紀から八世紀の歌を中心に収めた最古の和歌撰集『万葉集』に描かれる彼らの精神的生は、ほぼ全体がこの種の言語をめぐる呪術的な理解によって支配されている。やまとのくに、つまり日本は、言葉がちょうど描写されたとおりに働く、世界で唯一の国であると信じられていた。誇らしげに自分たちの国を「言葉の霊魂によって助けられている国（言霊の助くる国）[8]」あるいは「言葉の霊魂が栄華を極める国（言霊の幸はふ国）[9]」と呼んだ。彼らの目には、呪術的な言葉の有効性とは、神々のみているところで民が享受する至高の恩恵を立証するものであり、自分たちの国をおいて他にそのような国はなかった。彼らはそれを誇りとし、強烈な民族感情の最終的な根拠になったとさえ思われる。彼らは、未開の隣人たちがみな言葉の霊魂〔言霊〕が劣らず盛んに働く国々に生きているという事実について、まったく無知であった。

この現象に近いものとして、人の名——神々の名は言うまでもなく——を迷信的、またはほぼ宗教的な畏れをもって捉える傾向がいまだ文明化されていない文化に属する人々のあいだでも同じように広がっている。この迷信が人の心的機構にいかに深く根ざしているか、現代の文明化した人々のあいだでこの迷信がいまだ勢い盛んに流布している事実からもたやすくみて取れよう。高度に文化的なあまたの人々が、個人の幸運はその人の名前がもつ善あるいは悪なる本性と不可分に結びついていると信じている。普通の人にはわからない理由で、特定の名は本質的に縁起が良く、別の名は不吉なのである。思惟の未開の段階では、個人の名は人の霊魂のなくてはならない部分であり、その人の存在そのもので満ちている。名はその人の霊魂の実体そのもの、その人自身なのである。したがって、人の名を知ることはその人の現に実在する本質を知ること、さらにその人の霊魂を把捉することを意味する。それゆえ、未開人は一般に、自分の名が不幸を願う人や悪意ある他の人々の手に落ちる恐れから、きわめて注意深く名を隠す。というのも、悪意ある存在は、人々が望むならどんな呪術でも名前をとおしてその人の霊魂の実体に働きかけうると考えられているからだ。

このような次第で、日本の先住民で今では国土の最北端に生きるアイヌに、夫の真名《まな》を見知らぬ人にあえて明かす女性はなく、人口調査に村を訪れた役人は大いに悩まされた。古代日本で他人《ひと》の名を知ることや自分の名を他の人たちに言うことは、重大なことだと考えられていた。実際、女性たちは自分の個人名を明かさないよう極端に注意深かった。事実、夫——もちろん両親も——のほかは誰もその名を知る権利はなかった。万葉時代（西暦七世紀・八世紀）はそうであったし、それより古い時代でも人はこのように考えていたと推測する理由がいくつかある。雄略天皇（西暦四一八—四七九年）に帰される『万葉集』巻頭の歌〔一〇四〕で、この詩人皇帝は丘で菜を摘む乙女にこう語りかける。

家と名とを申してみよ　大和の国は、すべてにわたって我が治める　ことごとく我が統べている　まずは我れこそ、家をも名をも教えてやろう

家聞かな告《なの》らさね　そらみつ大和の国は　おしなべて我れこそ居れ　しきなべて我れこそ座《ま》せ　我れこそは告《の》らめ　家をも名をも

この歌全体は、平易な言い方をするなら、単に「我が妻となれ。我れは汝の夫となろう」と述べているのと同じである。

不幸にも、この文章は、伝えられたかぎりで写本が示すところでは、幾つか細部に誤記があると思われ、作品全体の正確な読みに関しては、日本の文献学者のあいだでも依然として意見の相違がある。しかし、この歌が全

体として、万葉人のあいだに流布していた求婚における注目すべき風習を忠実に反映していることには、合理的に疑う余地はない。加えて、この解釈を支持する証拠が他にもある。古い日本語で、言い寄ること、すなわち求婚することを表す最も一般的な語の一つは「ヨバヒ」である。それは動詞「ヨバフ」の名詞形であり、「ヨバフ」は「呼ぶ」または「(人の名を) 大声ではっきり言う」ことを意味する基礎動詞「ヨブ」が延長された態、つまり、意欲態または継続態である。[11] この「ヨバフ」という言葉は、娘に恋をして口説きたいと願う男が、まず初めに〔父方の家から〕離れて母の許に住まう娘の自宅を訪ね、娘からの応答を期待して、家の周りを巡りながら、自分の個人名を大声で繰り返し名告《なの》らねばならないという、はるか昔の風習を鮮明に描写する。[12] この呼びかけが何日にもわたって続けられることも往々にしてあった。そのような場合の「呼び続けること」をとくに「ヨバヒワタル」と言った。もし娘が男の「呼びかけ」に答えようとする場合は、自分の兄弟にすら知られまいとして守ってきた名を男に明かしたのである。『万葉集』第十二巻にはある娘が詠んだきわめて興味深い短歌があり、求婚をめぐるこの興味深い風習について直接参照できる。彼女はこう詠んでいる。

わが愛しい母が私を呼ぶ名をあなたにお教えしようものですが、あなたは通りすがりのお方。その名を私はまだ知りません。どうお呼びすればよいでしょう。

たらちねの母がよぶ名を申さめど道行く人を誰と知りてか〔三一〇二〕

この歌が男に向けられた咎めの言葉であることは疑いようがない。男は焦りから娘におのれがまず最初に名告るという不可欠の儀式を蔑ろにし、彼女に名を明かすよう求めてしまったのである。[10] 要するに、これはすべて、古代人にとって名と霊魂が同一の物であるという事実から生じたのだ。娘に恋をした男が娘の名をどうしても知りたがったのは、それ以外、自分の霊魂を彼女の霊魂と合一させる方法がなかったからに他ならない。逆に、娘が名を隠すことを惜しまないとすれば、それは、彼女の名を知った男がそれによって彼女そのものを独り占めできたということである。

ところで、純然たる人間の名でさえこうした事態が当てはまるなら、神々やその他の超自然的存在がもつ聖なる名であれば、なおさらだったはずである。事実、古代世界の至るところで、神名が、みだりに扱えば厳しい罰を負いかねない怖ろしい力を帯びた不可思議なものとされていたことに気づく。例えば、ヤハウェ（Yahweh）の名は、古代イスラエル人にとってヤハウェ自身、あるいはそれ以上でさえあった。それはヤハウェの霊魂、つまり愛する民の前に盛んに自己を現す精神的本質そのものであった。そのため、古代ヘブライ人の預言者たちが「ヤハウェの名において（bᵉšēm YHWH）」[13]と言ったり、アラブ人の預言者ムハンマドが「アッラーの名において（bi-smi 'llāh）」[14]と言うときは、神の意志に従って話すこと以上の意味がある。ヨハネス・ペダーセン[15]が示したように、[11]これらを口に出すことは、自分たちのなかに神の霊魂から何かを取り入れることによって話すということ、さらに自分たちは強力な（つまり、呪術的に有効な）言葉を話すための超自然的な力を〔神から〕得るに至ったということを意味しているのだ。

そのとおりであるなら、誰もが神の名をみだりに言うべきではない。もちろん、神の名は、絶えず言及され発話されることで、増大し繁栄する。それゆえヤハウェは、自分の名が声高らかに讃め称えられることを望む。しかし、それは正しい場所で、正しい仕方で、もっぱらそれを行う全き資格を与えられた人物によってなされなければならない。よく知られているように、聖なる名の濫用は『旧約聖書』の初期の法で厳しく禁じられていた。

汝らわが名《な》をみだりに用い、汝らが神の名を汚《けが》すべからず。われはヤハウェ、汝らが神なり。

（「レビ記」第一九章第一二節）

類似する風習は今日でも野生の部族のあいだで広く行われている。神の真名《まな》が発音されるたびに、神は自分の名を呼ぶ人の前に顕現することをいわば強いられる。むろん、これは大変危険な事態である。聖なる名の冒瀆的な悪用をとおして、ある魔術師の敵意にさらされた神への畏怖もある。というのも、神をその真名で呼ぶことのできる者は、神自身を制御する力を行使しうるとみなされるからである。それゆえ、多くの未開の人々は自分たちの神格の真名をよそ者に明かすことを拒み、神格を示す必要がある場合は細心の注意を払って回りくどい表現に頼る。こうしてわれわれは忌み《タブー》言葉の領域に足を踏み入れる。

最近では言語学者は言語的な迷信の典型例として普通、忌み《タブー》言葉という現象を取り上げる。物忌み《タブー》、あるいは当を得た呼び方をするなら「否定的呪術」とは、言語という特殊事例においては、不吉なことが連想される特定の言葉の使用に適用される一連の禁戒のことであり、そのような言葉を用いることで解き放たれる不可思議で危険な脅威を避けたり、取り払うことを目的としている。日本語で言う「忌み言葉」は「聖なる言葉」を意味する。ここで言う「聖なる」とは、神聖と冒瀆というもともとの二重の意味で理解される。古代日本人は豊富な忌み言葉をもっていて、それらは今日でもなお農民、猟師、商人のあいだに生き続けている。「忌み言葉」に代わる婉曲的な代用語の類いは、例えば猟師のあいだでは「山言葉」、漁師のあいだでは「沖言葉」のように、みな自然に発展してきた。狩りや漁に出るとき、これらの人々は特定の動物や魚の名を言及することを周到に避ける。そして、もし必要が生じれば、それらは遠まわしな言葉や無害と信じられる言葉や語句を用いて言及される。日本の東北に存在する狩猟民マタギのあいだには、言語的物忌みの規則がいまだ厳守されている。熊は例えば「クロゲ（黒い毛）」、狼は「ヤセ（痩せたもの）」、米は「クサノミ（草の実）」、蛇は「ナガムシ（細長く足のない虫）」などである。[12] これらは「山言葉」の例である。こうした関連で特筆すべきなのは、日本語学の第一人者、金田一京助によると、人間の生における重要な出来事の一つである死を表す言葉が日本語では喪失したことも、おそらくそういった事例が原因となったということである。[13] 彼の見解では、「死ぬこと」を意味する本来の日本語は歴史時代以前に完全に失われ、婉曲的な代用語である動詞「シヌ」が、「死ぬこと」を意味する今日まで残る唯一の正式な言葉となった。だがこの語は「シ－イ－ヌ」に分解され、〔本来は死ぬことを意味するのではなく〕文字通りには、およそ「完全に為し終えた」を意味する。この議論を無制限に受け入れてよいかどうかは非常に疑わしいかもしれない。しかし、おそらく大半の人が、これが少なくとも可能な考え方であると認めるであろう。いずれにせよ、確かなのはすでにきわめて早い時代に死という言葉が危険と感じられていたことである。この言葉はおのずと物忌みとして禁じられ、この言葉を発話することによって生み出されかねない不吉な効果を払い除けるため、さまざまに手の込んだ方法が考案されてきた。最終的には、連想法という興味深い働きをとおして、当の言葉とはまったく無関係ではあっても、偶然の言葉遊びによってその言葉を思い起こさせるものに置き換えられた。そしてついにはそれらの言葉が、きわめて不吉であると考えられるに至ったのである。死の香りがするものは何でも死をもたらすもの《エージェント・オブ・デス》である。そのようにして、例えば数の四《し》は純粋な偶然によって死《し》とまったく同じ名をもつことから、大多数の人々が最も不吉な数と見なすようになった。これが粗野で無教養な一部の人々に少しも限られないことは注目すべきであろう。他ではいたって合理的なあまたの人々が依然としてこの数の邪悪な効果を多少なりとも恐れている。あるいは、少なくとも、この数を適切に扱うことに極端な用心深さを見せるのである。他にも面白い例を無数に、地球上のあらゆるところからたやすく挙げることができよう。しかし、こうした現象自体は今ではよく知られており、この主題についてすでに多くの研究がなされているので、ここで長い議論を提示するつもりはない。

　思い起こすべきことは、ここまで列挙したさまざまな形式の言語的な迷信は、より根源的な原理のいわば特殊事例にすぎない、つまり、あらゆる発話《スピーチ》そのものが全体として聖なるものであり、あらゆる名が何らかの不可思議な呪術的効力をもっているという考え方が、知的発展の比較的初期段階において人類すべてに共通していたということである。先ほど論じた不吉な言葉は、事実上、この一般的な事実を表す顕著な事例に他ならない。正確に言えば、あらゆる言葉が多かれ少なかれ不吉である。古代の人々の心にとって、何らかの特定の言葉、特定の文章が危険なのではなく、少なくとも特定の状況下（これは第十章で議論する）では、どのような言葉であれどのような文であれ、結局、話す行為はみな恐ろしくかつ神聖なのである。厳密に言えば、取るに足らぬ言葉などはない、ということだ。古代人および未開の人々にとって、話すこと、すなわち発話として音を発すること、ものの名を発音することは、軽んじられてはならない何かを意味する。なぜなら発話は、一度口から発せられれば、一見、最も日常的で無害な対象や人物から何らかの隠れた威力を呼び起こし、自然および人間にかかわる事象の成り行きに強力に影響し、多くの場合、それらを危険にさらすことになるからである。あるものが何々であると述べたり言明したりすることは、同時に、その対象を実際に当の「何々」にすることである。聖書ヘブライ語では、例えば動詞の使役形（いわゆるヒフイル形）は、言明することと何かを為すこととを区別しない。もし古代のイスラエル人が誰かを正しくある（hiṣdîq）と言明するなら、その人は実際に正しい（ṣaddîq）者にされる。これは聖書ヘブライ語の文法で使役の宣言用法と呼ばれ、非常に頻繁に用いられる。

　したがって、言語《スピーチ》は未開的な思惟においては、非常に慈悲に富むものであり、しかし同時に凄まじく危険なものでもある。古代ギリシアのアンテステーリア祭〔アテネで行われていたディオニュソスに捧げられる祭〕についてギルバート・マレー[16]はこう書いている。「われわれは危険な言葉を話す行為を避けねばならない。そして重大事においては、どんな言葉でも話す行為を完全に避けねばならない。最も無害な言葉にすら、何らかの未だ知られぬ危険があるのではないかと懸念してのことである[14]」。先ほど、数多くの古代の言語や未開人の言語では、「言葉」と「物」の双方に同一の語が用いられると述べた。これと並んで見いだされる別の傾向を観察することも興味深いかもしれない。多くの言語で「言葉」自体を表す語には、呪術や祭祀と強く結びついた含意がある。例えばシュメール語では、すでにみたように、イニム（inim）という同一の語が、「言葉」の意味で用いられたり、「まじない」や「呪文」の意味で用いられたりする。これは、古代日本語の場合、特にわかりやすい。古代日本語では、話すことを表す二つの原理的な言葉「ノル」と「イフ」がともに明白な呪術的連想をともなっている。これらの言葉には、不吉でないにしろ、祭礼的な雰囲気が漂い、両者に浸透し貫いている。ノルという動詞の本来的な意味は、強い言葉を発すること、すなわち言葉の霊魂〔言霊〕がもつ呪術的な力への祈りをとおして何かを実現することである。その派生語はみな呪術的過程に関係することに変わりはない。「イノル」は「祈禱する」こと、「ノロフ」は「呪いをかける」こと、「ノリト」は「祭文」を意味する。もう一つの動詞「イフ」は、現在、「言うこと」を表す最も日常的な語であるが、これもまた本来は呪術的あるいは祭祀的な定型文を発話する行為と密接に関わっていた。その派生形「イハフ」には今日に至るまでこの本来的意味がかなり保存されている。「イハフ」という言葉は今では単に「祝賀する」、「祝辞を述べる」を意味するが、本来は清めの祭祀行為、つまり神格を祀ることを意味した。この祭祀は、宗教的に清浄な境位へと入るため、祭祀儀式、とくに不可欠の呪術的な定型文を繰り返し朗誦することによってなされた。

一度話された言葉は撤回できない。発話された言葉は発話者から独立し、制御できないそれ自体の働きをもつ。われわれは今日でもいわゆる言い間違いで同じことをしばしば経験する。言い間違いは、酷い結末がともなう場合、厳しい社会的制裁を引き起こすかもしれない。しかし、未開の人々のあいだでは、それ以上のことを意味する。文字どおり、それは取り消しの効かない力を呪術的に解放することを意味しており、この力は空気中をへめぐって、その働きが完全に達成されるのを誰も阻むことはできない。そしてもちろん発話された言葉が不吉な本性をもつものであるなら、その発話が解き放つ超自然的な力は、犠牲者に確実に働きかけ、恐ろしい結果をもたらす。それゆえ、たとえ有能な呪術師であろうと、たとえ神の預言者であろうと、自分の過ちを認めていかに後悔しても、発話者自身は決して発話した言葉を撤回することはできない。『万葉集』の歌人はこう詠んでいる。(15)

私の心は朝の霧のように乱れている。

しかし、何事もなく罰を受けずに、そのことを言葉に表すことはかなわない。

朝霧の乱るる心言《こと》に出でて言《い》はば忌忌《ゆゆ》しみ

悲しいとき、ひとはその悲しみを心に忍ばねばならない。さもなくば、何か怖ろしいことが必ず起きる。

## 注

（1）Cf. John Murphy, *The Origins and History of Religions*, Chap. VIII.

（2）H. Grapow, "Bedrohungen der Götter durch den Verstorbenen," in *Zeitschrift für ägyptische Sprache und Altertumskunde* 49 (1911).

（3）S. H. Langdon, *Babylonian Penitential Psalms*, pp. 9–10.

（4）Cf. H. Oldenberg, *Die Religion des Veda*, S. 66ff.

（5）Alexander Bryan Johnson, *A Treatise on Language*, 1836, p. 152.〔金貨の重さに基づいてその値段が決まるのは、自然物である金そのものの価値によるが、紙幣は素材となる紙の価値でその値段が決まるのではない。材質が価値を決めるのではないという点で紙幣と言葉は比較可能なのに、通常、人は金貨と同じ感覚で言葉を用いている。金貨の基準で言語を理解するということは、単語の意味価に真に直接対応するのは具体的個物のみであり、言葉の意味と実物の何かとが物々交換でもするように互換しなければ、意思疎通できないことになる。〕

（6）Alfred Guillaume, *Prophecy and Divination among the Hebrews and Other Semites*, p. 173.

（7）Cf. Johannes Pedersen, *Israel, its Life and Culture*, Vol. I, pp. 99ff., pp. 411ff.

（8）『万葉集』第一三巻、三二五四番〔柿本人麻呂の歌〕。

（9）『万葉集』第五巻、八九四番〔山上憶良の歌〕。

（10）折口信夫『最古日本の女性生活の根柢』参照。

(11) *Israel, its Life and Culture*, Vol. I, pp. 245ff.
(12) 柳田國男監修『民俗学辞典』。
(13) 金田一京助『規範文法から歴史文法へ』第九章〔『国語の変遷』創元社、一九五二年、八五頁〕。
(14) *Five Stages of Greek Religion*, p. 50.
(15) 『万葉集』第一七巻、四〇〇八番〔大伴池主の歌〕。

## 訳注

〔1〕James George Frazer, *The Golden Bough*, Vol. I, *The Magic Art and the Evolution of Kings*, Part I, London: Macmilian, 1906, pp. 220–243. 対応するのは冒頭の三頁と思われる。
〔2〕Robert Henry Codrington, 1830–1922. メラネシアの社会、文化、言語の研究で名高いアメリカの人類学者。
〔3〕シュメール語で enem は「言葉」を意味する。イシン第一王朝を築いたアムル人は碑文や法典にはセム系言語のアムル語を用いず、シュメール語を使用した。ハンムラビ王も「アムルの王」を自認した。
〔4〕Vinayak Krishna Gokak, 1909–1992. 二〇世紀カンナダ文学を代表するインドの詩人、劇作家、小説家、英語学者。
〔5〕同一の神聖存在がブラフマーとヴィシュヌとシヴァという三様相、「三つの形」(trimūrti)で現れ出て働くこと。
〔6〕Henri Hubert, 1872–1927. フランスの考古学者、社会学者、比較宗教学者。ケルト文化の研究で著名。
〔7〕Marcel Mauss, 1872–1950. フランスの社会学者、人類学者。「贈与」、「身体技法」、マナ、呪術の理論が名高い。「モースの説」は次の著作を指す。Henri Hubert et Marcel Mauss, « Essai sur la nature et la fonction du sacrifice », 1898; « Esquisse d'une théorie générale de la magie », 1902.
〔8〕Alexander Bryan Johnson, 1786–1867. イギリス生まれのアメリカ人哲学者。バークリー(George Berkeley)のように感覚的意味と言語的意味を区別し、言語の誤用や誤解を論じるほか、人間知性や経済なども主題としている。
〔9〕Alfred Guillaume, 1888–1965. イギリスのアラビア語、ヘブライ語学者、イスラーム学者。
〔10〕Ibn al-Athīr, 1160–1233. 現在のトルコ南東部出身。近代以前を代表する歴史家。膨大な情報を集成し、編年体の世界史

を編んだ。

〔11〕通常、上代日本語（万葉日本語）で反復や継続を示す接続詞「ふ」が中古以降に接尾語となって動詞の一部になったと説明される。

〔12〕成人するまで子どもが母方の家で育てられる習慣は、上流社会では中古まで残った。

〔13〕神の真名を畏れ敬い、ユダヤ教徒はYHWHをヤハウェではなくアドナイ（我が主）と読み、エホバとは発音しない。

〔14〕アッラー（アッラーフ）は神（illāh）という一般名詞に定冠詞（al-）を付した名称。

〔15〕Johannes Pedersen, 1883–1977.　デンマークの旧約学者、イスラーム学者、セム語学者。

〔16〕Gilbert Murray, 1886–1957.　オーストラリア出身の古典学者で、オックスフォード大学のギリシア語学欽定教授。

# 第三章　聖なる気息

言語のもつ呪術的な力に関して、未開の人々のあいだに流布する奇妙な諸観念をあたかも内側から知るかのように理解し、その最も深い根源に入り込むために、われわれはまずそれら諸観念に共通する（年代順でないにしても）理論的な源泉へ遡るべく試みねばならない。この目的のためには、言語活動の始まりそのものから取り掛かる必要があろう。そこでは、あらゆる発話《スピーチ》は、言うまでもなく音声による活動であり、またそうであるかぎりは息づかいの過程を前提にするのだから、呪術的な思考は気息〔息吹〕および息づかいという現象をどう扱うか検討することが適切な出発点になるだろう。われわれはほどなく、気息のもつ聖性への信仰が実際に理論的な根拠を提供し、その上にあらゆる種類の言語的な迷信が究極的に基礎づけられるのをみることになろう。

人類学者たちは繰り返し、多くの未開の人々の信仰における呪術的な朗誦の要点が呪術師の「声」にあるという、注目すべき事実に注意を喚起してきた。声、すなわち気息こそが、言葉に潜在的に含まれる呪術的な力を現実化し、その力を呪術師が望む方向ならどこへでも送り出す。気息のなかにこそ、あらゆる言語呪術の主要な効力があると信じられているのである。言葉は実際に発音されないかぎり、必然的に活動を休止しており、効力のない状態であるはずだ。気息に運ばれるときにのみ、意図された効果は有効となりうるのであって、さらには闇の力を解き放つことさえも可能なのだ。そのようにして、至るところで呪術師たちが、呪術的な儀式における声の「把捉」の過程に深遠な重要性を与えるのをみることができるのである。トロブリアンド諸島（Trobriand Islands）〔ニューギニア島東の環礁島嶼群〕における「薬園呪術」（garden magic）を記述するにあたり、マリノフスキーはこう書いている。

敷布団が一枚、寝台に広げられ、その上にもう一枚、敷かれている。芳草が二枚目の敷布団の半分に置かれ、もう半分はその芳草の上に折り曲げられている。布団の開いている部分へと、呪術師は呪文を吹き込む。呪術師の声が一切漏れ出てしまうことのないよう、彼の口は敷布団の端のすぐそばにある。そしてその呪文のすべては、芳草が置かれていて、呪文が吹き込まれるのを待っている布団の中へと入ってゆく。（『バローマ——死者の魂』第五章）

この儀式が行われるのは、呪術的な思考法からすると、呪術師の気息が呪術の超常的な力を生み出し、その対象へ力を運ぶ主要媒体だからである。これらの考察が示唆していると思われるのは、未開的な思惟においては、言葉そのものに内在する効力よりもより多く、神秘的な本性を現実に働かせる能力である気息に、言語の奇跡をなす特性があるとみなされていることである。

気息のもつ聖性への信仰は、われわれの祖先のあいだに初めてアニミズムが発生したはるか遠い過去に遡る。ところで、マナ崇拝の類型に属する宗教から区別されるかぎりでのアニミズムは、ロバート・R・マレット〔1〕の術語であれば、人が身体から明らかに離れた〈霊魂〉、もしくは〈精神〉の存在を信じ始めた時と場に起源する。精神的な発展のこの段階で未開の人々は、たいてい「霊魂」の明確な観念をもたない。しかし、他方で注意すべき重要なことは、実際、至るところで未開の人々が脱身体化した霊魂を気息のもつ何らかの本性として視覚化する顕著な傾向をみせることである。霊魂の理念と気息のそれとは、未開の人々の省察にとってあまりに密接に関連していているため、現実には、両者のあいだに明確な境界線を引くことができない。これは、多くの民族で「気息」が頻繁に「霊魂」、「精神」、そして「生命」と同義的に用いられる事実を反映している。ギリシア語のプシュケー（psykhē 息、魂、生命）とプネウマ（pneuma 息、風、生命、精神）、ラテン語のアニマ（anima 生命、魂）とスピーリトゥス（spiritus 息、風、精神、霊魂）、サンスクリットのアートマン（ātman 息、霊魂、生命）とプラーナ（prāṇa 息、風、空気）、ロシア語のドゥフ（dux 精神、霊魂、空気、息）、ヘブライ語のルーアハ（rûᵃḥ 息、風、精神）とネフェシュ（nepēš 霊魂、生命）など他にも多くある。このようにどの場合でも、人間霊魂をめぐる一見、曖昧である概念は、身体的な気息に関する感覚的表現に遡る。人の気息は要するにその人の霊魂なのだ。

これに関連して、アラビア語の同一語根 NFS から、互いに密接に関連している二つの言葉、ナフス（nafs 霊魂）とナファス（nafas 息）が派生すると述べておくのも興味深いであろう。ヘブライ語のネフェシュという言葉もまた、これと同じ語根から派生している。元来、この言葉は「息」を意味したが、『旧約聖書』の大多数の章節で、「生命」、「自己」、または「霊魂」の意味で使われる。代わりにこれらの意味が優勢になった結果、聖書ヘブライ語の後期にはもう一つの言葉ネシャーマー（nəšāmāh）がとくに「息」を表示するため用いられるようになった。例えば、創造の物語の有名な節（「創世記」第二章第七節）にはこう書かれている。

> 神は人を大地の塵から形作り、その鼻孔に生命の気息（nišmat ḥayyîm）を吹き込み、人は生ける霊魂（nepēš ḥayyāh）となった。

ヘブライ語の他の語で霊魂を表すルーアハに関して、その元来の意味は、「風」もしくは「息」であり、古代人や未開の人々の場合によくあるように、この二つの観念は完全に混交していることが観察できると言えよう。[1]

しかし、この語は後に人間霊魂を指示するようになった。ギリシア語のプシュケーについては、E・ビッケル[2]が行った興味深い試み（『ホメーロスの霊魂信仰』）がある。彼によるとプシュケー――ホメーロスにおける優勢的な意味はすでに「生命」の抽象的理念である――が、ギリシア語のより古い段階ではかなり文字どおりに「気息あるいは呼気としての霊魂」を意味していたはずだということである。さらに、それこそまさに呼気なる霊魂という元来の意味であり、死に臨んで身体から霊魂が飛び去るというホメーロス的信仰の説明となっている。

古代中国語で対応する事例がここで事態を明確にしてくれる。私の念頭にあるのは「氣」という言葉である。これは中国語のもつ最も一般的な語の一つであるが、その厳密な意味を確定することはきわめて難しい。この言葉は次のような多様な意味が集まって構成されている。例えば、「天気」「蒸気」「身体的活力」「生命原理」「生命」「息」「精神」「霊魂」などである。それは、人を含む全自然のなか、そしてそれを貫いて働く半物質的で半精神的な生命の力、いわば「エラン・ヴィタール[3]」と思ってよい。『管子[4]』（春秋時代の高名な政治家で紀元前六四五年に没した管仲に誤って帰せられた）には次のようにある。

それゆえ、氣があればつねに生があり、氣がもはやなければつねに死があるし、そして、生きとし生けるものはみなそれぞれの氣をとおして生きている、ということになる。

故に曰く、氣有れば則ち生じ、氣無ければ則ち死す、生なる者は其の氣を以てす。

（『管子』「枢言篇」）

同様に、荘子はこう述べている。

生は死の伴侶であり、死は生の始まりであるゆえ、どちらがどちらの原理か誰も知らない。人間の生は集められた氣に他ならず、集められれば生があり、散り散りになれば死がある。

生や死の徒、死や生の始、孰《たれ》か其の紀《はじめ》を知らん。人の生ずるは氣の聚まるなり。聚まれば則ち生と為り、散ずれば則ち死と為る。

（『荘子』「知北遊篇」）

注目すべきは、『説文解字』において許慎《きょしん》が[5]、「氣」という文字の本来の形は「雲氣」、つまり「雲エネルギー」を象徴的に表している、と述べていることである。もちろん、都合よくこの説明を利用することはできない。事実、この説明は言葉を明確にするためには、あまりに簡潔すぎる。とはいえ他方では、古代中国人が「氣」を何か雲のようなものとして視覚化していたことも、確かと言ってよい。このような仕方で「生命霊魂」を表しても何ら妨げにならないことを、文明化されていない人々のあいだでもこれと相似的な観念がよくみられる事実が示してくれよう。例えば、ティロル地方の小作人のあいだでは、善良な人の霊魂は死に臨んでその人の口から「小さな白い雲のように」出ると信じられていた。[2] おそらく、中国語の「氣」の場合、何人かの研究者らが推測するように、「雲」は「気息」を象徴化しており、さらにはそれがこの言葉の本来的な意味だと言えよう。しかしさらに確実なのは、この象徴がむしろ明快に雲の上りゆくエネルギーを描写していることである。「霊魂」を意味する表意文字記号である「魂」は、この見解をはっきりと確証づけてくれるように思われる。みてのとおり、表意文字の「魂」は並び合う二つの部分からなり、一つ（鬼）は死者もしくは死体を表し、もう一つ（云）は天の下の雲を表す。おそらくこのことからこう考えてよい。最も早い時期の中国人は、霊魂を死にぎわの人の口から漏れ出て雲のように天に昇る「生命気息」であると考えており、それは、死に臨んだ人の「口から飛び出る」ことを概念化しているプシュケーという古代ギリシアの理解に酷似した概念化であった。[3]

いずれにせよ、気息・生命・霊魂の密接な連想は、この場合も明らかである。ここで『礼記』から興味深い一節を引用しよう。そこには、まさにこの主題について孔子と門人の一人、宰我《さいが》[6]とのあいだでなされた会話が収録されている。

宰我は聞いた。「鬼や神の名はよく聞きますが、しかしそれが実際には何を意味するのかわかりません」。

孔子はこう答えた。「「氣」と呼ばれるものは神（つまり「意識霊魂」）の原理的な働きであり、一般に感覚機能として知られるものは「鬼」（つまり「身体的霊魂」あるいは「生命霊魂」）の原理的な働きである。……生きとし生けるものはみな必ず死ぬ。それらは死ねば必ず土に帰る。これ（土に帰る元素）が「鬼」と呼ばれるものである。肉と骨は腐って消え、野の土へと変化する。死者の「氣」のみ天へ上り、光輝ある〔そして香り高く、また痛ましい〕姿形となる」。

宰我曰く、吾《わ》れ鬼神《きしん》の名を聞き、而して其の謂ふ所を知らず、と。

子曰く、氣は神の盛んなるなり。魄《はく》は鬼の盛んなるなり。……衆生は必ず死し、死さば必ず土へと帰す。此れを之れ鬼と謂ふ。骨肉は下に斃《たお》れ、陰《ひそ》かに野の土と為り、其の氣は上に發揚し、昭明《しょうめい》〔し、焄蒿《くんこう》し、凄愴《せいそう》〕を為す。

（『礼記』「祭義篇」）

また、ここで問題となっている「氣」という語について、高名な注釈者である鄭玄《ていげん》[7]が述べたことを言い添えるのは有益であろう。彼によれば、「氣」は厳密には呼吸作用のもつ二重の過程、つまり吸気と呼気とを指しているという〔「而鄭氏曰氣噓吸出入者也」『礼記注疏』巻七四〕。

ここで次のことを想い起こしてもらいたい。人のもつ「雲」のような霊魂は、アニミズム的な信仰によれば、心のなかにあるだけでなく、髪、皮膚、歯、血、腸などのような肉体のさまざまな部分に住まう。

われ（すなわち神）が彼（すなわち最初の人アーダム）を形づくり、そのなかへわが霊を吹き込んだなら

……

（『クルアーン』第三八章第七二節）

クルアーンのこの言葉についてその意味をバイダーウィー[8]はこう注釈している。[4]

気息の力はアーダムの肉体の腔《こう》という腔に浸透し彼を生かしめた。息を吹き込むことは、この場合、まさに他の人の体の腔に風を走り巡らせることを意味する。精神（rūḥ）はなかんずく心から流れ出る「精妙なる蒸気」（al-bukhār al-laṭīf）による。それは（心の）生命の力で満たされ、動脈をとおって肉体のあらゆる深みへと生命の力を運んで行く。

この仮説のもと、霊質〔soul-stuff 霊魂の実体〕が肉体の開口部分のどこからでも抜け出ると想定すべきなのはまったく自然であろう。唾液、汗、涙はすべて、霊質から何かを外へと運びだすと想像されている。とりわけ危険なのは、くしゃみ、唾を吐くこと、あくび、息を吹きかけること、触れることである。なぜなら、そのような折に、人に住まう精妙なる生命力はいともたやすく放出されてしまうからである。このことがくしゃみやあくびの後すぐムスリムたちが敬虔なことばを叫ぶ理由であるのはほぼ確実である。[5]この場合に聖句を唱える本来の意図は、開いた口や鼻孔から霊魂が流れ出るのを防ぐことである。ちなみに、未開の人々のあいだでは、多くの場合、吹き込む行為が魔法というきわめて危険な手段と見なされていると言える。クルアーンにおける最初期の「マッカ啓示」の一つ「黎明の章」が、対呪術の祈りであることに疑いの余地はない。これは、悪意ある魔法にひそむ邪悪な危険に由来する恐怖から身を守るためのもので、この古えの風習を生き生きと描き出している。

言え、「お縋り申す、黎明の主に、
その創り給える悪を逃れて、
深々と更《ふけ》わたる夜の闇の悪を逃れて。
結び目に息吹《いきふ》きかける老婆らの悪を逃れて、
妬み男の妬み心の悪を逃れて。」

（『クルアーン』第一一三章全五節）

「結び目に息吹《いきふ》きかける」（al-naffāthātu fī al-ʿuqad）という第四節は、非常に広範囲に広まっていた魔術師たちの風習に言及している。魔術師たちは、憎み羨む人物を害するために、「夜の闇のなかその闇の濃く深いとき」[9]、糸にいくつも結び目を結い、呪いの掛かった言葉とともにそれらに息を吹きかける。

なぜアニミズム的な実践の世界では人間の声がそれほど聖なるものであり恐ろしいものであると普遍的に見なされるかを理解できるところに、われわれはようやく辿り着いた。もし人の霊質がその肉体的な枠からこうもたやすく送り出されてしまうなら、人の気息もその人の霊魂とまったく同じはずだ。なぜなら人の気息は、今みたように、未開的な思惟様式においてその人の霊魂とまさに同一とさえされるからだ。そして、さらに、「霊魂たる気息」が、くしゃみ、あくび、あるいは吹きかける行為によって逃げ出せるのであれば、声を発するという行為に当たっても同じことが生じないとは考え難い。つまり人が声を発するたびにその霊魂から何かが確実に肉体の外へ出ていると見なされるのである。

自分自身の前へ息を吹き出している者は霊魂の内的実体を吹き出している、という未開的な理解のあり方は、われわれのうちで完全に消滅しているとは言えない。それは人類史をとおして生き続け、今日でもなお、少なくとも幾人かの卓越した詩人の意識のなかでは完全な活力を保持している。「気息よ、汝みえざる詩《うた》よ（Atmen, du unsichtbares Gedicht!）」とR・M・リルケは『オルフェウスへのソネット』の一つ〔第二部第一ソネット〕に書いている。よく似た観念には、ポール・クローデルの作品においても出会う。これらの詩人にとっては、われわれの太古の祖先たちにとってと同じように、人は瞬間ごとにおのれ自らを吐き出す（Wir atmen uns aus und dahin〔「われら己れを外へ、そこへ息吹《いきふ》く」、リルケ『ドゥイノの悲歌』「第二悲歌」〕）。そして、呼吸作用は内的実体を絶えず喪失することである。あるいは、より精確に言うなら、吸入のたびに、すなわち息を吸うごとに、われわれは空気中の何かを取り込んでいる。ところで、この何かは未開人の心にとって、もう完全に命あるものなのだ。例えば、これをギリシア人哲学者アナクシメネース[10]の断片（B 2）に明らかにみることができる。

> まさに空気中にあるプシュケー（psykhē）がわれわれの形を保ち統べるように、プネウマ（pneuma）と空気は全宇宙《コスモス》を取り囲んでいる。[6]

また他方では、呼気をするたびに、すなわち息を吐くごとに、われわれの霊魂から何かが出て行き、周りを囲む世界空間（Weltraum）に霧散してゆく。

もしこのように、呼吸作用の通常の過程でさえ、危険なものと見なければならないなら、分節された音、それも何か深い意味を込めた音を発することは、息を吐く行為と一致しているのであるから、そのときには危険が極まると見なされることも自然であろう。というのも、意味のある音を発することにともなって、「霊魂たる気息」は、意識的かつ志向的に指示対象へと伸びてゆくからである。人がある言葉に意味を載せて発話するとき、発話者の心のなかには「何か」がある。これをアニミズム的な心理学の表現法で言うなら、この人の霊魂は発話に際して何らかの呪術的な力を漲らせることになり、それが声によって、言葉の発話者からその受け手へと運ばれる。

未開の心にとって、意志と志向とをともなって発音される言語音《スピーチ》はそれ自身ただちに、「霊力（霊魂の力）」を半物質的現れへと変える。そして、よく知られた「詩篇」最終行「気息あるものはみなヤハ（Yah）を讃め称うべし」に出てくる「気息」（nəšāmāh）という言葉が、この意味において理解されねばならないのは疑いない。

シュメール人とヘブライ人両者の〈創造〉神話において、言葉のもつ創造的な力は、神的な気息が生命を付与する力によって働くようになっていることは、注意されるべきであろう。「詩篇」（第三三章第六節）はこう詠う。

ヤハウェの言葉（dābār）によりて諸天は造られた
彼の口から出でた気息（rûᵃḥ）によりて天の万軍は造られた

言葉と気息とは、神の創造の業《わざ》の手段として、常に対句になっている。言い換えれば、言葉と気息とのあいだにはほぼ区別がなく、詩篇作者の意識のなかでは、両者は互いに密に相伴われている。これは、クルアーンの注目すべき一節（第四章第一七一節）とも対応している。

救主イーサー〔イエス・キリスト〕、マリヤム〔マリア〕の息子はしかし神《アッラー》の使徒、彼〔神〕がマリヤムに投げ入れた言葉（kalimah）、彼〔神〕から流出した精神（rūḥ 気息）である。

ヘルメス文書は、印象的な例をもう一つ提示してくれる。ヘレニズム期のユダヤ教、およびパレスティナ・ユダヤ教において、神的気息と神的言葉の理解が密接に絡み合い、簡単に分離できないことは、よく知られている。『七十人訳聖書』の「神の気息（pneuma theou）は、水のおもてを漂っていた」〔創世記第一章第二節にある表現「神の霊が水のおもてを覆っていた」に対応〕という句は、「ポイマンドレース篇」において「気息を本性とする言葉」

(pneumatikos logos) によって置き換えられる。この表現は、これ以上ないほどの明瞭さで、気息と言葉との完全な同一性を示しており、きわめて意義深い[7]。

より一般化して述べよう。アニミズム的な心理学によれば、霊魂のもつ本性的な力が普通でない度合いにまで強化されるとき、もしくは高められるとき、かならず気息は目にみえて強力である。そして、そのような時に用いられた言葉はどれも自然に「力ある言葉《パワー・ワード》」となる。しかし、これは、強い気息とともに働くときにのみ、すなわち、志向的に発音されたときにのみ、言葉は呪術的に振る舞うことができる、ということを言い換えたにすぎない。そして、言語によって世界を創造する神的人格の場合こそは、まさにこれに当てはまる。きわめて邪悪な呪いの言葉ですら、実際に発話されない限り、客観的に認識できる力をあらわにせず、発音されたときにのみ、その力は発動する。言葉一般は、未開的な思惟方法では恐ろしいものであるが、心のうちにとどまり、発声によって実行されないかぎりは無害なままである。なぜ、これほどまでの重要性が、通常、世界の至るところで未開の人々の呪術的過程における気息の働きに与えられたのか、もはや明らかであろう。

しかし、以上の説明については、いささかの留保が必要である。というのも、言葉の呪術的な力がもつ実際の本性に関して、たやすく誤解が生じかねないから、つまり、言語呪術は本質的には「意味」から独立している、という考えに誤導されかねないからである。実際、今でも少なからぬ研究者が、古代人や未開の人々のあいだで呪術的な定型文が、頻繁に〔言葉として意味をなさない〕不可解な音節からなるという特徴をもつことを論じるときに、言葉の意味は言語の呪術的使用においてかなり些細な役割しか果たさないか、もしくは役割を果たす余地がまったくない、という結論を引き出している。これは、しかし、明らかに軽率な断定である。あらゆる本格的な言語呪術にとって不可欠な要素である気息の重要性は、それに劣らず重要な意味要素を損なってまで、強調されるべきではない。また、呪術と魔術の言語という問題を扱うにあたり忘れてならないのは、言葉は話されたときのみ作用力となる、つまり話す人のもつ霊力にある何かが充満した気息を伴って言葉が現実にもたらされるときのみ作用力となるが、気息の側では音の分節がなされねば実際の効果は希薄だという事実である。単なる息づかいだけでは呪術でないも同然であって、呪術的な影響を行使するには、息づかいが声で漲っていなければならず、声は、実際の言葉であろうと不可解な音節であろうと、当たり前ながら分節音でなければならない。

これに関連して観察されるべきなのは、いわゆる「無意味な音節群」がかなり頻繁に未開の呪文の儀式にみられ、それらは、未開の人々の信仰のなかではただの無意味な朗々たる組み合わせではないということである。それらは、この点で鳥の鳴き声や動物の叫びとも明確に区別される。鳥の鳴き声や動物の叫びが分割できない、無分節の全体であるという事実からすると、「無意味な音節群」は、実際には「名」、つまり人間の耳には認知できなくとも、高位の精霊、神々、物質的なものにさえ完全に認識できるはずの神秘的な名である。したがって、名はこれらに影響を与えることも可能である。それゆえ、われわれは呪術的言語のなかで表向きは無意味な語群によく出会うが、それらを完全に意味のないものとして扱うことに対して、十分に心しなければならない。というのは、人間にとって意味をなさない言葉は、呪術においては意味がないどころか、人を超越した存在にしか認識できないほどに、より深い意味をもっている、と信じられているからである。さらに、呪文や儀式がことごとく完全に無意味な言葉からなることは、ほとんどない。むしろ、野生の部族が有するかなり多くの呪術的な定型文や祭祀歌は超自然的な行為者にとって理解可能であるという基礎的な仮定に立つだけでなく、それらは人間にすら何らかの仕方で現実に理解可能でもある。というのも、いかに認識不能な音節群の連なりであろうと、実際の言葉のちりばめられたものであることに変わりはないからである。言語呪術で無意味な言葉が用いられる問題は、後の文脈でさらに詳しく論じよう。呪術師による言語使用において、無意味なものは何もないということを指摘すれば、今は十分である。というのも、呪術師のもつ「霊力」、あるいはより近代的に言うなら、その「意志力」については、先に述べたように、あらゆる呪術的行為の始まりそのものであるからだ。それはこの場合、対象を「意味する」力とほとんど同義である。言語記号による本格的な呪術は、〈意味〉の生成、内包《コノテーション》作用〔暗示、言外に意味する〕も外延《デノテーション》作用〔明示、指示〕も可能な象徴（記号に対立するものとして）の生成とともにしか始まらないと私は確信している。

## 注

（1）例えばラテン語のアニマという語は「風」という感覚的な含意をともなう。これはギリシア語のアネモス（anemos　風）という語との語源的関係から明らかである。

（2）Cf. E. B. Tylor, *Primitive Culture*, Vol. I, p. 433.

（3）小柳司氣太『続東洋思想の研究』。

（4）バイダーウィー『啓示の諸光と解釈の秘密』（ʿAbd Allāh ibn ʿUmar al-Bayḍāwī, *Anwār al-tanzīl wa-asrār al-taʾwīl*）、「第一五章第二九節」を参照〔この部分も第三八章第七二節と同じ内容〕。

（5）Cf. Samuel M. Zwemer, *Studies in Popular Islam*, II.

（6）Cf. W. Jaeger, *The Theology of the Early Greek Philosophers*, Chap. V〔, Oxford: Oxford University Press, 1936, p. 79〕.

（7）Cf. C. H. Dodd, *The Bible and the Greeks*, Chap. VI, 1, C.

## 訳注

〔1〕Robert Ranulph Marett, 1866–1943.　イギリスの人類学者。社会学や文化史研究における進化説、機能主義、社会心理学の立場で、フレイザーやデュルケームの批判者。二〇世紀前半の宗教学に非常に影響力をもった。

〔2〕Ernst Johann Friedrich Bickel, 1876–1961.　ドイツの古典学者。

〔3〕élan vital は「生命の飛躍」を意味する。アンリ・ベルクソンによる一九〇七年刊行の『創造的進化』（*L'évolution créatrice*）の概念。

〔4〕政治・経済・文化を法家・道家・儒家の立場から複数の著者が論じた論集。戦国時代から漢代にかけて成立。

〔5〕紀元後五八年頃―一四七年頃。後漢時代の儒学者。

〔6〕紀元前五二二―四五八年、魯国出身、斉の大夫、孔門十哲の一人。

〔7〕または「じょうげん」と読む。紀元後一二七―二〇〇年、後漢の訓詁学者、古文学を確立し漢代経学を集大成。

〔8〕‘Abd Allāh ibn ‘Umaral-Bayḍāwī, ?–1286? ペルシア出身。クルアーン解釈学、法学、神学、文法学などでも知られる。

〔9〕*The Meaning of the Glorious Koran*, tr. M. Pickthall, London: A. A. Knopf, 1930. クルアーン第一一三章第三節に一部変更を加えた英訳に相当する。

〔10〕Anaximenēs, ca.585 BC –ca.524. イオニア学派を代表する自然哲学者。

# 第四章　近代文明のさなかの言語呪術

本章の目的は、言語《スピーチ》のもつ呪術的な機能が今日の文明化した社会で果たす役割について考察することである。最初に断っておかねばならないが、私の議論が網羅的であると言うつもりはない。実際、本章の主題を十分論じ切るには本書全体を費す必要があろう。ほどなく分かるように、近代的な生における呪術的な言語の状況を詳らかに考察するのであれば、必然的に近代文明の精神的な基礎をその全体において検討することが求められよう。しかし、もちろんそれは関心のあり方が私の研究と異なる。私がここで行いうる最善のことは、近代的な装いのなかに言語呪術という現象がもちつづけている、最も驚くべき特徴をいくつか描写するだけである。宗教は、人が言語の呪術的使用によってみえざる世界と関係をもつ、すべてにして唯一の手段として今でも特権的な地位を享受する領域である、と考えるのは自然であろう。そこで私は、今日では明らかに宗教的観念の支配圏外にある人間活動の諸領域から問題を意図的に拾い集めてこようと思う。というのも、本書の中心テーマにとっては、未開なるもののもつさまざまな要素が、われわれの生活のおよそ思いもかけない場に残存していることを示せるかどうかのほうが、よりいっそう密接な関係をもつからである。

うわべだけみれば、文明化した人類は今日、本章に先立つ部分で記述してきたような心のもつ未開の特性といったものを完全に捨て去ったかに思えよう。教養ある同時代人の大半は自分たちが未開部族に対してまぎれもない精神的優位にあると信じ切っている。この確信は、未開的な思惟方法と近代人のそれとは基本的に違う、未開人の論理は文明人の推論過程とは完全に異なる、と主張する権威たちの仕事によって大いに強化され促進されてきたようである。しかしながら、今日の一流の人類学者や民族誌学者たちが共に目の当たりにしていることは、この主張とまさに逆のことを証明するかのように思われる。人類学者や民族誌学者からすれば、こうした主張は不当である。彼らは、二つの種類の心に「本質的」な違いがあるとする主張、すなわち、自分たちの心性から決定的に区別される「未開的な」心性なるものが存在するという主張をますます疑うようになってきた。逆に彼らはみな一致して、人間本性は世界中で同一であることを強調する。つまり、彼らは最も低い形式に最も高い形式が可能性として潜在すると認識し、最も高い形式とは最も低い形式の必然的な進化であるに過ぎないと見なす傾向にあるのだ。さらに、人間本性のこの根源的統一性は、デカルトが主張したような〈理性〉の方向ではなく、まったく逆の方向に探究されるべきであるとする。

デカルトは『方法序説』の冒頭で、良識《ボン・サンス》（つまり〈理性〉）はあらゆるもののうち人に最も等しく分配されているものであると書いている[1]。しかし、人間本性に関心のある研究者たちは、残念ながらそうではないと考えている。生まれながらに備わっている本性的な能力から懸け離れている理性あるいは推論は、チャールズ・ロバーツ・オルドリッチ[2]が指摘したように、文明化された国の人々のあいだでさえ高度に人工的な知の技術である(1)。「人に最も等しく分配されている」と認知されねばならないものがあるとすれば、それはむしろ〈理性〉ではなく呪術愛好である。なぜなら、この傾向は事実、文明化されていようと野生であろうと、世界中、いたるところ、あらゆる時代をとおして、人類に普遍的に観察されるからである。これまで呪術は、因果律の根本的に誤った観念に基づいていると広く信じられ、真の因果関係についての無知が未開の人々に呪術的な実践を続けさせている、としばしば主張されてきた。前章でみたように、これは一般に未開の人々が受け入れている言葉のもつ奇跡的な力をめぐる迷信や誤った観念をみごとに説明している。しかし、こういったことが言語呪術の全体をなしていると決めてかかってはならない。言語呪術にはもう一つ、より深い階層構造があり、言語《スピーチ》の仕組みをより精密に理解しようとするなら、これを考慮せねばならない。

　今日、多くの研究者たちは、呪術の根が一般に想像されてきたよりも、はるかに深いと考える傾向にある。スザンヌ・ランガーが述べるように、呪術はむしろ自発的な、純粋に自然な活動であり、人間が本来必要とするものに直接起因すると思われる。「まさにハチが飛び回り鳥が巣を作るように」、われわれの祖先はまったく自然に呪術を使った(2)。しかし、呪術的な祭祀への傾向が人間本性にそれほど深く根ざし、実際に純粋に内的必要に由来するなら、当然われわれ自身のあいだでさえ多様な仕方で呪術が働いているのを見いだせるはずである。この未開の心理がもつ執拗な持続性が教養ある近代人のなかで覆い隠されているのは、おもに近代人が世界観を科学的基礎の上に立ち上げることを習ったからである。文明化した生であると近代人が想定する活動から離れてみるなら、物事に対する構えや対処はいまだ大いに未開であり、それどころかそのような対応が求められるのが本当のところである。

　文明化した人々のあいだに実際に観察される膨大な迷信や習慣を細かくみてゆく必要はない。われわれは、いかに根本的にいまだ愚かしく未開であるか、つねに人類学者が納得させてくれる。民族誌をめぐる現代の研究文献は、太古に遡る未開的で迷信的な観念が教養ある世界の高度に洗練されたしぐさや考え方のうちに生き残っている、という顕著な事例にあふれている。加えて、いわゆる文明化され洗練された人々が、マスコット、お守り、魔除け、縁起の良い石、縁起の良い数などを信じ、文明化されていない世界の辺境における呪物崇拝者の生き方とまったく同じように日常生活を営んでいることは、少し注意してみれば十分に明らかである。フレイザーは、われわれの近代社会の表層を「威力が活動を休止して地下にまどろみながらもいつでも裂け目となりうる薄い地表」〔『金枝篇』第四章〕になぞらえた。彼が指し示したのは、われわれの足元にひそみ、文明を脅威にさらしている野生〔未開性〕の固い層の存在である。したがって、この事態をわれわれの言語そのものがありのままに反映していても驚くには当たらない。

呪術的なものの領分は、人間活動の他のさまざまな分野と同じく、言語の振る舞いにおいても初めのうちは凄まじいほど優勢であったが、これまでにも示唆してきたように、今や科学的文化の進歩と普及にともない、かなり限定され目立たなくなってしまった。しかし、今日でも、人々が言語の本性について空想的な観念をみな捨て去ったというにはほど遠く、はるかな過去に遡る迷信的習慣のうちのかなり多くが、文明化した国々の一般大衆のあいだに勢いをほぼ緩めずにいまだ執拗に残存している。しかし、あからさまに呪術的な特性をもつこういったさまざまな言語の用法は、問題の性質上、前章で論じたものとまさに同じである。実際、私は前章でそれら〔文明に残存するもの〕をしばしば参照したが、あまりに知られていて広く普及しているので、新鮮な事例が必要なほどである。それゆえ、われわれは呪術的言語の他の位相に目を向ける方がよい。その位相の大部分は隠れていて目にみえないので分析がさらに困難なものである。

私はすでに儀式的な言語に触れた。それはあたかも、言葉の呪術的用法として唯一正統なものと現代社会で認められているかのようである。しかし、儀式的な言語それ自体は、現代の社会生活において、ほとんど取るに足らない地位しかもたない。しかしながら、その途轍もない重要性は、近代文明の深層を見抜くために社会の表層の下に注意を向けるや、すぐに目に飛び込んでくる。そのとき、言語を呪術的に捉えることがいまだ力強く生き続け、その深みから日常的な諸問題の領域全体に途方もない影響力を行使していることがわかる。呪術という太古の精神は、さまざまな形をとって、生の予期せぬ新たな場で今なお執拗に再現しつづけているのだ。事実、われわれ自身の社会制度、信仰、慣習を一瞥するだけで、呪術的なものが倫理的なものや法的なものと混交し、最高度に文明化した共同体においても呪術が廃れたというにはほど遠い状態であるとすぐに気づくだろう。例えば、誰もが知っていることであるが、法学の進化と倫理学の発展は、両方ともあらゆるところで、部族の掟や儀式的な法が先立って存在したことに大きく負っている。事実、儀式的な法の水準では、法的なものと倫理的なものとのあいだに実際には区別がなく、そこでは同様に民法と刑法とが宗規から分離していない。イスラームでは、クルアーンがあらゆる法学と倫理学との唯一の源泉である。ハンムラビ法典やマヌ法典、『旧約聖書』の「律法」など、今に伝わる古代の法典はみな大量の命令や禁止の集成であり、あらゆる事態に備えて個人的かつ共同的生において人を適切に管理統制する。誰もが、これらの規則は元来、神聖なものであり、そのほとんどが、とくに禁止は、実際に部族の禁忌《タブー》が装いを新たにしたものであると見なしている。

しかしながら、本書に特有の観点からすると、この問題全体の核心はこれら歴史的一般法則にあるのではない。むしろ、古代の慣習の多くが呪術的起源の否定し難い痕跡をともなって高度な近代文化のさなかへとほぼ手つかずのまま自己を保存しており、あるいは少なくともわれわれの法的かつ道徳的生に消し去り難い痕を残しているという、まさにこの点にこそ、問題の核心がある。法の言語と倫理の言語がもつ規範的で権威的な本性は、それらが生起し、また最も密接に連関しつづけている呪術的な文脈を考慮から外すなら、満足のゆくように説明されえないのだ。

法の制定とその執行は、ともに呪術的なプロセスを必要とすることが注意されるべきである。例えば、宣誓ははるか以前と同様に、現在でも法廷で盛んに用いられ、近代的な裁判に不可欠な要素をなしているが、広く認められているように呪術的な行為である。宣誓と神判〔苦痛を与えて耐えるか試して罪の有無を判断する神明裁判〕とのあいだにある密接な関係は、アルベルト・ヘルマン・ポスト[3]によってはるか以前に正しく強調されている。彼は一八九五年刊行の『民族誌的法学の基礎』で、公開法廷で宣誓するわれわれの慣習が未開の神判の生き残りであり、それゆえ厳密に言うなら自己呪詛の言語的形態で表現されるべきものである、とはっきり述べている（第二巻、第一三六節）。定型文に内在するとされる呪術的な力をとおして、証人は厳粛にこれから述べることが絶対に真実であると保証し、偽証の場合は彼が訴えかけた天なる最高審判者の怒りに身を晒すのだ。しかし、他にもう一つ、さらに重要な観点がある。その観点では、告訴から最終評決までの司法上の手続き全体が儀式的、あるいは儀礼的な遂行のたぐいとして理解できるし、そうでなければならない。「倫理と言語の儀式的使用」[3]という啓蒙的な論文でマーガレット・マクドナルド[4]は、司法手続きとは事実上、公的な発話された儀式である、という考えを強く提起している。彼女の理論は要約すると次の通りである。審理は単なる一連の事実審査、解釈、有罪あるいは無罪判決ではなく、公開法廷における告訴、起訴、弁護、〔陪審員の〕評決、〔裁判官の〕判決である。公的な儀式の遂行が日常生活から完全に切り離されて執り行われるように、審理は厳格に形式的な仕方で演じられる。重要なのは、この儀式が言語的な争いとして被告と原告のあいだで続けられ、言葉が彼らの武器として用いられている、ということである（あらかじめ注意をしておくなら、これは、未開時代からの真の生き残りである。当時、呪術師や預言者は対戦に臨み呪術的な言葉を用いた。彼らの目にとって呪術的な言葉は武器であり、弓や槍よりさらに効果的でさえあった）。つまり、言葉こそが最終評決において勝敗を決するのである。マクドナルドによれば、評決および判決とは証拠から引き出される単なる事実に基づく結論ではない。評決および判決は、特別な舞台装置によって権威を与えられ、声に出されるゆえに、有効かつ拘束力がある、と認められているのだ。「〔評決および判決を宣言することは〕呪術的な定型文を唱えることと同類であり、似たような源泉、儀式的パフォーマンスに由来する」〔二一一頁〕。

人類の倫理観念の発達について書かれた多くの歴史学的、民族誌学的研究論文から、道徳言語の起源と本性についても同じ考察が当てはまることは明らかである。古代のそして未開的な法を構成する無数の行為規定が、肯定的であろうと否定的であろうと、倫理的であるよりもはるかに儀式的であることを誰も疑わない。近代的な心によって理解された道徳的行為、すなわち単に倫理的なものは、未開的な諸状況には現実には存在しない。未開人の道徳は、伝統的な祭祀の適切なパフォーマンスであり、禁忌の尊重なのだ。法の言語の場合と同様に、倫理的言語の権威も、少なくとも部分的には、それが呪術的、あるいは祭礼的な源泉から現れ出たということに依拠している。つまり、道徳的判断のもつ権威の特徴は、未開的な命令としての判断の形式的状態を考察し、その根源をはるか深く未開人の呪術・宗教的意識に送り返すことなしには説明がつかないのだ。

道徳的な判断は通常、情報提供する言語〔の形式〕で表現される。例えば、「真実を言うべきである」「盗むべきでない」などである。これらは〔内容上それぞれ肯定命令と否定命令であるが〕外的形式としては指示文であり、両者とも何かを適切に情報提供し記述する。そして両者はそのような〔情報提供的な記述〕文であるかぎり、事実に基づく日常的な記述として真や偽でありうると思われる。それゆえ、哲学者はあらゆる道徳的判断（と命令）を指示へと還元する強い誘惑にかられる。と言うのも、なんといっても、指示文は真に有意味な発言である唯一の形式であるし、それ以外のすべては、正確に指示文に還元可能な限りで、多かれ少なかれ有意味と見なされるからである。しかしながら、超感覚的存在としての〈価値〉をめぐる不要な形而上学をもち込まなければ、道徳的判断のもつ権威の特徴を決して説明できないという理由だけからでも、このような取り組み方では目的を見失うことになろう。

この欠陥に対処するため、近頃、別の部類の考えが提起された。この新しいタイプの理論は、通常、倫理の「動機」説と呼ばれる。[5] その第一人者たるC・L・スティーヴンソン[6]は、要約するなら、道徳的判断と命令のあいだには密接な親和的関連がある、と考えている。つまり、価値判断のような道徳的判断は確かに「紛らわしい文法形式における命令」（カルナップ）[7]に他ならない。そのわけはこの場合、言葉が命令という形式で聞き手に心情や感情を引き起こし、また、そのようにして聞き手の態度に影響を及ぼし、あるいは行為へと促すように用いられているからである。それゆえ、このように理解された動機説は、事実に関する命題とは異なり、道徳的判断には積極的な効果を生み出す特有の力があることを強調する利点がある一方で、それらの効果を言語という日常的な修辞的装置の効果と同化してしまう点では確実に間違っている。事実、これに対しては全般的にも項目ごとにも幾多の異議が提出されている。個別には、マーガレット・マクドナルドが先に言及した論考で、この見方では道徳的判断の規範的中核が考察されないどころか歪曲されてしまう、という重要な異議を唱えている。彼女は、道徳の言語と抒情詩の言語とを等しいとみなすことは間違いであると言う。道徳的判断によって発された命令や表現された態度は、単に私事の問題としてみられることはありえない。それらは情緒的な態度を引き起こし、行為を促すが、詩的または修辞的性質をもつ個人的表現と異なり、その性格上、公的であり非個人的であり、権威を有しているのだ。マクドナルドは、これら公的、非個人的、権威的な特色は道徳的判断を特徴づけるものであるが、これらの特色はわれわれが倫理の言語を儀式的で祭礼的な言語《スピーチ》と比べるときにのみ適切に説明されうる、と示唆する。この観点からすると、道徳的判断は、特別な祭礼がなくとも、あるいは言い換えるなら一つの大きな道徳的祭祀として人の生全体があれば、祭礼的な発話なのだ。道徳的な言葉を使うこと、あるいは道徳的な判断を発することは、それらの対象を神聖にし、いわば儀式的な意義を与え、祭礼的に扱うことを意味する。道徳的な言葉は「われわれが一生そのなかで演じる祭祀の言語」〔二一五頁〕なのだ。

この機会に詩の言語を簡単に扱っておくのは適切であると思われる。直前の節では付随的ながら、対比によって倫理的な言語がもつ「祭礼的」、「儀式的」な性格を際立たせるため、抒情詩の言語がもつ感情的な本性を参照した。だが、これは決して言語の詩的使用が呪術的な連想と無関係であることを意味しない。まったく逆に、詩とはその根源と精神においてまさしく言語呪術の真髄に他ならない。ラテン語のcarmenという言葉の本来の意味が示すように、最初期以来、詩はつねに呪文であった。実に、韻を踏んだ詩節の秘めた力を信じることほど、古代人のあいだに流布したものもない（ウェルギリウス「詩〔の魔術的な力や呪文〕は天より月をも引き寄せうる〔魅了できる〕もの」Carmina vel caelo possunt deducere Lunam——Verg. Ecl. 8. 69）。神託や予言は韻文で伝えられたし、祈禱・呪詛・祝福の文章や呪術的な定型文は通常、韻律形式で投げかけられたのである。ほぼつねに宗教は律動《リズム》または韻律によって語られた。ヘブライの預言の高度に発展した段階においてさえ、ヤハウェの啓示に導かれた代弁者はみな詩人であったし、古代世界で預言者は、詩人でないかぎり思い通りに、聴衆の耳を自分の言葉に傾けさせることなど期待できなかったのだ。なぜ宗教、もしくは呪術の言語が世界中で言葉の詩的使用とこれほど密接に関係しているのかという理由の一つ、あるいはそのいくつかは第十一章で詳しく検討する。現時点では、今日でも偉大な詩人たちの幾人かは、その言葉遣いのみならず詩的意識そのものにおいて正真正銘、言語呪術師であるというきわめて注目すべき事実に注意を喚起しておけば十分である。

詩が、近代の一般読者（そしてある程度は詩人たち自身）にとって、その呪術的な本来の香りをほぼ失ってしまったことは事実である。今日、大多数の人々にとって詩的言語は単に「感情的な」あるいは「情緒的な」言葉であり、詩人は自分の言葉を「感情的な仕方」で用いている。どこからこの「感情」が出てくるのかという疑問は、通常、触れられないままである。ほとんどの人がおそらく、ハーバート・リードとともに詩とは「特定の影響下で言葉が呈する突然の変容」であることに同意するだろう。[4]しかし、まさしくこの特定の影響とは何から生じるのかは、すべての人の同意を望みえないような問いである。というのも、現代では、それぞれの詩人、あるいは批評家が自由に自分なりの詩の基準を打ち立てることが期待されているからだ。[8]

例えば、ドライデンおよびその流派が〔想像力の意味で〕いう「機知《ウィット》を書く（Wit-writing）」[9]の場合、元のものとはまったく異なるものを作り出す方法として詩作過程を定義することが、完全に可能である。だが、少なくとも近代的な詩人の一部にとって、詩的体験がそれ自体で一つの呪術的体験である、という事実は変わらぬままである。ポール・クローデル、ポール・ヴァレリー、あるいはリルケのような詩人の作品や発言を読む者は、呪術の古えの精神が彼らの心に対していまだに有するただならぬ威力に感心せざるをえない。

ここに木が立ち現れた。おお、清きのりこえ。
おお、オルフェウスが歌う。おお、耳に高き木の聳える。

〔『オルフェウスへのソネット』第一部第一ソネット〕

これらの言葉でリルケは言語呪術師としての詩人の働きを描き讃えた。『オルフェウスへのソネット』の最初のソネットは、その全体が、奇跡をなす詩歌の力を描くことに捧げられている。オルフェウスが竪琴を奏でながら歌えば、森、林、泉、岩場の野獣はみな恍惚として夢中になって聴き入り、何ものもその音楽の魅力には抗いえない。ギリシア人の民間伝承では、オルフェウスはトラキア出身の呪術的な歌い手にして楽人であった。われわれの今の目的にとってきわめて意義深いのは、伝説が彼をディオニュソスの神官とも、あるいはむしろバッコス祭祀の真の創設者ともみなしたことである。というのも、このことは明らかに、美しいギリシアの伝説において、詩がほぼ完全に呪術的な定型文と同一視されていたことを示すからである。それはリルケの詩的意識においても同じである。詩とは「呪文（Beschwörung）」であると彼は繰り返し主張する。詩人の本質的な務めとは、呪《まじな》い師（Beschwörender）であることなのだ。「神的なるものをつなぎとめること、呪《まじな》いへ、言葉は己れを高める」（「ニケのために」〔一九二三年、聖夜〕）。それゆえ、リルケにとって詩を発話することは紛れもなく呪術的な行為であり、それによって、つなぎとめ呼び出す言葉の力が解き放たれるのである。

詩的意識のもつこの特殊な境位はオルフェウス的と呼ぶにふさわしいものであり、これは実際、優れた近代的詩人の多くにきわめて頻繁にみられる。ここで、ある近代的詩人の事例について少しばかり考察することはおそらく意義があるだろう。その詩人は、呪術的喚起の原理に完全に基づいて、自身の言語を創造するために全生涯をかけて努力を傾けたのだ。それはステファヌ・マラルメである。近代ヨーロッパ文明のまさに中心にあって、この一九世紀最大の詩人呪術師は、〈絶対言語〉の究極的な可能性を夢みていた。彼は、一方で、毎日の生活の行為を規定するためだけに向けられた日常言語を取り巻くあらゆる類いの不完全さを痛烈に意識しつつ、他方で、永遠なる〈言葉〉の存在、すなわち〈絶対言語〉（le Verbe）の崇高な理想を固く信じていた。マラルメは、日常言語を何かある媒体のようなものへと変容させる目的で、その改造を探求した。そのような媒体をとおして絶対言語が自らを本来的な壮麗なる輝きのただなかに現すのだ。この理想的な境位、つまり詩的言語の境位とは、マラルメによれば、日常的用法の言語に含まれるあらゆる呪術的可能性の完全なる現実化（この言葉のスコラ的意味において）である。それはどれほど完璧かというと、例えば〈絶対詩人〉が「花！」（fleur）という言葉を発話すれば、「その中へと私の声は何らかの輪郭［つまり、空気中にあたかも花の外形を描く物理的音声］を送り込み、日常的な花とは何かまったく異なるもの、甘美にして、決していかなる花束にもない、まさにイデアそのものが、記憶の彼方なる深みから音楽的にそこに現れ出る［つまり、言葉を発することによって引き起こされる空気のはかない振動］[5][10]」。

　マラルメによる詩のこの一節を解説するにあたり、その弟子であるポール・ヴァレリーは、その絶対美は全面的に言語のもつ呪術的な力（la vertu enchanteresse）にあると明言している。ヴァレリーは類い稀なこの詩人に捧げられた随想のなかで、「私はときおりステファヌ・マラルメに言った」[6]（『ヴァリエテⅢ』）と、「エロディアード」「花」「白鳥」の断片に初めて出会った自分自身の体験を胸打つ言葉で描き出す[11]。それは驚嘆すべき体験であった。これらの詩作品の不思議な美しさに突如、彼の魂は捕えられた。彼は完全に「魅了され」、文字どおり「我を忘れた」。それから彼は、マラルメによる詩が生み出したこの呪術的な効果をめぐって、この上なく鋭い洞察的分析を行う。「この詩人は、あらゆる詩人のうちでも最も未開でないのに、不思議な賛美を奏でつつ、あたかも言葉の感覚を失わせる歌のように、離れ離れの言葉を調和させることによって――詩句の音楽的壮麗さ、および類い稀なるその豊饒さによって――、根源的な詩において、すなわち、呪術的な定型文において、この上ないまでに力漲る印象を与えることとなった[12]」と彼は書いている。

　「長いあいだ、言葉《パロール》の特定の組み合わせは、見かけの意味よりもさらに強い力を込めることができると信じられていた。その組み合わせは、人よりも物によって、岩、水、獣、神々によって、隠れた宝によって、生命の力と源泉によって、道理をわきまえた魂よりも、よりよく理解されると信じられていた。それらは、人間精神よりも〈精霊たち〉にとって、より明白であると信じられていた。死さえも時として律動的な召喚魔法には降伏し、墓はしばしば亡霊を解き放つ。言葉《パロール》へのこの信仰よりも古く、これほど本性に根ざすものは何もない。言葉《パロール》の交換価値による働きは不可思議な響きによるよりも小さく、この響きによって諸存在の実体（la substance des êtres）のうちにある力がかき立てられると人は信じていた[13]」。

こうしてヴァレリーは、生活における最も厳粛なあるいは最も重要な瞬間にわれわれが発する言葉、つまり典礼の言語、激情の頂点でささやいたりうめいたりするもの、子どもをあやしたり苦しんでいるものを和らげる時に用いる言葉、誓いの真実性を証明する言葉と、未開的な詩の言語とを適切に比較してゆく。これらの言語形式のすべてに共通するのは、言葉が特別な調子の声において発話されることである、と彼は言う。意味、すなわち知性で理解できる内容は、本質的な要素ではない。口調、すなわち声の抑揚こそが、われわれの心に、あるいはむしろ命に、じかに語りかけるのであり、それこそが呪術的な効力を有するのだ。

ところで、この最後の注意点は、特別な語調で発話されたり情緒的な節回しで用いられると、日常言語のごく普通の言葉がたやすく計り知れぬ力を付与されるという、広い射程で重要と思われるもう一つの事柄に気づかせてくれる。一般に認識されているように、話し手が何らかの強い心情の影響下にあったり、聞き手の感情や態度を刺激しようとするとき、音声や音節は著しく強くあるいは長くなる傾向にある。その声はより豊かな語調を帯びて波打ち、多くの場合、イェスペルセン[14]が歌うように話すと呼んだものに近づく。このような場合に語調が「枠組み」効果を生み出すことはほぼ疑いない。それは、最もありふれて生彩の欠けた言葉を日常存在の不適切なものから切り離して、極度に強力かつ効力のあるものへと高め、変容させる。これは、すなわち、儀式的な清めという古代・未開的な祭祀の近代版である（第十章を参照）。ついでながら、情緒の高ぶる瞬間には文明化した個々人はおのずと、そして無意識に、心の未開の段階へ戻る傾向にあることが思い起こされよう。

この機会に、あとでより詳しく取り上げることを先取りし、述べておくのもよかろう。古代人の呪術・宗教的な観点からみるなら、物も人も清めの祭祀によって世俗的な通常の領域から聖なるものの領野へ絶えず移行し、また再び後者の境位から前者へ還る[7]。ひとたび「触れてはならない」環境に入れば、人も物もみな等しく深遠にしてきわめて危険な力を帯び、その力はすべてのものを普段の生活世界におけるあり方から、まったく異なる類いの何かへと変えてしまう。言語もこの規則から除外されないことは予想されよう。聖なるものの領野ではあらゆる表現が聖性を帯び、すべての音声に力が漲る。文明化された状況でこの「聖なる」領野の役割を演じるのは情緒性である。そして、「聖なる」領野は、そのなかに入ってくる言語《スピーチ》の各部分それぞれに不可思議な力を付与する。その力は極端に危険でありうるし、実際に多くの場合、危険なものとして立ち現れる。しかしこの事実は、われわれの生き生きとした言語《スピーチ》が根本的に呪術的本性をもつものである、と言うことと同等ではない。なぜなら、しばしば指摘されるように、科学的、技術的、あるいは論理的言説といった数値化が重要である場合を除けば、われわれの言語的な振る舞いは大部分が無数の感情と情熱に支配されているからである。日常的な発話《スピーチ》の言語は文字どおり情緒性の趣きに満たされ、それを纏っている。感情、情緒、情熱は、思想表現の上に漂う軽い蒸気のようなものであり、実際には情緒の含み《ニュアンス》から完全に免れている観念のみの言語的表現などない、とジョゼフ・ヴァンドリエス[15]は述べたことがある[8]。

　近年、感情的な言語のもつ呪術的効果に多くの注意が払われている。一般意味論は感情的な語による「言語呪術」が破壊を引き起こしていると強く異を唱えてきた。感情的な語は、強烈な煽動者の口をとおして、とりわけ有害となる傾向にある。そもそも「感情的」な語は強い感情を表現し挑発するに特別ふさわしい言葉である。これらの言葉は人々の態度に力強く影響するのに適している。しかしながら、厳密に言うなら、感情的である言葉という確たる分類上の基準があるわけではないことは注意されねばならない。あらゆる言葉が現実に、あるいは潜在的に、心情に関わる語調をもっている。共同体に対しても各個人に対しても、あらゆる言葉は——もちろん非常に多様な度合いにおいて――情緒的な連想をもつのである。これが意味するのは、感情的に振る舞うために用いることのできない言葉が事実としてあるわけではないということである。われわれの言葉のうちのある部分は明白に感情的なものであるが、他の言葉では情緒的な連想がいわば〔無意識のうちに〕休らい、通常は意識に入ってこない。しかし表面では不可視でも、いつも帷の向こうにあって、いかなる時でも迸るべく待ち構えている。発音するときに言葉か音節に強調が置かれるなら、隠れた力を表面に上らせるのに大抵は十分であり、その力はあらゆる種類の心情や感情を目覚めさせることができるのだ。この関連で、「そして」「あるいは」「ない」などの中立的で抽象的で「論理的」な語すらも特別な語調で発音されるなら、「扇動政治家《デマゴーグ》」「主戦論者《ジンゴ》〔盲目的・過激・侵略主義的な愛国者〕」「悪党」などのような高度に「感情的」な語と同じく、感情的に働くようになっていることに注意するのは有益であろう。

ヘルマン・アンマン[16]は、『人間の発話』第二巻第三章で「日常の呪術」について述べている。彼は、言語のもつ情緒的要素――それは実際、われわれの日常会話の最大の部分を占める――は、言語呪術の本来的な境位において復活するものであるらしいと示唆しているが、この個所で彼自身はこの点をさらに発展させはしなかった。確かに、われわれはまったく思いがけない時に、この未開的なあり方の深い痕跡を自らの振る舞いに見いだして驚く。例えば、主張する行為が事実に関わるあらゆる叙述の核心をなすのは疑いないが、この観点からみるなら、それは宣誓するときの未開的な行為が残ったものに他ならないのだ。この事実は通常、顕著には考えのなかに入ってこないが、主張に異議が唱えられたり、その異議に対して話し手が自分の主張を「修辞的」な言い回しで返す時、論理形式に潜む呪術的な力がただちに心の目の前に生き生きともたらされる。こう仮定しよう。誰かが「雨が降っている(It is raining)」と言う。この人はその瞬間には経験として雨が降っていると確信している。たまたまその場に別の人がいて、それについて疑念を呈するか、それどころか断固としてその命題を否定し、「雨は降っていない」と言う。その結果、最初の話し手は激昂し、語気強く「雨は降っているのだ」と主張する。この仮定のように主張を「修辞的」に強調することは、あたかも言葉に含まれる感情的——すなわち呪術的——力を解放することによってその主張を押しつけることである。適切にもカール・フォスラー[17]は、このように強く主張する人を「話す呪術師」と呼び、修辞的な強調は「言語呪術と呪文の反響」であると主張した。[9]

その起源が明らかに感情的、すなわち強調的である中国語の繫辞《コプラ》という問題について、ここで短く言及することは、おそらく場違いではなかろう。歴史的記録を遡りうるかぎりでの最古期、中国語は近代西洋語において普通の動詞「である（to be）」に対応するものを欠いていた。述語づけの最も普通の統辞パターン「ＡはＢである」は単に「ＡＢ」であった。代わりに、驚くべき数の感情的＝強調的な小辞があり、それらは単独もしくはさまざまに組み合わせて用いられ、強い主張の徴《サイン》という機能を果たした。つまり、「ＡまさにＢ」「ＡまったくＢ」「ＡＢまったく」「ＡＢまさにまったく」「ＡＢまことにまさにまったく」のように。最小かつ最も「無害と思える小詞」である「也」の非常に面倒な働きに関して、アーサー・ウェイリーは、中国語文法における繫辞に対応するものとして『道徳経』の翻訳の中で言及したが、これは数多くの感情的な強調辞の一つにすぎない。たしかに、これほど多くある強調辞を西洋語の繫辞に対応するものとみなしてよいかは未解決の問題である。王力[18]は、この解釈を明確に否定する。[10]いずれにしろ、それらは純粋に感情的な小辞から論理・文法的な繫辞に移行する段階を標示する中間的なものとみるのが安全であると私は考える。それらは「修辞的」強調と論理的主張とのあいだの境界線あるいは移行段階を例示している。言い換えるなら、それらの小辞は、主張の前論理的境位がこの境位をめぐって著しく情緒的な何かを有するという事実を明らかにするのに役立つのだ。

紙幅の関係上、これら強調辞の論理・文法的機能に関する非常に興味深く高度に込み入った問題を十分に扱うことは不可能であるし、それらがその後の時代に経験したさらなる発展を調査することもできない。これまで多く議論された言葉「是」もまた、現代中国語において唯一正統的な繫辞に対応するのは確かではあり、主張に対して「修辞的」強調を与える普通の必要から生じたものであることは注意だけでもしておくべきであろう。この

「是」という語は、およそ西暦五世紀から、主語と述語をつなぐ接続辞、つまり真の繋辞として多く用いられるようになったが、もともと強調指示詞――カール・ビューラーの用語では指示語（Zeigwort）――であり、厳粛かつ断定的な語調で発音されたもので、「これぞ」といった意味である。その類義語で純粋な指示詞に他ならない「此」や「其」などと異なり、この言葉には「正しい」あるいは「正義の」という非常に注目すべき含みがあることは銘記されるべきである。『説文解字』は「正しい、まっすぐ」を意味する「直」でこの言葉を明確に定義している。これは「是」が断言する行為、あるいは少なくとも、口にする言葉が絶対に真実であるという主張を肯定する行為と深く関係していたはずであることを示唆する。

　この関連でわれわれはやや類似した次の事例を観察できる。それはシュメール語にもみられるもので、宣誓、主張、予測のあいだにある密接な関係性を証明する。動詞「である（to be）」の原形を供給する語根meは非常に頻繁に-am$_3$という形で現れ、接尾辞として付加され、分詞、名詞、他のさまざまな句に著しく強い断定的な力を与える。

geme$_2$ nin-a-ni mu-da-sa$_2$-am$_3$

arad$_2$-de$_3$ lugal-ni zag mu-da-gub-am$_3$

iri-na u$_2$-sig-ni zag-bi-a mu-da-a-nu$_2$-am$_3$

（逐語訳）

奴隷の少女はその女主人と歩いたのである。

奴隷らはその主人と行った、並んでである。

私の町で有力な男はその召使いを寝させた、彼に並んでである。

（「グデア王像」B17.20–18.1）[19]

この小辞に nan- が付加されることによって、程度がより高められるなら、そしてこの小辞が nan-am という形をとるなら、この添加がなされた一文は、ほとんど宣誓の力強さを呈することになる。次の例はその一つである。

「まごうかたなく山の家（エクル）のシュルギ王は養い手である（Šulgi e$^{2}$-kur-ra u$^{2}$-a-bi na-nam）」[20]。

強調的な断言「雨は降っているのだ（it *is* raining）」をめぐる議論を中断していたので、そこに立ち戻ることにしよう。われわれは、断言の徴《サイン》、「である（is）」がここで特別な声の調子で発音され、この語調の突然の変化が普通の「雨は降っている」とは本性上まったく異なる何かを文全体にもたらし、この一文をあたかも別の水準の言説へとずらすことに注意しなければならない。バートランド・ラッセルの用語法では、強調文は「二次言語」に属し、普通の肯定文は「一次言語」に属する。しかし、彼の考えでは、普通の否定文も「二次言語」に属すので、「雨は降っているのだ」（強調）や「雨は降っていない」は同じ水準に位置づけられる。なぜなら、両方とも「一次言語」に属する「雨が降っている」という文の存在を前提にするからである。これが明らかなのは、「雨は降っているのだ」が「「雨が降っている」を私は肯定する」（あるいは、さらに論理的には「「雨が降っている」という文は真である」）に論理的に対応するからである。そして「雨は降っていない」は「「雨が降っている」を私は否定する」（あるいは、「「雨が降っている」という文は偽、すなわち真でない」）に論理的に対応するからである。したがって、一般化して言うなら、「pである」が一次言語の文であるなら、「pでない」と「pであるのだ」（すなわち、否定の反対命題として用いられた言葉の同じ形式）とは「二次言語」に属する[11]。しかし、暗示的な「日常の呪術」という観点からは、強調的な「であるのだ」の役割は否定辞のそれとは重要な仕方で異なる。なぜなら前者は明らかに「修辞的」、すなわち呪術的であるが、後者は中立的であり、したがって、もし呪術的な仕方で振舞うことが求められるなら、それ自体〔強調の否定文は次の例のように〕情緒的な語調において発話されるはずだからだ。

「ヘビだ」とハトが叫びました。

「ヘビじゃないい！」とアリスは怒って言いました。「ほっといて」と。

「「ヘビだ」と言ってるじゃないか」とハトは繰り返しました[21]。

（『不思議の国のアリス』第五章）

いずれにせよ、ここでの目的にとって重要なのは、いわゆる修辞的強調がもつエネルギーが何であれ、その発生からみれば、「断言」の形式で言葉の拘束力を解き放つ行為ときわめて密接に連関していることを認識することだ。これはわれわれを遠く過ぎ去った日々へと連れ戻してくれる。そこでは、何かを強調して主張すること（肯定否定ともに含む）が文字どおり「断言」することを意味した。すなわち、あたかも現に何らかのみえざる超常的な審判者の前に立っているかのように、普段とは異なって厳粛かつ張り詰めた心の枠組みにおいて宣言することである。例えば、ある人が自分は本当に無実であると宣言するなら、その場合に彼が意味するものは、「Xにかけて誓うが、私は無実である」のような定型文によって非常によく表現されるであろう。言うまでもなくこのままではひどく大げさな文に感じられるだろうが。古典アラビア語のように、その一般的構造が理性的であるよりも著しく情緒的な言語における声明の普通の形式を検討するなら、主張がもつこの本来的な力はとりわけ顕著となる。古代アラビア語文献を読むものは知っていることであるが、砂漠のアラブ人のあいだではごくありふれたタイプの叙述ですら強調的な宣誓の形式をとる傾向がある。例えば、

Wa-'llāhi inna A la B.

神にかけて、まさにA［は］まことB［である（is）］。

この類いの宣誓は、われわれの修辞的強調とさほどかけ離れていないことがたやすくみて取れよう。したがって、このような発生論的事実に照らしてみるなら、われわれの「雨は降っているのだ（*it is* raining）」はその本来的な形式「Xにかけて（誓うが）、雨は降っている」に還元しうることが理にかなっていると言えよう。この断言的な部分は、「雨が降っていると私はあなたに言います、私はあなたに確言します、私は賭けます」などと言うときのように、判断材料や判断内容とともに置かれる時には、実際に表面に現れもする。しかし、それは通常であれば、暗示にとどまる。明示か暗示かにかかわらず、まさにこの部分こそが主要な命題にいわば刺激を与え、それを真に生き生きとした文へと転換するのだ。

　しかしもしそうであるなら、「一次言語」の文（「雨が降っている」）と「二次言語」のそれ（「雨は降っているのだ」）のあいだにある表向きは根本的である差異は、単なる程度の問題であることがわかる。なぜならどの叙述文もどんなに中立で、ありきたりであっても、実際の状況のなかで実在の話し手によって発話されるなら、何らかのわずかな断定的な要素を含むからだ。そうでなければ、何ら生き生きとした文ではないだろう。文のもつ論理構造の問題を扱うに当たって、シャルル・バイイ[22]は、どの文も論理的に二つの相補的な部分からなり、それらはともに不可欠であると述べたが、そのことは正しい[12]。一つは断定的な部分、もう一つは判断内容を表現する部分である。彼は、前者を「言表態度（modus）」、後者を「言表事態（dictum）」と呼び、断定的な部分がほとんどの場合、「言表事態」に隠れたままである、と主張する。したがって、ガリレオが「地球は回っている」と言う時、「回っている」の直接法は「（「地球は回っている」と）私は知っている、私は信じる、私は肯定する」を含んでいる。しかしこの分析方法では、断定文を実際に述べる主体とその文の文法的主語とがある意味で混同されることがある。それゆえ、「地球は回っていることをガリレオが肯定する」ような文では、動詞「肯定する」

は、言表事態――ここでは地球の回転という考え――を主張する主体（ガリレオ）に結びつける言表態度であると理解される。この理論では、文の主張する力がいつもその文を発話する人の「信念」から来ることを理解できない。したがって、「地球は回っていることをガリレオが肯定する」という文では、動詞「肯定する」が主張する力をもたない。すなわち、この動詞は命題を生き生きとさせない。それは、この動詞が言表事態の一部だからである。そして、この文の主張は〔命題が生き生きとしていないのとは〕逆に、この文そのものを肯定する生き生きとした主体に由来するのである。ここでもまた、「「地球は回っている」ことをガリレオが肯定する（と私は肯定する）」のように言表態度は暗示的である。

いずれにせよ、われわれが探究する主題にとってとりわけ重要なのは、「雨が降っている」のような最もありふれて最も単純なタイプの直接法の文ですら、より詳しく調べるなら呪術的連想から少しも自由ではないことが示されるという、今みたばかりの事実である。現状では、あるいはより厳密には、科学の議論や論理学の訓練で用いられるかぎり、このタイプの文は知性的なものになったと言っても十分によいし、論理学的な目的のために用いるのであっても、まずは許容範囲であると言っても安全であろう。しかし、理論家による閉鎖された研究から日常生活の現場のさなかに出て、実際の生き生きとした会話で言語《スピーチ》が現に働くさまをみるなら、一般に「単なる事実の言明」として用いられるとされる、この最も中立的なパターンの言語《スピーチ》ですら、はるか以前に有していたはずの呪術的力を依然としていかに多く保持しているかを見いだして、われわれは驚くであろう。けれども、これが直接法の文に関して妥当なら、より多くの説得力をもって同じことが、まさにその本性において多かれ少なかれ感情や心情の陰影で色づけられているその他のタイプの言語《スピーチ》にも当てはまるはずである。

これらの議論すべては、いつも変わらずわれわれを次のような結論に導いてきたようにみえる。あらゆる言語《スピーチ》はある意味、呪術行為とみなされてよいが、この呪術の本性はもちろん多様な強度において言語《スピーチ》が実際に用いられるなかで具現化される。その本性は本物の言語呪術から、半ば意識的、半ば無意識的な言語の呪術的使用の多くの度合いを経て（例えば、命令、願い、意志、情緒的な反応を表現したり引き起こす言葉や文など）、その呪術的な核の外的な徴をわずかに示したり、あるいはまったく示さない文まで多様である。言い換えるなら、われわれは、いわばあらゆる言語的振る舞いに呪術的な次元の存在を仮定すべきなのである。言語《スピーチ》がほんの少しでも口に上れば、充実した生の現実のなかで用いられる、言葉のほぼ一つ一つの多様な度合いと形式のうちのすべてに、呪術的な次元を辿ることができるのだ。

右に言及した言語《スピーチ》の呪術的な次元は「無意識」というフロイトが主張した領域とおおむね同じと見なしてよいと私は考えている。それはわれわれの魂の地下牢のようなものであり、あらゆる種類の非合理的な信念、無意識の欲望、満たされぬ願望がそこへと「抑圧され」る。しかし、われわれの心に棲むこれらの異様な怪物たちは、そこからいつでも意識世界に割り込む用意ができている。言語に関する事実の圧倒的な複雑さを公正に扱うためには、われわれの言語《スピーチ》という振る舞いが有する昼間の明るさばかりに注意を向けていてはいけない。われわれは、言語《スピーチ》が〔呪術という〕暗い次元に沿って動き働くようにそれを研究し、そのような迫り方をとおして得た結果から言語構造を探究しなければならない。事柄をこのようにみる重要性は、言語の意味に関わる心的過程の問題を扱うとき明らかになるであろう。この問題は、言語についての目下の考察全体において、疑いなく最も重要かつ中心的な主題である。それをほどなくみることになろう。

## 注

（1）*The Primitive Mind and Modern Civilization*, Chap. IX.

（2）*Philosophy in a New Key*, Chap. II.

（3）〔"Ethics and the Ceremonial Use of Language,"〕*Philosophical Analysis: A Collection of Essays*, ed. Max Black〔, Englewood Cliffs:

Prentice-Hall, 1950, pp. 198–215〕.

（4）"Poetic Diction," in *Collected Essays in Literary Criticism*.

（5）Introduction to René Ghil's *Traité du Verbe*〔René Ghil, Traité du verbe, Paris: Chez Giraud, 1886, p. 6; Stéphane Mallarmé, « Crise de Vers », *Divagations, Œuvres complètes*, II, Gallimard, 2003, p. 213〕.

（6）Paul Valéry, *Variété III*, Paris: Gallimard, 1936, p. 9.

（7）Cf. E. Durkheim, *The Elementary Forms of the Religious Life*, Eng. tr., Book I, Chap. I, 3.

（8）Joseph Vendryes, *Le Language*, Part II, Chap. IV.

（9）*The Spirit of Language in Civilization*, Eng. tr., Chap. VII〔London: Routledge & Kegan Paul, 1932, p. 190〕.

（10）Cf. 王力「中國文法中的繫詞」『清華學報』第一二巻、第一期〔一九三七年、一―六七頁。結論部で西洋語の繫辞と比較〕。

（11）Bertrand Russell, *An Inquiry into Meaning and Truth*, Chap. IV〔p. 63〕.

（12）*Linguistique générale et linguistique française*, §§28–35, I.

## 訳注

〔1〕フランス語で「世界」は「全員」の意味にもなるので、井筒は「理性は世界で最も平等に配分されたものである（Le bon sens est la chose du monde la mieux partagée)」を人間なら誰でも等しいとした。

〔2〕Charles Roberts Aldrich, 1877–1933. 未開社会の感情、あるいは未開的な心を研究。深層心理学の立場から後のアナール学派に類する手法で人類学へ寄与を果たした。

〔3〕Albert Herman Post, 1839–1895. ドイツの法学者、裁判官。アフリカにおける非文字資料の伝統的な法も対象とし、人類学的な法研究も行う。

〔4〕Margaret Macdonald, 1907–1956. イングランドの分析哲学者。ムーアやヴィトゲンシュタインに師事。論理学や美学のほか、政治哲学や法も論じる。

〔5〕原文は"emotive"だが「動機」と訳した。井筒は言語の働きを「引き起こす契機」として捉える意味で「感情的（emotive)」

を用いる。

〔6〕Charles Leslie Stevenson, 1908–1979.　ムーア、ヴィトゲンシュタインなどに学んだアメリカ人哲学者。

〔7〕R. Carnap, *Philosophy and Logical Syntax*, London: Kegan Paul, 1953, p. 24.

〔8〕Herbert Read, 1893–1968.　イギリスの詩人、哲学者、文芸批評家、美術批評家。観念論、実存主義、ユング心理学に通じた。

〔9〕John Dryden, 1631–1700.　詩人・劇作家・文芸批評家、一八世紀のイギリス文学に絶大な影響を与えた。ここで「機知《ウィット》」は単に可笑しさではなく、想像力と形而上学性の融合した詩作力として、頭の回転の速さの妙、深く適切な思想や洞察の面白さ、知性によって微妙かつ示唆的に生き生きと描き出す態度を含む。

〔10〕哲学史で周知の通り、プラトンのイデア論を説明するためにマラルメのまったく同じ箇所をフレデリック・コプルストンは引用して、また同所でリルケにも言及する。Frederick Charles Copleston. *A History of Philosophy*, Vol. I: Greece and Rome. London; New York: Continuum, 2003 [1946], p. 204.

〔11〕Paul Valéry, *Variété III*, Paris: Gallimard, 1936, p. 16.

〔12〕Paul Valéry, *Variété III*, p. 16.

〔13〕Paul Valéry, *Variété III*, p. 17.

〔14〕Jens Otto Harry Jespersen, 1860–1943.　デンマークの言語学者、英語学、構造言語学、社会言語学、国際補助語などの諸分野で多大な功績を残した。

〔15〕Joseph Vendryes, 1875–1960.　ケルト語を専門とするフランスの言語学者。比較言語学をアントワーヌ・メイエに師事し、一般言語学で共時性や心理学的側面の重要性を説く。さらに人類学や宗教学の問題に着目している。

〔16〕Hermann Ammann, 1885–1956.　ドイツの比較言語学者、古典学者。言語変化の恣意性に潜在する普遍的な因果法則の解明に取り組んだ。

〔17〕Karl Vossler, 1872–1949.　ドイツの文学史家としてロマンス語圏の文学研究を主導し、ダンテ研究で名高い。フンボルト派でもある。

〔18〕王力（一九〇〇―一九八六年）は、中国の代表的言語学者。

〔19〕オックスフォード大学公開（一九九七年―）の転写と英訳に従えば、「その女奴隷は自分の女主人と同等であることを許されたのである。／そして男奴隷らは自分の主人と並んで歩くことが許されたのである。／しかし彼の町で彼の不浄な者らは町の境界でのみ寝るのを許されたのである」。井筒訳の「〔女主人と〕歩いた」は「……と同等である（$sa_2$）」に、「私の町で」は「彼の町において」（三人称代名詞と位格の後置詞 -ni.a の縮約形が -na）に、「彼の側で」は「その（町の）境界で」（zag-bi-a の -bi が無生物を指す代名詞）にそれぞれ変更されている。

〔20〕C. J. Gadd, *A Sumerian Reading-Book*, Oxford: The Clarendon Press, 1924, p. 37 に従い変更。

〔21〕井筒が『不思議の国のアリス』の引用で示すのは、肯定文「(これは) ヘビだ」が前提になり、否定文「ヘビじゃない」、強調文「ヘビなんだよ」、否定強調文「ヘビじゃない」が派生する、ということである。「『これはヘビである』（という根本的な叙述）を私は（肯定して）言明する」（肯定文についての肯定文）も派生である。前頁で井筒が纏めるラッセルの考えでは、最も根本的（一次的）な叙述文が前提となって、その否定や強調が二次的・副次的に派生する。ラッセルは否定文も強調文も「二次言語」として一括するが、井筒は両者が決定的に異なると言う。否定文は中立だが、肯定であろうと否定であろうと情緒的抑揚で発される強調文は中立ではないからだ。この情緒の力を井筒は「日常の呪術」と呼ぶ。

〔22〕Charles Bally, 1865–1947. スイス人言語学者、ソシュールの後継者、言語学的文体論の創始者、様態論の先駆者。

# 第五章　「意味」という根源的な呪術

前章で到達した結論からは、言語の呪術的使用について語るまえに、われわれはむしろ言語の呪術的本性を語らねばならないことが示唆されているように思われる。そこで提示されたように、呪術が言語的な象徴のごく日常的でありふれた使用にさえそれほど強固に絡みついているなら、言い換えれば、呪術が事実上われわれの言語的な振る舞いのどの局面にも浸透し充満しているなら、人間言語《スピーチ》はみな本質的に呪術的であると考える方が理にかなっていると言えよう。つまり、われわれの言葉や文は、専門的な呪術師や魔術師によって間違った、あるいは悪意に満ちた目的で利用される以前に、それ自体が究極的には呪術的な本性をもっているのである。しかし、こうしたかたちで述べた場合、この見解には裏付けや根拠が必要と思われる。われわれは言語が呪術的であるという立場を本当に正当化できるのであろうか。

言語呪術という問題が、思ったよりもはるかに複雑であることは、既述のことからもはや明らかであろう。人間言語《スピーチ》に関する限り、呪術という考えそのものが単純ではなく、高度に複雑で多面的であり、それゆえにさまざまな仕方で理解されがちである。事実、少し考えれば明らかなように、「呪術」という語は言語を研究する多様な論者たちによって、まったく異なるさまざまな言語的事実を表すために適用されてきた。したがって、われわれが特に取り組んでいる問題をより適切に扱うためには、言語呪術がもつ多種多様な階層を最初から明確に区別する必要がある。そして原則として、さまざまな階層をそれぞれ切り離し、議論が進行するあいだに混乱が生じないようにしておくことが賢明であろう。大まかに言って、そのような層は少なくとも三つに分けられる。(1)意味という根源的な呪術、つまりわれわれの言葉の意味論的構成そのものに組み込まれている呪術観念。(2)この言葉の狭義の、専門的な意味での言語呪術をなす言語的記号による呪術の実践。例えば、まじない、呪文、祝福、呪い、宣誓、祈りなど。それからこれら二つのあいだにあるものとして、(3)強烈な欲望や感情の「自発的」な呪術があり、これはきわめて中立的な言葉や小辞でさえ、ある特殊な仕方で様変わりさせたり、神秘的な力を帯びた何かにたちまち変容させることもできる。最後に挙げた層は、言語を使用する者がもつ近代的観点からすると、「呪術」と呼んでよいかどうか判断が分かれよう――ところで、多くの意味論学者が近ごろ言語の「呪術的」な本性をとりわけ強調し始めたことは注目に値する――。しかし、最後の層は、まず間違いなく、言語呪術のすべての形式(専門的な意味でのものも含む)が究極的にはそこから生じてきたところであり、それゆえわれわれの言語的な振る舞い一般に隠れている仕組みを解き明かす鍵を与えてくれる。この問題もその結果として起きるその他の問題についても、この後に続く諸章で論じることにして、ここでは言語における呪術がもつ三つの根源的な層として右に触れた、意味という根源的な呪術にのみ集中する。

このような仕方で「呪術」という語を用いることは、極度に一般的な言葉を極端に特殊な意味で用いるということであるのは明白であろう。実際、われわれの一人一人がいかなる時にいかなる言葉を用いようとも、それによって本物の「呪術師」か「魔術師」であるとは、誰も真剣に主張しないであろう。これは、言い換えれば、「呪術」という名を、最も日常的で、普通で、平凡な類いの人間的な現象に当てはめることである。そのような現象において、日常的で近代的な心は呪術的な連関をまったく感知しない。これは、徹底した理論的分析のみが〈意味〉の現象からその隠れた呪術的な核を掘り起こすことができることを意味する。しかし、いずれにせよ、人間言語《スピーチ》の意味機能が人の呪術的な振る舞いと密接に結びついているとみなしうる、あるいはみなさねばならないという観点があるということは確かである。ここでヘルマン・パウル[1]が動詞の使用そのものに含まれる呪術的あるいはアニミズム的な意義に関して観察したことを想起してよかろう。彼は『言語史原理』で、動詞の文法的範疇はある種、〈自然〉の生き生きしたさまを具現していて、そのことはあらゆる神話的思考に特徴的な宇宙をめぐる未開の生気論や擬人化によく似ていることを指摘している（八九頁）。しかし、パウル一人だけが呪術と言語的意味一般との本質的な関係に気づいていたのではない。より一般的に言えば、きわめて日常的な言葉がもつ意味の振る舞いにまつわる何か驚くべきものが存在しているのだ。冷静な知性の産物にすぎないと見なされることを許さないような仕方で言葉と物という根源的な関係にまとわりつく、神秘的で極端に非合理的な何かがつねにある。こういったことは言語や人間本性一般を論じる者たちによってしばしばするどく認識され、さまざまな関連で言及されてきた。

たとえば〈意味〉の生き生きとした体験は呪術や魔術の領域から湧き出すのであり、それが人の「根源体験(Urerlebnis)」であるというヴァルター・ポルツィヒ[2]の主張は正しい[1]。詩人リルケの呪術的言語観を前章で参照したが、リルケのようにポルツィヒも「呪文（Beschwörung）」の力に人間言語《スピーチ》の最も根本的な機能をみる。人間の意志は現実を理解するために意味をともなう文を提供すると論じる。つまり、物の所有者となるという意志が、その名を生じさせるのだ。子どもが初歩的な言葉で獲得する、あるいは獲得しようとするのは、言葉という適格な身振りをとおして世界の事物へ力を行使することである。「言語《スピーチ》によって何かを意味することは、呪術的にその何かを拘束しようとする意図が弱まった形に他ならない[2]」。現実の特定の一断片を所有したいという欲望に突き動かされるとき、いつでもどこでも人はその対象に名を与える。一度、名が固定されると、その人は思いのままに指示した物を呼び起こし、その名を発話するだけで彼の望むいかなる支配をもその対象に行使できる。パーシー・ブリッジマン[3]が言うように、言語は生き生きとした母型《マトリックス》から小さなまとまりを切り出して凍結させるのである（『物理理論の本性』）。このことは、近代人の科学的な心にとって、人が言語の名づけの手続きによって感覚体験のカオス的な塊から限られた数の関連する要因と事物を選び出し、捉え、永続的な形に固定することができ、そうすることで自分の環境に対して比較的容易に精神的支配を得る、ということ以上の意義はない。しかし、それは未開の意識にとっては、はるかに多くを意味する。というのも、物を名づけること、あるいは物の名を知ることは、先に示したように、その対象の生きている霊魂そのものを把捉することであるからだ。言葉を支配する者は、ピエール・アンジェ〔4〕――彼は現代詩人ポール・クローデルについて語っている――によれば、「それによって神の創造的統治権のようなものを存在者に対して行使する。つまり、彼がそれらを呼び、彼はそれらを心に現れさせ、彼はまさにそれらの現前に照応する感情の状態を呼び起こす〔3〕」。

ゆえに君が話すとき、おお詩人よ、心地よい列挙のうちで
それぞれの物について名を口にしつつ
とある父のごとく根源のなかから密やかに君はそれを呼ぶ
　そして以前のように
君は彼の創造に参与した、君は彼の存在に協力するのだ

（ポール・クローデル『五大頌歌』）

有名な『旧約聖書』「創世記」の物語が言語を神によって人間に授けられた最も貴重な贈り物の一つに数え入れていることは偶然ではなかろう。〔「創世記」に出てくる〕二つ目の〈天地創造〉において、われわれはアダムに世界に生きるものを名づける独自の自由が与えられるのをみる〔5〕。

こうして大地からヤハウェ神は野の獣すべてを、また空の鳥すべてを形作り、彼がこれらをどう名づけるかみるために、それらを人のもとへ連れて行った。人がすべての生きものに与えた名はどれも、その名となった。こうして人はあらゆる動物、空の鳥と野の獣すべての両方に名を与えた。

（「創世記」第二章第一九―二〇節）

動物たちは自ら名乗ったのではない。ただ人のみがそれらを名づける特権を――そしてもちろん、生命のない物を名づける特権をも――享受した。物に名を与えるこの独自の能力が、ここでは被造世界の全体に対する人の優位性の標識とみなされていることは疑いない。なぜなら、物を名づける者は必然的に物を呪術的に所有する者になるからである。

この興味深い〈意味〉体験は決して未開人や、ごく少数の特権的な人々、つまりクローデルが語る「あらゆる言葉の権威（magistère de tous les mots）」のようなものをもっているか、所有するに至る人々に限られているわけではない。われわれの誰もが、幼児期や子ども時代に名づけという驚くべき「呪術」を一度は経験していることを、発生学的な考察をもとにして強く主張できる。言語《スピーチ》習慣の幼児期における形成を分析すると、以下のことが示される。つまり、誰もが精神的な発展史において多少なりとも区分されうる期間があり、誰もがその期間のあいだに、物が名をもち、これらの名は世界に対して何らかの呪術的な効果をもつという実に注目すべき発見をする。観察者の報告では、子どもは分節されていない言葉のような音を出して遊ぶことから始め、それを夢中になって行い続けるが、その仕方はまったくあてどないものである。それから、特定の種類の音を発することで、物を手に入れることができる奇跡にだんだんと気づくようになる。子どもは、言葉を媒介にして自ら望むすべての事物が自らのところに来ることをみる。言い換えれば、言葉を発話すると、決まって特定の反応が生み出されるのだ。要するに、言語《スピーチ》によって周囲に命令することができることを子どもは理解するのである。

マリノフスキーが「未開言語における意味」をめぐる優れた論文[6]で強調するように、この段階の子ども――そして未開人も――にとって言葉は、行為の効率的な手段でもなければ表現の手段でさえないことに注意する必要がある。言葉は本来、事物を獲得するために用いられる。子どもが食べ物が欲しいとき、それを求めて騒げば、食べ物が現れる。「哀れな声で発話された人の名はその人を物質化する力をもっている」。こういったことやそのほか無数の似た経験が毎日繰り返されれば、言葉は実際に力であって、発動されれば目にみえる影響をさまざまな対象や行為に及ぼすほど強力であるという印象が、間違いなく子どもの心に深く刻みこまれる。言葉として発される音によって物を「つかむ」というこの体験を、ポルツィヒは「意味体験（das Erlebnis der Bedeutung）」と呼んだ。それは〈意味〉の生き生きとした体験と呼びうるであろう。これこそが言葉に対する未開で呪術的な態度のまさに核にして根源をなしているのである。

子どもの言語は一般にすぐれて力動的な性質をもつと認められている。それは静態的で名詞的であるというよりも、全体として本質において能動的で動詞的である。このような状況が人間言語の発展における野生的で最も未開の段階であったという提案はおそらく確かであろう。動詞は、言語の基本的な範疇として、ほとんど行為や出来事の名と言ってよい（より厳密には、動詞はそれらの特質を備えて、あらゆる行為や出来事を構造的に表すのである）。それゆえ、こう推測できよう。今まさに言及したような名のもつ呪術的効果は、なされるべき行為を直接に特定する名詞の場合より、望んだ出来事を名づける動詞の場合の方がはるかに直接的で、ありのままである。これは、動詞の命令形を大まかに調べるだけでも明らかである。命令形は行為や出来事を名指す目的をもつという点においては注目に値する言語装置である。なぜなら望んだ行為や出来事を命令形が指示する仕方は一般に、単に行為や出来事に言及するだけで即座にそれらを実現させるほど直接的で強制的だからである。加えて、命令の対象である二人称は、世界の言語の大多数で、最低限度の語根もしくはそれに近い形からなる。これは、他のほとんどの言語的様態における表現に比べて、この形が年代的に先行することを強く支持する事実である。

また、個体発生的にみれば、命令形が、幼い子どもがたやすく理解し、言語形成の最初期の段階で用いさえする最も特徴的な言語《スピーチ》形式の一つであるという事実は、命令形が未開の性質、あるいは古代的な性質をもつといういま一つの証明となってくれる。

しかしそれよりずっと重要な注意点は、子どもの言語《スピーチ》がそれ自体で、また全体として、命令の精神とでもいうような原理によって決定づけられていることである。それは、子どもの言語《スピーチ》という場合においては、いかにも命令形として振る舞うような、まったくの単純な命令形なのではない。確かに、子どもが使うすべての言葉がどんな文法的な外見をもって現れようとも、それらは多少なりとも命令形の性質を有する傾向を明示していると信じるべき有力な根拠がある。子どもの言語における命令形の特徴は、レーヴェース[7]がその著作『言語の起源および前史』で分析し、みごとに明らかにしている（とくに第八章第Ⅲ節Cを参照）。児童心理学の分野における実験では、幼児が本来、行為に関心があることを示すと考えられている。他のどんな形式の表現よりも早くに幼児は命令形を理解する能力を獲得する傾向にあるが、他方で言語的な活動の最初期をとおして物を要求するほかは、ほぼ何もしない。「幼児は要求し頼みはするが、記述はしない」のである。さらにレーヴェースはこう述べる。すなわち、言語的な発達のこの段階にある子どもは、自分が聞いた言葉ならどれも、それらが属する文法範疇の区分に関係なく理解し用いる。そこではすべてが命令機能として役立てられていると言ってよい。もし幼児が例えば「ママ！」と叫べば、この言葉は母がそこにいることを記述するのではなく、彼女からの行為を要求する。実際に名指しや記述の意図が現れ始めるのは、生後一八か月ごろと言われる。レーヴェースはこう述べている。「子どもの言語における最初期の言葉を忠実に特徴づけたいなら、心に留めておくべきは、以下のことがここでは本質的だということである。すなわち、用いられた言葉がどの文法範疇に属するか知ることが重要なのではなく、問題の言葉がどんな機能をもつかを確かめることである。そして、その機能はほぼ決まって命令機能なのだと分かることが重要なのだ」。

幼児の言語《スピーチ》を特徴づけるこの力動的で意志的な状態は、もちろん相応に用心しながら述べるなら、人間言語の最も未開の、前歴史的な状態という謎への手がかりとなるであろう。実際、これはレーヴェースによって示された。だが真に注目すべきは次のことである。この高名な心理学者は、言語の起源をめぐる理論を構築するにあたって、言語《スピーチ》機能の呪術的解釈の可能性を完全に無視している。それにもかかわらず、彼は、前言語的段階とあらゆる言語の進化の始まりとのあいだに「命令言語（Imperativsprache）」の段階を挿入する理論的必要性に気づくに至った。それは、人間言語において圧倒的に「命令」の特徴をもつと仮定された局面であり、あらゆる言葉が著しく意志的な意味で用いられたに違いない未開の段階である。これは本書の主要なテーマにとってとりわけ重要であり、後の節であらためてこの点に立ち戻りたい。

オグデンとリチャーズ以来、言語呪術という問題を扱ってきた人たちのほとんどは、暗黙に、あるいは明示的にこう仮定してきた。すなわち、言語に対する人間の呪術的な態度は、ある種、言葉とそれが示す物——オグデンとリチャーズの用語では〈象徴〉とその〈指示対象〉——とのあいだにある直接的な関係への信仰に基づいている。幼児期における意味形成をめぐる先の報告のなかで、例えば、言葉はその本質において、それが意味する現実の断片に直接連結し、物に効果的に働きかけ、物を生み出し、動かし、引きつけ、撃退する能動的な何ものかであるとみなされている。そして、言葉と物のあいだのこの身代わり関係が、あらゆる言語呪術の本質を説明する。オグデンとリチャーズは原理的な三角形によって言語発達の最終段階を表し、その底辺を破線で示している[8]（これは今問題となっている関係が間接的で慣習的にすぎないことを示唆する）。そして、この最終段階でさえも、言語の呪術的使用は、神秘的と取り違えて前提されている音と現実との直接的な相関を参照することによって説明される。もちろんこれはかなりの程度までは正しい。実際、おびただしい迷信が言語と現実とのあいだには本質的な連関があるという根深い信仰に由来する。未開の人々は言葉と物を混同する傾向にあり、その傾向には人を狂気と愚行に駆り立てることについていかに大きな責任があるかを前の諸章でみてきた。しかし、それですべてが語り尽くされるわけではない。その理由は、ひとえに、これが言語呪術における「外延的（指示作用的）」な側面しか説明していないからである。意味の呪術的な仕組みにはもう一つ、同じくらい重要な側面があり、それは前者〔外延＝指示作用〕よりもはるかに分かりにくく捉えがたい。だがそれは、言葉の意味という非常に難しい問題への貴重な鍵を与えうるというだけでも、十全に分析されるべきである。外延と対比されるのは、意味の「内包《コノテーション》」としての側面である。

およそ言葉の「内包」は、論理学者の用法では、何であれ名によって呼ばれるために所有していなければならない複雑な特性あるいは特性の集合を示すのに対し、言葉の「外延《デノテーション》」はすべて、名が正確に妥当する物のみを示す。それゆえ、例えばチンパンジーという言葉は、ある決まった特性の集合をもつ特定の動物すべてを指示〔外延〕するとともに、他の種類の動物がいずれも共有しない特別の性質を内包〔暗示〕をもする。[4] しかしここで関わってくるのは、内包の前論理的な境位である。つまり、いかなる種類の論理的な精緻化もいまだ受容されていない段階で、内包はどのような状態にあるのかという問題にわれわれは関心を向けているのだ。この問いを解くためには、意味生成と意味表示の過程を、根源そのものにまで降りて行かねばならない。

このように前論理的な仕方で理解された内包の発生は、心理学的な出来事であると考えてほぼ間違いない。形象、観念、表象、概念、あるいはその他のものが何であるか判明しようとも、意味の現象全体は「心的なもの」が導入されないかぎり、到底、説明されようがない。それが正確には何からなるのか、われわれはあとで詳しくみることになる。ここでは、次のことを認識しておけば足りる。すなわち、名としての言葉（名称語）の使用は、それが正確に何を指示〔外延〕するか知るまえですら、あるいは（より重要なことであるが）「外延対象（denotatum）」がまったくないときでも、「何か」を示唆したり心に呼び起こす傾向がある。より適切な語がないので、少なくともさしあたりは、この「何か」を心象と呼んでおく。言葉によって呼び起こされる形象やその他内省できる体験がほぼつねに極端に曖昧で、おぼろげで、不確定的であることは、いずれにせよ、それらを非現実的にしている。それどころか、内包＝心象がもつこの本来的な不鮮明さこそが、良かれ悪しかれ、言葉の意味の内的構造を作り上げ、われわれの言語を成立させているのである。内包＝心象は、際限なく多様で多彩な事実を処理すべく無限に繊細で柔軟であり、それゆえ非常に力強い手段となる一方、他方では、意識的であれ無意識的であれ、人間の心に働きかけてあらゆる種類の悪意ある呪術や悪企みに耽るよう仕向ける。

オグデンとリチャーズによって考案された三角形の図式は、十分に発達した段階における言語的意味が〈思惟〉の行為を基軸に展開するという根本的な考えに基づいている。確たる対象の世界に限られた議論の場合でも、象徴とそれが表す物とのあいだの関係は間接的でしかない。つまり、言葉は物そのものの代わりではなく、もとをただせば心象の代わりとなる象徴なのである。しかしこのことから、未開のあるいは幼児の言語《スピーチ》において例の三角形はその底辺へと還元されると主張することは、ゆゆしい誤りであろう。象徴とその指示対象のあいだに何らかの神秘的で実在的な関係を間違って想定する未開人が言語に対して世界中で迷信的な考えを抱いていること、野生の人や子どもがあらわにする精神活動の能動的な過程とを、われわれは厳密に区別しなければならない。先に略述した幼児期における意味形成の過程に内包の萌芽がすでにあることは、より深い分析がなされていたなら発見されていたであろう。

子どもは、物を手に取るのと同じように物を心に呼び起こすために、絶えず言葉を発話すると言われている。それが顕著なのは、子どもが求める物や人が自分の前に現れないような場合である。そういうケースは少なからずある。そのとき何が起きているのか。言葉が意味した対象が現れないとき、代わりに心的な何か、その対象のいわば不確かな写しが現実には現れる。すでにここでは力強い言葉が〈精神〉と〈霊魂〉を呼び出すといったことを始めている。これは、野生の生活についてのおびただしい民族誌的記述からよく知られていることである。実在する確かな対象が子どもの言葉による呼びかけに反応しないことは非常によくある。しかし、それら対象の心的な写しは不確かであっても決して現れそこなうことはない。名が呼ばれればいつでも影めいた何かが必ず現れる。どこに現れるのか。心のなかであろうか。あるいは、どこか別の場所であろうか。

子どもやとくに未開の人々にとって、影めいた不確かな物は、それでもやはり現実的な物と言うべきである。それどころか、これらはまさに不確かで、不可視であり、不鮮明な本性をもつゆえに、それらの可視的なプロトタイプよりもはるかに実在的で能動的なのだ。われわれの心にとって単なる心象にすぎないと言ってよいものは、未開の意識がもつ能動的な力、すなわち何らかの不可思議な存在物である。それは現実の特定の次元――われわれのいわゆる現実よりもさらに「現実的」な次元に属するのである。言葉が本質的で確実な足場をもつのは、こうした類いの超現実の次元においてであると考えられる。物質的で確かな対象の世界に対して、言語が影響力を行使できるという信念は、毎日の体験によってたやすく打ち砕かれるかもしれない。しかし、言葉がその指示対象の不可視の写し〔心象〕、いわば「分身《ダブル》」に対して力をもち、その「分身《ダブル》」はより高い度合いの現実を構成するという信念は、人間の心に深く根ざしているのだ。そしてこの信念は、いつわりの存在論からなる多くの哲学体系を生み出してさえきた。この問題の側面はあとでさらに論じる必要があろう。

意味の内包という側面が、外延よりも無限に繊細で、はるかに重要な役割を言語呪術の形成において果たしていることは、たやすくみてとることができよう。外延に関するかぎり、言語は呪術にとって非常に限られた資源でしかない。しかし、たいてい、現実の物や出来事は言葉を操る呪術師の意志を悩ませるものである。かなり多くの人が、言語活動の領域で、これほど多くの奇妙な迷信がはびこり、人類のあいだで今でも隆盛をきわめているようにみえることに驚いている。確かに、言語呪術に関する数々の謬見を見抜き、呪術師たちが現実の出来事の意外な展開によってひどく困惑させられる危険につねにさらされていることを正しく理解するには、いくらか冷静になって省察してみることが必要であろう。実際、意味の「外延的（指示作用的）」な側面からのみ言語呪術の問題に迫ろうとするなら、時代を超えて人々の心や行いに行使されてきた呪術の実に誇らしげな影響力を説明できないであろう。しかし、「内包」という考えを導入すれば、われわれの展望は突如としてさまがわりし、問題全体がまったく異なる光のもとに姿を表す。それは、言語のもつ呪術的なプロセス一般を理解するためのマスターキーを作ることだとさえ言えよう。というのも、あとでじっくりみるように、外延ではなく、内包こそが意味という根源的な呪術のまさに本質をなすからであり、この章では原則的に後者〔内包〕について考察している。内包は、未開部族におけるごく慎ましやかな魔法使いの医師から、文明化した民族のこの上なく洗練された哲学者に至るまで、言葉に関わるあらゆる呪術師の真の出発点にして最終的な合流地点である。

これに関連して一つ注意すべき重要な点がある。内包もまた、それ自体では非常に貧弱なものであると主張してよかろう。それはせいぜいのところ、単なる心象である。つまり、そのものとしては、曖昧で、不確定的で、まったく無力な何かである。確かにそうではあるのだが、こう心に留めておくべきでもある。すなわち、この「貧弱なもの」は、潜在的な可能性の宝庫そのものであり、条件が揃えば思いがけない分岐線にそってさまざまに展開しうる。ほかの諸力と結びついたり支えられて、それ自体で凄まじい力となる。そのように内包を支える諸力の最も注目すべき例をアニミズム、つまり人が魂や精神の存在を信じることにわれわれはみる。

ここで呪術そのものがアニミズムに由来するか否かは問わずにおこう。いずれにせよ確かなのは、呪術的な習慣は、人類がアニミズムの段階に到達したところであるならどこにおいても放縦なほど豊かに拡がる傾向にあり、言葉の意味のもつ内包的側面もまた、そのような環境において言葉の迷信の最も生産的な母胎として機能し始めるということである。というのも、たやすく分かるように、アニミズム的信仰の出現にともない、単なる想像だったものが畏怖や畏敬の対象となる不可思議な〈精神〉や〈霊魂〉に変わるからである。名を発話することは、もはや名指された対象の単なる心的形象を呼び起こすことではなく、対象の生き生きとした魂をそのまま動き出させることである。それが影めいて不可視であっても、記憶の彼方の果てしない深みから呼び寄せられた「何か私にはわからないすごいもの」として、そこにまざまざとあるのだ。厳密に考えるなら、これは既に標準的な意味での呪術の領域に入っていようし、本章の主題をなす、言葉の意味という根源的な呪術の領域には属さないであろう。しかし、これは他の何よりも、ここまで論じてきたような内包のもつ呪術の潜在的な可能性を明らかにし、またこのような形でわれわれに内包的な呪術の仕組みへの真に深い洞察を許すものなのである。だからこそわれわれは、個別の霊魂を信じる明らかにアニミズム的な信仰という一般的な前提に対して、「内包」を検討することから始めるのが最善であると考える。

ゲーテの『ファウスト』の名高い冒頭でわれわれは博学の〔ファウスト〕博士がこう語るのを目の当たりにする。「〔ゆえに私は〕呪術に転じた。ともすれば〈精霊〉と〈言語《スピーチ》〉の力をとおして私に多少ならず秘密が知らされまいかと思って」[9]。ここでファウストは恐ろしい地霊を召喚しようとしている。彼は呪術の書を紐解き、地霊を呼ぶための秘密の呪符に目を輝かせて見入る[10]。

戦慄が
穹窿《まるてんじょう》の暗がりから吹き下りて
さあ、われに触れよ
われは気づいている、わがまわりを汝の漂うを、呼び寄せられし精霊よ
その身を現せ

（ゲーテ『ファウスト』第一部「夜」[11]）

ファウストは〔呪術の〕書を取り出し、「精霊」の呪文を妖しげに唱える。すると赤々とした炎が煌めき、〈精霊〉が炎のなかに現れる[12]。

精霊　　われを呼ぶのは誰だ
ファウスト　　（顔をそらし）ものすごい貌だ
精霊　　汝がわれを力強く引き寄せたのだな
長い間わが圏域に臨み、吸い寄せたな
そして、今――
ファウスト　　ああ、われは汝がさまに耐えられぬ
（ゲーテ『ファウスト』第一部「夜」[13]）

この光景は、むろん文学作品の一節とはいえ、不思議なことにわれわれが他の資料から知っている民族誌的な事実とたがわず、召喚魔法の呪術的プロセスの核心をこれ以上なく明瞭に描写している。比較するために、呪術的召喚の例をもう一つ、今度は文学作品ではなく、よく知られたアッシリアのマクルー文書から取りあげよう。これは、実際に用いられた呪術的な定型文の膨大な集成であり、古代の人の興味尽きない呪術的実践のさまを鮮やかに描き出している。

そのなか〔第一書板の最初の二〇節〕に登場する一人の男は、密かに自分の破滅を狙う魔術師の男か女から、悪意ある影響が放たれ、自分のなかに送り込まれることで襲われ、深く痛手を被っていると感じている。しかし彼自身は黒魔術、白魔術を問わず呪術の技法を熟知している。そこで彼は、闇の隠秘的な力を召喚する〔第一―三節〕。それから彼は哀れをさそう口調で敵の黒魔術によって引き起こされた悲惨な現状について不平を述べ始める〔第四―一二節〕。彼はその隠秘的な力に彼の現状をみにくるよう請い〔第一三―一四節〕、悪質な欺瞞に満ちた加害者に対する恐ろしい報いをもたらすよう哀願する〔第一五―一六節〕。

呪文。われ、汝ら夜の神々を求む
われは汝らの伴なう〈夜〉を、顔掛の花嫁を求む
〈夕宵、夜半、暁〉をわれは求むるものなり
呪《まじな》い女《め》のわれに呪《のろ》いをかけたがゆえに[14]
惑わし女《め》、悪魔が私を捉えたがゆえに
この女さてはわが男神女神《おがみめがみ》をわれより疎遠《もてはな》せしに
かくてわれをみる眼差しにわれ病みぬ
かくてわれ、夜昼とわず安らぎはなし
絶えずわが口みたすは呪いの結びなり[15]
糧は口より離《か》りおかれ
飲門《のみと》うるおい渡る水のわずかに
よろこびの歌はむせび泣き、わが嬉しさは苦しみになったがゆえに
わがそばにきたれ、ああ大いなる神々よ、わが願い聞き届けられよ
わが申し立てを見定め、神託《かしこ》なる判断《おぼしわけ》をわれにかなえられかし
われは今わが呪《まじな》い男呪《まじな》い女のひとがたつくりもうせし
そはわれに仇なし呪《のろ》いをかける呪《まじな》い男呪《まじな》い女の像《かた》なり
それをば汝が足下におき、今わが申し立てを奏上す
かの女われに仇なす悪を働き、ゆえなき咎の訴えで絶えず呪いてわれに仇なすがゆえ
願わくはかの女には死を与え、してわれの生きながらえんことを
かの女の呪《のろ》い、呪文[16]、呪縛を解かれんことを。(5)

マクルー文書の多く——むしろ呪文一般と言っていいが——が召喚で始まるのは単なる偶然ではない。例えば、「大地よ、大地よ、しかり大地よ（erṣetu erṣetu erṣetumma)」[17]、「手よ、手よ、人［つまり、我が敵なる魔法使い］の強き手よ（rittu-ma rittu rittu dannatu ša amēlūti)」[18]、あるいは「われに呪《のろ》いをかけし汝よ、われに呪《まじな》いをかけし汝よ、われに魔法をかけし汝よ、われに縛りで枷《かせ》げし汝よ、われに襲いかかりし汝よ」など[19]。呪文全体が名の列挙のみからなることも珍しくない。未開の思考では、名とはそれほどに驚くべきものである。無論、人や物に呪《のろ》いをかけるため、その対象の霊魂を闇の領域から呼び出して捉えることが何より重要である。

ここで記述された呪術的召喚の手続きが本質的にアニミズムの段階にある野生の人の習慣であり、近代文化の人のあいだではまったく働かなくなったはずだと前提するなら、それはこれ以上ない間違いと言えよう。なぜなら、プラトン的なイデア論はこの類いの言語呪術と大いに関係する蓋然性が高いと思われるからである。すでにフランスの詩人マラルメの非凡な事例に触れた。彼はその名高い「私は言う。花よ！……」において、詩的なプラトン主義のもつ根本原理を表した。絶対的な詩人は、言葉を完全に熟知することで普通の不完全な言語を奇跡的な媒体へと変容させることができるという。〈天上の言葉〉は星が眩く輝く壮麗さにおいて姿を現し、ただ「花！」と言葉を発すれば「絶対的な花」を呼び出すことができる。〈天上の言葉〉は、「まさにイデアそのもの、甘美にして、決していかなる花束にもない」、「日常的な花とは何かまったく異なるもの」[20]。正しいかは別にしても、この主張は少なくとも荒削りで通俗的な形でのプラトン思想と、発話された言葉の喚起能力への信仰とのあいだには、何らかの密接な関係があるのではないかと思わせるには十分だ。普遍者をめぐるプラトン的な理論は、永遠の〈形相〉たるイデアが、はかない現れという帷のむこうに存在することを主張する説であるかぎり、おもに言語の意味機能の乱用に基づくといえる。

だがさらに、少し考えれば明らかなように、犬、猫、家のようなごくありふれて日常的な普通の言葉を用いるときですら関わってくるのは、その内包的側面が機能するかぎり、先に説明した召喚の呪術的なプロセスにおいて観察されたのと本質的に同じものである。確かに本章の観点からすると、われわれの言葉の普通の振る舞いを異様に素晴らしいものとし、しかも歪めて表しているからには、それらはみな極端な事例ではある。しかし、他方で、それらは、内包の隠れた呪術的核をより鮮やかにし、普通の状態であればおそらくは気づかれぬままであったその最も顕著な特徴を普段よりもはっきりと立ち現れさせる。それゆえ、こう考えるのは意義があると言える。すなわち、何かの名を呼ぶときはいつも——初めてであろうとなかろうと——われわれはファウスト博士が不可思議な呪文《フォーミュラ》を唱えて〈地霊〉を呼び出したときとまさしく同じことをしている。もちろん、はるかに小さな規模で、小さすぎてわれわれ自身にすら気づかれないほどであっても。

しかしながら、あらゆる言葉がまさしく象徴としての本性をとおしてわれわれの心に何かを呼び起こすことができると考えるのは、端的に正しいと思われる。発話された言葉は聞き手の心的機構のなかに、映像、形象、概念（単純概念にしろ複合概念にしろ）、感情、推論、あるいはその他何であろうと、話し手の心を占めるものを呼び起こす。心的な喚起の過程は、それゆえ、言語呪術の最も根本的な働きと言ってよいが、ごく普通の人の観点からすると、それは「呪術」と呼ばれるにはあまりに根本的、あるいは普通すぎるかもしれない。いずれにせよもう少し入念な分析を行えば、近年衆目を集めている言語の「呪術的」な効果とは、すべてではなくともその多くが、内包的な意味に関わるこの根源的な呪術の単なる変種であるか、あるいはそれを強化したものであると説明するのが最も好ましいとすぐにわかるだろう。続いてこの問題を考察することに移りたい。

さて、単刀直入に言うなら、ここでわれわれのまえにある問題は、言語的な象徴によって心にもたらされる「何か」とは正確には何であるか、という探究である。言い換えるなら、内包的な意味のもつ内的構造はどのようなものかということである。内包が理論的な精緻化を受ける以前の本来的で、前論理的な状態にここで関わっていることを考えれば、この問いに明確に答えることはきわめて難しいと思われる。というのも、この意味での内包は、結局のところは、ささやかな神秘だからである。もちろん、科学的な観察ができないという理由で、この非合理的な要素を取り除くことはいつでも可能ではある。ゆえに、行動主義者や論理学者（外延的な意味のもつ指示機能にのみ着目する者たち）は、周知の通り、それぞれの専門分野で〈科学〉の名の下、あらゆる内包的要素を放棄し、それを明示的意味（denotata 外延）のなかに解消しようとした。彼らの主張によれば、科学としての心理学、科学としての論理学は、意識、形象、イデアのようなものが対象であるなら、内包のような非科学的なものについて無駄に議論する愚行を犯してはならない。最近になって、チャールズ・モリスは、自らの「行動主義的」記号学に基づいて言語学を科学として創設するために、言語学者らに広範囲にわたる研究計画を提案した[6]。これが意味するのは、記号学的に、つまり「行動主義的」に基礎づけられたメタ言語を構築することであり、それによってわれわれは心理主義的〔心的〕な語彙を一切使用することなく科学的にあらゆる言語現象を語ることができる、というものである。

私は、彼らの議論に多くの真実が含まれることを否定するつもりは決してない。しかし、明瞭さを促進し混乱を回避しようという彼らの意図に共感を抱くのと同じくらい、科学的な厳密さへの関心から心的なものの言語学を放棄しようとするにあたって、行動主義者たちが満足のゆく言語理論を構築しえていないことも認めねばならない。例えば、モリスによって提案された研究計画を入念かつ一貫して実行すると、実生活でわれわれの言葉がどう機能するかについて間違った見解に至ると私は考える。つまり、科学的に確定できる物理的な事実のみからなる枠組みのなかで、言語の意味機能を現象学的に分析することは不可能といえよう。内包はいかなる科学においても容認できない神秘であると宣言し、このようにしてそれを単純に放棄することによって、難しさを避けることはできないと思われる。逆に、現象学的な考え方をする言語学者は、言葉の意味の中核そのものにまとわりつくこの神秘をそのまま解きほぐしていこうとするべきである。

行動主義者がメタ言語を構築するにあたって、慎重に心理主義的な語をすべて避けるおもな理由の一つは、すでにみたように、一般に心理主義的とされる範疇がみな曖昧すぎて、科学的に扱うのが難しい点にある。しかしながら彼ら心理主義者にも明白な観点があり、彼らがなす主張が正しいことも疑いえない。事実、経験が示すように、そもそも人間言語はきわめてあやふやな総合体である。児童心理学者のあいだで共有されている知識によれば、子どもの初期の経験は、大部分、差異化されていない全体である。

リチャード・アーロン[21]はその著書『普遍者論』（第十章）でこう指摘している。幼児の心が、例えば「家」のような名がそれを前にして言及されたときに考えがちなのは、曖昧で分析されていないゲシュタルトである。それは多くの場合は印象、感情、予想などの気配で取り囲まれ、より複雑でわかりにくいものになっている。しかし良かれ悪しかれ、事態がこのような状態にあることは決して児童の心理に限られていない。知的発育のより後の段階においてさえ、差別化や差異化の度合いが明らかに増進しているからといって、普通の人の一般的な言語使用が、このように分析されていない――そしておそらく分析できない――心的全体が生起することに大いに依存するようにみえる。実は「概念」とは何より曖昧なものなのだ。なぜなら、「概念」の大多数は日常生活において、無数に積み重ねられる日頃の経験から身につき、そのあと初めて論理的あるいは科学的な目的で精密化を経るものだからだ。「概念」は不明瞭で、不確定的で、ぼやけていて、知覚感覚の実際の対象をふだん特徴づける明確な輪郭や精確な細部を欠いている。それに加え、それらは大抵、おぼろげな情緒の靄のなかに浮遊している。通常、われわれの言葉が連関するのは、粗雑な言い方ではあるが、そのような途方もない寄せ集めであり、そこにおいてあまたの多様な非確定的な要素が互いに不可分に結びつけられているものなのだ。

ほとんどの人は、自分たちが日常生活で一般的な言葉をうまく用いることができるので、それらの言葉の精確な意味を知っているはずだとみなす傾向にある。しかし、ごく初歩的な内省をしてみればそれが間違いであると示すのに十分である。事実、われわれが用いる一般的な言葉のいずれにおいても、それらに確実に付帯するような精確に定義された意味など一つたりともない。初めに予想するのとはまったく逆に、われわれの言葉がそのような緩い度合いで定義されているからこそ、われわれはふだん考えたり話したりするときにそれらの言葉を理知的に用いることができるのである。アーロンがヒュームの説を〈気質〉あるいは〈傾向〉の理論と呼んだのは適切であった。その説によれば、名を聞くだけで聞き手の心にはきわめて多くの観念がもたらされる。その名は、中心的な観念に加えて、ある特定の習慣を「蘇らせ」、あるいは「起き上がらせる」。その習慣が一度目覚めれば、心はさまざまな他の観念を思い出す用意ができていることになる。とはいえ、これら諸観念は「実際に心に事実として生じるのではなく、潜在力としてのみ生じる。われわれは想像のなかでそれらを明瞭に取り出すことはない。しかし、当面の意図なり必要性によってきっかけが与えられるときには、それらのいずれも吟味する準備はできている」。ここでのヒュームの目的は、名としての言葉（name-word〔名称語〕）を聞くことで心のなかに呼び起こされるものが、ただ曖昧で不確定なものだけではなく、極端に複雑でもあると主張することだと思われる。発話された言葉はわれわれの心をかき乱す。多様な心的階層に属する異質な要素からなる集まりが、まどろみから覚まされるのだ。あるものは実際に意識的な心にもたらされるが、その多くは意識の閾下にただとどまって、いつでも押し寄せるのを待っている。それらの存在を感じさせつつ、このように多かれ少なかれ曖昧に照らし出された意味の外縁を形づくっている。

そのようにして呼び起こされる「われわれの心のなかに散りばめられた」それらの非限定的な要素は、あるものは顕在しあるのものは潜在するのみであり、言葉の意味論的な構成において一般にはほとんど重要でない何かとみなされるか、あるいは少なくとも二次的な重要性しかもたないとみなされる。よく言われるように、それらは意味の含み、つまり二次的な含意、情緒的な色づけであり、中心的で指示的な意味の上や下を流れ漂う。しかしこれは幻想であると思われる。われわれの言葉は一般に、厳密な科学的言説の領域外では鋭く焦点を合わせた意味論的核をもたない。だが事実として、名としての言葉は日常のコミュニケーションにおいて十分円滑に働くよう使用されるためには、指示的意味の核を有していなければならない。そしてその核から、観念的内容の硬い核としての「概念」はある種の過度な知の洗練化によって展開されうる。認知的要素が内包的意味の構成要素としてきわめて重要であることは誰も否定しないであろう。しかし、それはただの構成要素ではない。他のすべてがせいぜい二次的な意義しかもたないなかでは、それが最も重要で第一義的要素であることが絶対的に確かというわけでもない。これは、毎日の生活の水準でつねに問題になる事例でないのは確かである。内包的意味の本来的で、前論理的な状態は、それどころか多様な要素の分析されていない全体であり、何らかの仕方でそれら多様な要素はある種の緩やかで、しかし生き生きとした統一体に溶け込み流れているのである。本来的な本質における内包は意味に満ちた、認識可能な全体であると言えようが、しかし、驚くほど多様な要素から構成された全体である。内包的意味を現象学的に分析するならば、こうした根本的な事実から始めねばならない。続く諸章では内包を主題として取り上げ、その構成要素を現象学的に分析する。そして、これら構成要素のそれぞれが、それ相応の仕方で、〈意味〉という根源的な呪術を引き起こすためにいかに寄与しているかみることにする。

## 注

（1）*Das Wunder der Sprache*, Kap. I.

（2）Ibid., p. 157〔ドイツ語原文は「話すこと（Rede）よって何かを思念することはこの呪術的な意図の弱まりに過ぎない」〕.

（3）*Commentaire à l'Art poétique de Paul Claudel*, p. 281.

（4）Cf. Max Black, *Critical Thinking*, Chap. X, §3〔p. 176〕.

（5）Gerhard Meier, *Die assyrische Beschwörungssammlung Maqlû, neu bearbeitet*, doctoral thesis, Friedrich-Wilhelms-Universität zu Berlin, 1937[1936], Tafel I〔以下の校訂版と英訳を参照。Tzvi Abusch, *The Magical Ceremony Maqlû: A Critical Edition*, Leiden; Boston: Brill, 2015, pp. 26–29, 229, Maqlû Tablet I, 1–20; Tzvi Abusch, *The Witchcraft Series Maqlû*, Atlanta: SBL Press, 2015, pp. 44–45, Maqlû Tablet I,

1–20〕.

（6）*Signs, Language and Behavior*, Chap. VIII, §2〔pp. 220–223〕.

## 訳注

〔1〕Hermann Otto Theodor Paul, 1846–1921.　ドイツ語文献学、印欧比較言語学を代表するドイツ人学者。

〔2〕Walter Porzig, 1895–1961.　印欧比較言語学に業績を残したドイツ人言語学者。

〔3〕Percy Williams Bridgman, 1882–1961.　アメリカの物理学者。

〔4〕Pierre Angers, 1912–2005.　カナダの哲学者。

〔5〕一番目の神話は「創世記」第一章第一節から第二章第四節ａまで、二番目の神話は「創世記」第二章第四節ｂから第二五節までで、井筒は後者を指す。周知のように聖書学では由来の違う創世神話を想定して「創世記」冒頭の内容変動や矛盾を解消しようとする。第一神話でエロヒーム（ĕlōhîm）、第二神話でアドナイ（すなわちヤハウェ）と、神の名称も変異するゆえ、バビロン捕囚もしくはペルシア皇帝キュロスによる解放後に成立した前者をエロヒーム版、それ以前にゾロアスター教との接触により唯一神教へ変貌した後者をヤハウェ版とも呼ぶ。

〔6〕Bronislaw Malinowski, "The Problem of Meaning in Primitive Languages" as Supplement I, C. K. Ogden & I. A. Richards, *The Meaning of Meaning: A Study of the Influence of Language upon Thought and of the Science of Symbolism*, New York: Harcourt, Brace & World, Inc., 1923, pp. 296–336.

〔7〕Géza Révész, 1878–1955.　ブダペストで生まれオランダに移住。実験心理学者。

〔8〕オグデンとリチャーズが *The Meaning of Meaning* で用いた三角形のこと。C. K. Ogden and I. A. Richards, *The Meaning of Meaning: A Study of the Influence of Language upon Thought and of the Science of Symbolism*, London: K. Paul, Trench, Trubner & co., ltd, 1923, p. 11 より左に略図を示しておく。オグデンとリチャーズは意味関係を三要素に分けて提示する。思想（概念・理解内容）を頂点とし、象徴（記号・言葉）とその指示対象を底辺とする。象徴と思想とを結ぶ実線は、ある言葉とそれによって思い浮かべる概念に因果性があることを示す。思想と指示対象とのあいだの実線は、ある言葉が指示する対象とその対象についての概念に直

接・間接の関係性があることを示す。底辺の破線は、言葉と指示対象との関係が必然的・一義的ではなく、恣意的であることを示す。

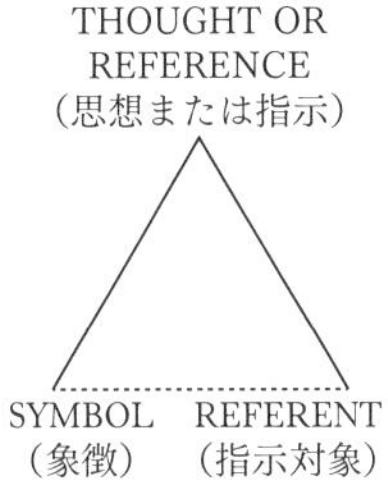


〔9〕井筒は英訳（Johann Wolfgang von Goethe, *Goethe's Faust: parts I and II*. Translated by Albert George Latham, London: J. M. Dent & Sons, Ltd.; New York: E. P. Dutton & Co., 1908 [1902–05], p. 26）に従うが、人称を変更している。Johann Wolfgang von Goethe, *Goethes Werke*, Band III, Textkritisch durchgesehen und kommentiert von Erich Trunz, München: C. H. Beck, 1996[1986], S. 21, L. 377–379、参照。

〔10〕Eg., pp. 28–29; Ger., S. 23, L. 460–481.

〔11〕Eg., p. 29; Ger., S. 23, L. 472–476.　英訳は命令形「触れよ」だが、前文の続きと考える。

〔12〕訳注9に挙げた独語版（S. 23）と英語版（p. 29）を参照。

〔13〕Eg., pp. 29–30; Ger., S. 23, L. 482–485.

〔14〕「悪魔が私を捉えた」は「われを責めたてた」と訳しうる。

〔15〕「猿轡」とも理解できる。

〔16〕「唾」と訳しうる。

〔17〕「冥界よ、冥界よ、げに冥界よ（erṣetu erṣetum erṣetumma）」『マクルー文書』「第一書板」第三七節。Tzvi Abusch, *The Magical Ceremony Maqlû: A Critical Edition*, Leiden; Boston: Brill, 2015, p. 229; Tzvi Abusch, *The Witchcraft Series Maqlû*, Atlanta: SBL Press, 2015, pp. 46–47 参照。

〔18〕音写は rittumma rittu rittu dannatu ša amēlūti。『マクルー文書』「第三書板」第一八〇から第一八一節。Tzvi Abusch, *The Witchcraft Series Maqlû*, Atlanta: SBL Press, 2015, pp. 82–83 参照。

〔19〕井筒は典拠を示していないが、おそらく『マクルー文書』「第三書板」第一〇四節から第一〇八節（at-ti e šá te-pu-ši-in-ni, at-ti e šá tu-še-pi-ši-in-ni, at-ti e šá tu-kaš-ši-pi-in-ni, at-ti e šá tu-hap-pi-pi-in-ni, at-ti e šá tu-sab-bi-ti-in-ni...）を指している。

〔20〕René Ghil, Traité du verbe, Paris: Chez Giraud, 1886, p. 6; Stéphane Mallarmé, *Divagations*, Paris: Bibliothèque-Charpentier: Eugène Fasquelle, éditeur, 1897, p. 251.

〔21〕Richard Ithamar Aaron, 1901–1987. ウェールズの哲学者。

# 第六章　内包の実体化

内包のような捉えがたいものをうまく取り扱うためには、異質な構成要素を分類し、信頼できる明確な説明基準のもとにまとめることから始めるのが賢明であろう。第一の大まかで暫定的な近似化として、内包的意味の内容を、さしあたり四つの要素に分析することを私は提案する。すなわち、(1) 指示的、(2) 直観的、(3) 情緒的、(4) 構造的である。これら四つの側面はそれぞれ特定の可能性を含んでおり、十全に展開されるなら、言語呪術という名に値する注目すべきさまざまな技術を容易に引き起こすことがいずれわかろう。

初めに「指示要素」を検討しよう。確かに指示的側面は内包の唯一の認知的な構成要素であり、今みたように、言葉の意味の確固たる概念的核をなしていると一般に思われている。言語の指示機能という自然な働きそのものは、使用される名としての言葉それぞれに意味の比較的強固な核があることを前提とし、しかもその意味の核が他のさまざまな意味論的な構成要素を認識可能な全体に総合するということ、それは間違いなく正しい。しかし、この強固とされている指示的な核が一見そうみえるほど堅固で確実かどうかはきわめて疑わしい。そのことは注意されねばならない。むしろ、見かけの確実さは、内包を外延とごく自然に取り違えることで生じた幻想によると思われる。すなわち、この場合、対象への間接的な指示を直接的な指示と取り違えているのである。思い出して欲しい。内包的な指示は、定義上、間接的な意味の表示であり、間接的な意味の表示は、たとえその媒体が論理学的に精密化された概念であっても、つねに曖昧さや不明瞭さによって特徴づけられる。このことは、それ自体ほぼ自明の理ではあるが、言語学においても論理学の議論においても見落とされがちである。

　日常的な、物を指す言葉や過程を指す言葉（そして関係を指す言葉でさえ）のほとんど（しかもわれわれは、その性質にわずらわされることもなくそれらをかなり意味ありげに操作することに慣れている）は、直示的な定義の方法によって、すなわち言葉を伴いつつ、指で示す方法（あるいはそれに相当するもの）によって学ばれてきた。言語学習は、少なくともその初期の段階では、現実の対象や諸関係に直面することで大部分がこのようにしてなされる。これは、われわれが直示的に学んだこれらの言葉が、物理的に確定されるか確定可能な指示対象を明示的意味（denotata 外延）としてもつことを意味する。このような経験的な言葉のみによる話や思考に甘んじるかぎり、内包的意味のもつ非常に謎めいた性質に関して、何ら疑念は生じないだろう。

　例えば机をみるとき、われわれは「机」という言葉で通常は名指される物としてそれを認識する。そして実際、その対象を指示するにあたってこの言葉を発する。このとき、すべては明瞭にして明確に思われる。意味、すなわち言葉（指示）によって名指された物は他の何にもまして固体的である。というのも、それはひたすら実体的な具体性において現実に裏付けられた一つの核だからである。この類いの経験は、日常生活の各瞬間ごとに繰り返され、言葉は意味の確固たる核をもつという印象を強く留めるが、この印象はさらに言葉の意味の内包的側面のなかにまで密かに引き継がれると言ってよい。言い換えるなら、われわれはたやすく次のような信念に導かれるということである。すなわち、経験において指示対象がなくても、「机」という言葉が発せられるならば、それは心に机の概念をもたらしうるし、実際にもたらす。そしてこの概念は確固として持続的で信頼できるだけでなく、おそらくは変わることなく固定的か、永遠的で超越的ですらあるかもしれない、そういう信念である。心的存在としての不変的な概念があるというこの種の信念から、いわゆる普遍論が主張する「普遍は事物に先立つ（ante rem)」まではあと一歩である。事実、言語的な思考は日常生活の水準からきわめて真剣な形而上学的思弁の水準まで及ぶが、あらゆる水準において果てしない数の「偽の」存在単位を生み出したし、生み出し続けている。

アニミズムと組み合わされると、どんな途方もない迷信でも作りだされうることをすでにみてきた。第二章で記述した未開の人々の狂気じみた実践や信仰のほぼ半分は、確かにここにその究極的な源泉をもつと言ってよい。あらゆるアニミズム的信念の核心はまさに、身体的な枠組みが解体した後も残り続ける、分離した〈霊魂〉が存在すると信じることである。こうした信念は、結局は、内包を外延と混同する、またはむしろ心的内容を外的世界に投影する人間の心にきわめて特徴的な傾向の産物と思われる。そのようにして、心は心的内容から自立した存在単位を作り出している。例えば『リグ・ヴェーダ』では、神の別名《エピセット》や抽象名詞から抽象的な神格が発生するさまをほぼ段階的にたどることができる。ダートリ（創造主）、ダルトリ（支持者）、ネートリ（指導者）、プラジャーパティ（被造物の主）、ヴィシュヴァカルマン（全創造者）など、本来はより古い神々の別名が、次第に個々の神格の名として独立した価値を獲得するに至ったことがわかる。アディティ（無束縛〔無垢〕）、シュラッダー（信仰）、マニウ（激怒）、アヌマティ（神の恩恵）などの抽象名詞は独立した存在単位へと形成され、人格化され、そしてこれらを崇拝するにあたって讃歌が捧げられる。[1]アニマティズムからアニミズムへの転換、つまりマナ崇拝から精霊崇拝への転換は、明らかに、人が初めて「霊魂」や「精神」にあたる言葉を発明した時と場所においてもたらされたはずである。しかしまた、これはわれわれの祖先が未開の質素さをもった野生の段階に生きていたはるか昔の時代に限られると判断すべきではない。東西を問わず、人々がアニミズムの段階をはるかに通り越したあとでも、実体化された〈霊魂〉を信じることが人間の心にとてつもない影響を及ぼし続けてきた。さらに、例えば超常的もしくは形而上学的な存在単位と考えられた〈霊魂〉は「分離した部分」をもつかどうか、そして――そうである場合――それはいかにして多くの個別的な部分からなるのか、などをめぐる哲学的思考に多くの論争が費やされてきた。この考えは次第に弱まり、確かに今日では少なくとも経験主義学派の哲学者たちのあいだで、肉体を離れた神的な霊魂とみなされていたものは、もはや存在しないもののもつ名でしかない。しかし、それでもこうした考えにしがみつく人々が多数いる。

〈霊魂〉の場合はそれ自体非常に有効な例ではあるが、先に言及した、至るところに存在しきわめて持続的な傾向の一つの現れであることを思い起こさねばならない。それは思考が言葉になるところならどこでも唐突に現れるという傾向である。ありのままの事実はむしろ単純であり、それは以下の通りである。すなわち、対象がなくても名としての言葉が発話されればいつでも、聞き手は自分がその対象の前にいるかのように思うか感じがちである。言い換えると、対象を精神的に現前させることによって、意味されたものは、それが何であろうと、実際に存在するかのような幻覚を引き起こす傾向がある。われわれの言語経験の初期の段階では、言葉で名指されたものは何であれ、ほぼつねにその実際の存在が保証された。したがって一般的な単語が発話されるのを聞くたびに、それが実体として存在する[2]と思ってしまう悪弊に知らずに陥っているのであろう。しかし普通の人のみならず、この上なく学識の深い哲学者でも頻繁に、この独自の実在性を内包が実体化される想像的な領域に帰してきたことは、歴史的な事実である。加えて、古典的存在論は現実態（actus）から区別されたものとして、存在の特殊様態である可能態（potentia）を認めるが、その観点からすると、確かにある意味、〔具体的に〕存在する対象の観念とその対象の純然たる単純観念とのあいだにいかなる本質的な違いもないのである。というのは、カントが存在論的な論証に対する批判で示したように、単なる可能的な存在であろうと、何らかの存在を帰属させずにある対象を表象することは不可能だからである。これは、表象されるという事実そのものによって、その対象は少なくとも単なる可能的な存在として存在していて、それはすでにある種の存在を獲得していることを意味する。ある対象の可能的存在が一度でも措定されれば、この可能的対象はたやすく実在対象へと作り換えられるようになる。膨大な数の偽りの存在単位がこのようにして発生している。それらは、ひとたび発生すれば、自己の現実世界で生きるとみなされる。このような仕方で、プラトンのイデア的世界は存在するに至る。

リチャード・ロビンソン[3]は、その二つの重要な著作『プラトンの初期弁証法』（第五章第二節）と『定義』（第六章第一―一三節）において、「Xとは何か」という問いは、「無分節の不明瞭語を除いてはあらゆる形式の問いのなかで最も曖昧な問い」であるゆえに、いわゆるこのソクラテス的問いの形式をもって始まったことが、西洋哲学の歴史にとっていかに不幸なことであったか提示している。定義の要請としての「Xとは何か」という問いは、名としての言葉（名称語）が実際に適用されるあらゆる場合における同一的な意味の探究として、プラトンの初期対話篇で初めて取り上げられた。これは、あらゆる言葉が本性上、曖昧であり、一般的な言葉や抽象語だけでなく、いわゆる論理学用語にも当てはまるという基本的な事実の忘却である。[1] われわれの言葉が一義的であるという前提は、プラトンが初期および中期対話篇で展開したイデア論にとって中心的である。「敬虔とは何か」（『エウテュプロン』）、「徳とは何か」（『メノン』）、「正義とは何か」（『国家』）、「霊魂とは何か」（『パイドン』）など。これらの問いのすべては、さまざまな（そして、見かけは大変多様な）事柄が習慣的に同一の名によって呼ばれているがゆえに、人がこの語を用いるときはいつでも、変わることなく意味されている同一の物があるはずである、ということを明らかに仮定してしまっている。男女とも、彼らが善良であるなら、徳を必要とする。若者でも老人でも同様である。事実、善良な人はみな、同じ徳を分有することによって善良となる。それから議論はどう進展するのか。言葉の同一的な意味を求める本来の探究は、こうしてきわめて自然に〈本質〉の探究へと発展する。というのも、誤解に基づく言葉の意味の一義性はそれ自体、唯名論に対立するものとしてのある種の実在論を含んでいるからである。アリストテレスは定義をある物の本質の言明として定義している。いうなれば、「Xとは何か」という問いへの正しい答え――そんなものがあるならばだが――は、Xの存在論的本質を与えることだが、これは実際には意図された意味でははっきり言って非存在である。要するに、プラトンもアリストテレスも、言葉の内包的意味を一つの形而上学的実在と取り違えたのである。[2]

意味をこのように実体化する仕組みは、例を変えて、用いられた言葉が決して現れない何か、あるいはわれわれが経験するような現実世界に存在しない何かを意味する事例を扱えば、さらに明瞭に分かるであろう。例えば、

「一角獣」「竜」などの伝説上のあるいは神話上の存在を表すいわゆる二次的あるいは想像的な概念、あるいは「丸い四角」のようなまったき自己矛盾を含む心的構成概念や、さらにはまた〈絶対的無〉のような観念である。この最後の事例においてはとりわけ、事柄の性質上、想像されるべき、表象されるべき、思い浮かべられるべきものさえ何もないのは明らかである。絶対的な不在あるいは空虚の観念は、ベルクソンが『創造的進化』で大変みごとに提示したように、部分的な無の代わりをする間違った誤解を呼ぶ代用語か自己解体的な偽の観念である。なぜなら、あらゆるものの絶対的無化はこの観念を形成する心的操作そのものの破壊を必然的にともなうことになろうからである。そして興味深いことに、われわれは〈無〉という言葉を聞くと、あたかも心のなかに〈無〉の形象が実際にあるかのような気になる。われわれは、言葉に対応する何かがあると思いがちであるが、この何かはまた、外的世界に非常にたやすく投影され、〈虚無〉(Néant)という恐ろしい幻影になりやすい。この物象化の過程は意識的であろうと無意識的であろうと、ひとたび完成されると、あたかも〈無〉が〈何か〉であるかのように扱うことが可能になり、例えば、ちょうど神話上の英雄が竜に出会うのと同じ仕方で、実存主義者たちが行うように「〈無〉に出会うこと」(Begegnung mit dem Nichts)について話すことが可能になる。あらゆる否定の究極的源泉としてのハイデガーの「〈無〉の無化」(das Nichten des Nichts)は核心を突く良い例である。「そして、この〈無〉についてはどうか」と彼はその有名な講義「形而上学とは何か」(一九二九年)で自問する。「〈非〉、つまり〈否〉があるからこそ、〈無〉があるのか。それとも、ちょうどその逆なのか。つまり、〈無〉があるからこそ、〈否〉と〈非〉があるのか」。そして、ハイデガーは自身の問いに対する答えで、〈無〉はあらゆる否定の根源であり、その逆ではなく、〈否〉は、今度は〈無〉の無化する働きによって生起する〈無〉によって現れる、とはっきり言う。ここで、〈無〉を存在する対象として捉えることに反対してハイデガーがどう言おうとも、〈無〉は明らかにある種の超越的な基底と考えられている。それはあらゆる存在にとって永遠に先立っており、あらゆる実在は絨緞の刺繍のようにその上に繰り広げられるのだ。[3]

否定の問題はそれ自体、大きな問題であって、詳細な検討は本書の射程を明らかに超えている。また、非在の存在論的問題を単なる言語論的問題に還元できると主張するつもりもない。分かってもらいたい要点は単に否定が、少なくとも言語現象としては、ある種の心的な働き、心的構成ないし組み立ての導入なしには、決して十分に説明されえないということである。というのも、事実上、「物」の世界においてはいかなる否定に出くわすこともないからである。ベルクソンが主張するように、純粋に経験的で受動的な心は、従順に経験と歩調を合わせるので、決して否定の刻印を受けることはありえない。そのような心にとって、部分的であろうと相対的であろうと、いかなる無もなかろう。否定は意識とともに出現する。ひとたび言葉で定式化されると、否定は肯定と対称的になる。つまり、否定は、肯定〔の言明〕によって肯定されるものに劣らず、否定は客観的な〈ではない(not-being)〉を肯定するかのような幻想を引き起こす。この事実は、ジャン゠ポール・サルトルによってみごとに、対自存在(l'être pour soi)の記述として明らかにされている。それは、無化する(néantiser)特殊な力を与えられていると主張される人間意識であり、十全にして凝縮された即自存在(l'être-en-soi)に対立するものである。この基本的な区別の洗練された詳述から彼が引き出す、「〈無〉」は〈絶対者〉である、という結論ほど優れたものは他にない。[4] また、みずからの論理の華麗さに眩む哲学者が自ら言語呪術的な誘惑の犠牲となるか、あるいは、そのうえ――これはよりありそうである――、意図的に読者に呪文をかけようと試みていると考えるのは自然であろう。いずれにせよ、これは、否定や否定性を言葉による思考の水準で操作し始めるとき、人は極端な危険にさらされることを明らかにしている。

否定にかかわる心的な組み立ての部分を定式化する仕方はもう一つある。それは、現代の論理学者によってとられている方法である。それは、否定という「二次言語」の特徴を強調することに基づく。すでに、バートランド・ラッセルの初期の論文の一章で、否定は否定語が属する段階より一段低い段階に対象言語が存在すること、もしくはある一つの言語層が存在することを前提にしている点が言及されている。「チーズがある」と「チーズがない」という二つの命題は、一見すると直接に対象世界（客観的世界）に言及しているように思え、それゆえまさしく同じ足場に立っているように思えるが、実際には言説のまったく異なる二つの水準に属している。なぜなら、後者の命題は、前者が明らかに基づくのと同じ意味での直接的な感覚的経験に基づいていないからである。ラッセルの用語法でいうと、チーズをみているという確たる経験的な出来事はあり、人はそれぞれの物が何かをみることはできるが、それが何でないかをみることはできないのであるから、「チーズをみていない」として記述されうる出来事はない。食料貯蔵室ですべての物をみたあとで、「食料貯蔵室にはチーズがない」というなら、その事態についてチーズをみなかったと判断したのである。[5] これは、否定的命題はつねに先に存在する言葉あるいは提案された内包の拒否を含むということである。「当ての外れた期待は〈否定〉（NOT）をわれわれの生にもたらすものである」[4]、と『思考と経験』（第五章）にH・H・プライスは書いている。前言語的思考の水準でさえ、否定的な意味表示は真空中（何もないところ）に生じることはできないと言われる。一般化して言うと、Xは「Bではない」の記号として機能せねばならないなら、Bについての考えを示唆するXという状況の何かがあるはずである。そこには、われわれが期待していた何か（B）とわれわれが実際に経験する何か（A）とのあいだでの衝突が生じる。そしてこのことが「Bではない」の否定的な経験を引き起こす。このことが言語化された思惟の水準における否定に関してなおさら妥当することは容易にわかるだろう。「チーズ」という言葉、あるいはわれわれが心のなかにもつその内包と、われわれが実際にみるものとのあいだの衝突が、「これはチーズではない」とわれわれに言わせるのだ。あるいは、聞き手が話し手と共存しているという言語現象一般における根本的な事実を考慮するなら、ガーディナー[5]とともにこう言えよう。すなわち、心理学上でないにせよ発生論上は、否定的言明とは、実在上の、もしくは仮定上の話し手による肯定的言明であり、その中には、聞き手の拒否する叫び声が組み込まれている。[6] この考えによると、「彼は豊かである」が単に肯定するのに対して、「彼は豊かではない」は、「あなたは彼が豊かだと考えたかもしれないが、彼はそうではない」を含むであろう。[7] いずれにしても、

「彼は豊かではない」と言いうるためには、肯定文「彼は豊かである」が二次判断のための基礎として働くために全体として再生産されねばならない。

そしてまた、否定をこのように考えることは、人間の思想の歴史において新しいものではない。アリストテレスはすでに同様の意見をもっていたようである。少なくとも彼はいくつかの個所で、肯定の本質的先行性を強調している。[8] しかし、この基本的な理解を右に指摘した方向で展開するためには、アリストテレスはあまりに現実主義者であった。インドでは、文明、文学、哲学の黄金期（五世紀）に、仏教論理学者たちが否定的命題の「三段論法的」あるいは「仮言的」性質を大いに強調した。その当時、普及していた考えに、〈ではない（not-Being）〉からある種の〈である（Being）〉を何らかの仕方で作り出す傾向があった。これに対して、例えば、ダルマキールティ[6]は、存在しない何かを知覚することは知覚の本質そのものに反しており、〈ではない（not-being）〉は単に仮言的であって、一般に〈ではない（not-being）〉と呼ばれるものは現実には複雑な心的制作からなることを提示しようとした。それは、現実の基底（つまり、与えられた場）の表象に加えて、その場にあったならば、知覚されたであろうと想像される対象を表象することでなされるような制作である。例えば、その場にない水差しの観念は、その水差しがあることを期待された場における仮言的な知覚可能性にすぎないのである。[9] ヨーロッパの論理学者のなかで、クリストフ・フォン・ズィークヴァルト[7]は類似する理論を提唱した最初の人物と思われる。また、ベルクソンの名も挙げてよいだろう。彼は、否定の「主観的性格」を主張した。彼はそれが現実あるいは想像の期待の当てが外れることから湧き出すと論じ、「AはBではない」というタイプの否定的命題を二つの原理的な思惟に分析した。すなわち、(1) AはBであるという信念、(2) Bは実際には何かある非確定的な性質Xによって置き換えられること、である。

しかし、今日でもこの種の見解を支持しない第一級の思想家は多い。その一人を挙げるなら、モリス・コーエン[8]であろう。否定的言明は、対象世界（客観的世界）に対して直に指示しないが、それが示唆する観念を否定する、という仮説は混同に基づくと、彼は『論理学への序文』（三三頁）で主張する。彼の考えによると、否定的判断と肯定的判断に相関関係があることを否定する十分な理由はない。なぜなら肯定的かつ否定的に、両方の仕方で同一の事実についてわれわれは立派に言及できると彼は言う。例えば、「これらの線は並行である」と言うことと「これらの線は交差していない」と言うこととのあいだには、客観性においては何の差異もないのである。しかしながら、この批判は、それ自体が混同であるか、あるいはむしろ言語化された思考の不完全な分析に基づいていると思われる。注意しなければならないのは、言葉による、あるいは言葉での思考の水準で「交差していない」は「並行」ではなく、「交差」に対して否定／肯定の対立関係にある点だ。すなわち、われわれは、「これらの線は交差している」という肯定的言明を全体として再生産することなしには、「これらの線は交差していない」ということはできないのである。

　ここに述べられたことはみなまったく無駄な余談に思われるかもしれない。しかし、〈ではない（NOT）〉の虚構的な、あるいはこう言って良ければ、呪術的な力をより明確に明らかにするために、否定がもつ「二次言語」としての性格を主張する必要があった。サルトルが考えたように、即自存在（l'être-en-soi）の世界においては否定性がなく、それ自体、否定的なものである人間意識からのみ否定性の要素が由来するということが正しいなら、否定語の呪術的な働きについて語るにあたって、空想的にすぎる考えを示唆していることにはおそらくならないだろう。事実、われわれはそれより先にまで進み、こう言ってよい。すなわち、何かの言葉の内包という形で単純な（肯定的）観念を仮定することは、少し前にみたように、ある意味で不可視の力を呼び出すとして、それ自体、呪術的な行為と見なしうる。それゆえ、この肯定的観念を否定することは、いわば、二重に呪術的であろう。この解釈によれば、ある一つの言葉もしくは複合的な言葉を否定することは、書いたばかりのものを消そうとすることであろう。あるいは、呪術的な用語法を用いるなら、その名を発することで呼び出したばかりの精霊を追い払うか防御する行為に相当するであろう。それは、ほぼ同時に、精霊を呼び出し、送り返そうとすることである。その間隔がいかに短かろうと、この行為は明らかに二つの瞬間、もしくは二つの時、つまり呼び出すことと送り返すことからなっていることを忘れてはならない。二つの時のあいだにある差異は、合理的思考のより高い水準では、一次言語と二次言語との差異に対応していると思ってよい。

　これは単なる言葉のあやととられてはならないと強調しておきたい。言語の論理的水準では、叙述pの否定は、pの偽りを主張することに等しい。しかし、思考と語りの前論理的局面では、否定、すなわち先に前提されていた何かを否定することが多かれ少なかれ呪術的な含みをもつことには深い意味がある。この点は、ヘルマン・アンマンがきわめて巧みに明示した。[10] そこで彼は、日常言語《スピーチ》において非常に頻繁である否定の用法に、一定の象徴＝示唆的用法が存在することを強調した。彼は（私の考えでは正当にも）、「ただ、あの男が（願わくは）ちょうど今日は来ないなら良いのだが」のような文における「恐れられているものからのある種の呪術的な防御」を見抜いた。彼はこう述べている。「この防御の瞬間は、疑いなく、否定の最も本源的で未開的な機能である。何かをすることを止める命令は、大声の「するな！」によって最も強調的に表現へともたらされる。悪い知らせは、非常に頻繁に、「駄目だ、駄目だ」という突然の叫びや耳をふさぐ動きをするように、防御を内含する身振りや言葉を伴って、怯えている聞き手によって受け取られる」。こうした関連で重要なのは次のことである。多くの言語はさらに先に進んで、ある重要な種類の否定語を発達させた。それらの否定語は、否定の「普通」の手段と対照的に、またそれと並行して、そう呼んでよければ、破魔的否定として、悪霊を除ける呪術的な目的に利用することをとくに意図して作られている。

　この現象、二種類の否定のあいだの対照は印欧語ではきわめて一般的である。それは、すでに印欧祖語において、*ne（単純否定）に対して *mē（禁止的否定）という組み合わせによって表されている。サンスクリットでは、na に対して mā という組み合わせ。[11] ギリシア語では、ou に対して mē という組み合わせ、[12] など。しかし、これは決して印欧語族に限らない。事実、この現象は十分に普遍的だと言ってよい。というのは、同じ種類の区別が、多様な語族に属する多くの言語にみられるからである。例えば、ヘブライ語では、lō に対して al という組み合わせ、シュメール語では nu に対して bara, nam, na という組み合わせ、古代中国語では pu に対して wu という組み合わせ、ビルマ語では ma...phu に対して ma...ne という組み合わせ、マレー語では tidak に対して djangan という組み合わせ、などなど。

これまでわれわれは、前提されているか否定されているかにかかわらず、おもに外面上、観察できる――あるいは、そう観察できると想像される――対象、性質、状況を表す言葉に注意を注いできた。しかし、もう一種類の言葉がまだ議論されずに残っている。すなわち、内面的にしか観察できない出来事を表す言葉である。この種類に属する言葉は、決して前者よりも重要でないのではない。そして注目すべきことに、それらは、単に「内包対象〔内包されるもの〕」(connotata) だけでなく「外延対象〔外延されるもの〕」(denotata) 自体も心的であり、それらは「内的」な状態、感情や心情、例えば愛、憎しみ、嫉妬などのようなものを指示している。先に議論したように、内包はいかなる場合でも多少なりとも曖昧で非確定的である。しかし、それは同時にこう認められねばならないであろう。議論されたかぎりでのそういった言葉において、外延対象は原理的には「実在」する性質、「実在」する出来事、あるいは「実在」する関係であって、十分に確定的であり固定的である。それらは少なくとも、独断的で恣意的な仕方でそれらを変えようとする試みに抵抗するには十分に確固としている。「内的」な外延対象をもつ言葉に関しては、逆に、この事例からはかけ離れている。なぜなら、この種類の言葉においては、まさに外延対象がそれ自体、あたうかぎりこの上ないほどに曖昧であるからだ。それは、これらの言葉が外延対象を欠くからではない。「愛」や「憎しみ」などのような言葉で表される心的状態が現実に存在することを否定できる理由はないと、私は考える。要は、これら「内的」な外延対象がまさにその性質からして、「外的」な外延対象よりも無限に捉えがたく、微妙で、はかないということである。それらは鋭い輪郭を欠き、精確な色をもたず、変動的で不安定であり、不確かさと自由からなる広大な境界領域をそれぞれがつねにもっている。さらに、われわれが経験するはるかに多くの心的状態は、言葉に表すことなど決してできないほど、おぼろげで不確定的である。それゆえ、普段われわれにはかなり明白に思える「愛」や「憎しみ」のような言葉によって習慣的に表されるものですら、より詳しく検討してみると、非常に当惑させられる状態であることが分かる。愛と憎しみは、確かに、二つのまったく異なる心の態度である。誰もこの二つを混同しそうにない。しかし、両者は、机は机であって椅子ではありえないという仕方で、互いに独立的で区別されているのではない。とすれば、そこが――仮にそのような場があるなら――洗練された言語呪術師たちがほしいままに振る舞うに適切な場であることが一気に理解できることとなろう。

議論をさらに進めるまえに休止を挟んで、言葉と対象の相関関係にまつわる二つの意義深い事実に考えをめぐらせることも良かろう。第一に、直示的な定義は決して語彙を習得するための単なる手段ではない。普通の用法の言葉においても、言葉による言葉の定義をとおして習得された多くのものがある。そこでは、一つの言葉の正式な用法が、他の一つないし複数の言葉によって教えられ学ばれる。しかし、これは次のことを含む。前もって存在している内包対象を単に操作したり組み合わせることによって、ある一定の外延対象に結びつく――あるいは、結びつくようにみえる――新しい、独立した内包対象をわれわれは生み出すことができる。第二に、言葉の水準と物の水準のあいだには自然な相関関係がないので（神的な関係はもっと少ない）、個々人が選ぶ仕方で自分が選んだ言葉を思い通りに用いる余地が十分に（少なくとも理論的には）ある。言語的な象徴が本質的に非必然的な性格をもつという観点は、確かに重要である。その観点において（『鏡の国のアリス』における）ハンプティ・ダンプティが、言葉は自分が選んだ意味で存在すべきだと主張したとき、彼は根本的に正しかった。この問題については、先に引用した『定義』（第四章）のなかで、「規定的定義」という題のもと、リチャード・ロビンソンがみごとに議論している。それぞれの言葉には、ある一つの固定され確定された正しい意味があり、それ以外のすべての意味はこの一つの意味へと還元されるか、不適切あるいは不正確と判定されるという、ごく普通の人が想定する間違った性質についてはすでに言及した。意味を自由に規定する原理は、誰もがあらゆる言葉に好きな意味を与える権利を正当に要求する。ところが、実際には、意味論的規定をこのように完全な自由にしようとしても、言葉が、外延対象として外面的に観察できる物と出来事を指示する場合には大いに妨害される。それらの言葉は、辞書的あるいは習慣的な意味として結晶しているが、われわれがその結晶に感じる硬さは、意味が通常の用法からやみくもに離れようとすることに対する頑強な抵抗であるように思われる。しかし、次の点に注意しよう。習慣的な意味がもつこの抵抗力は、心的状態を表す言葉においてははるかに弱いことがわかる。なぜなら、この場合、習慣的な意味は外延の側からの支援をほんのわずかしか望めないからである。その結果、意味を自由に規定する余地がはるかに多い。しかしここでも、ある言葉を任意の新しい意味で規定することにうまく成功したとしても、それによって習慣的な意味が完全かつ断然と取り消されてしまうようなことは、依然として非常に珍しい。なぜなら習慣的な意味が厳然とあるのは、伝統の重みとそれを大衆が下支えしている事態を弱めることが、決して可能ではないからである。それゆえ、規定という行為によって言葉の意味の存在秩序を統制しようとするたび、二つの相争う力のあいだに衝突が必ず生じる。そしてこの衝突は、とくにそれが意図的に引き起こされる場合、われわれの思考方法に対して注目に値する効果をもたらしやすい。

実例として、もう一度サルトルから注目すべき事例を引用しよう。『存在と無』で彼は「愛」について特徴的な記述を行う。ここでは彼の結論だけ取り上げよう。愛は専制的な「〈他者〉の私物化（l'appropriation d'autrui）」（四四二頁）、「自由であるかぎりにおける〈他者〉の自由の隷属化、いわば自由それ自体による自由の隷属化」（四七三頁）[9]である。愛される人の専制的な服従と、彼あるいは彼女の個人的な自由の剝奪としての「愛」というこのサルトル的な描写は、当然のことながら抗議の嵐を巻き起こした。それゆえ、ブノワ・プリュシュ[10]は『サルトルの人間像』でこれを「まさに残虐な風刺画に他ならず、想像しうる愛の最も完璧な否定」と批判している。彼はこう言っている。この段階の歪みまで継続した愛は、もはやまったく愛ではなく、「それは自制心を失った利己主義であり、「愛」という言葉の類似物に他ならず、それも非常に疑わしい類似物である。仮面を剝ぎ取り、サルトル的な愛にその真の名を与えるほうがよほど良かろう。すなわち、憎しみと」(一一二頁)。確かにそのほうがはるかに良いかもしれない。少なくとも、はるかに単純であろう。もし、誰もがつねにイヌをイヌと呼び、ネコをネコと呼ぶ原則を感情や心情の領野においてさえ厳格に固守するのであるなら。しかし、実際にそれは可能なのか。『権力と栄光』[11]におけるフェローズ大尉はこう信じている。「それは彼自身の固い信念――彼は実際、愛と喜びと悲嘆と憎しみの正しい感情を感じたと信じていたのであった」。しかしこれはおそらく彼個人の主観的な信念でしかなかった。心的出来事の非常に不鮮明な状態――そして、外延の領域におけるそれに関しては、前に言及しておいた。「心的」な外延対象は、明確に境界確定された領域形成からはほど遠く、そこには重複、不確かな境界領域、過渡的な段階や奇妙な混合が非常に多い。当然ながら、それらの内包対象に関して、これはさらにはなはだしい。あらゆる他の類似した、もしくは関連した感情から区別して、愛の「標準的な意味」などそこにはない。多くの思想家はわれわれの心の条件がもつこの興味深い状態に積極的な側面を見いだしており、間違いなくサルトルはその一人である。

サルトルが実際にブノワ・プリュシュに従うことにして、すべてをその習慣的な名で呼ぶことに同意するとしたら、どうなるだろうか。彼の言う「愛」を「憎しみ」で置き換えるや、人間存在のこの側面をめぐる彼の哲学的全考察に、並外れて興味深いものは、おそらく何も残らないであろう。なぜなら、サルトルの哲学的考察は、まさに心の状態を表す言葉の本質的な曖昧性に基づいているからである。彼の愛の理論がもつ特有の魅力は、「愛」という言葉がここで二重の内包を与えられている事実にある。彼は「愛」という語を維持し、その際、この語の習慣的な内包をとどめつつも、しかし同時にひそかにそのなかに「憎しみ」という言葉から連想される普通の内包を取り入れ、それらを混ぜ合わせて、読者の心のなかに愛の怪物を出現させることに成功している。このように、間言語的（inter-verbal）な定義によって、つまり内包対象の巧みな操作によって、一人の独創的な哲学者は自分が望む怪物を何でも呼び起こし、驚愕した一般人の目の前でそれが実際に存在するように誇示できるのである。

　非経験的な思考はおそらく人間知性の最もきわだった特徴の一つである。それは大部分、間言語的で自由に定義されるわれわれの言葉によって発揮される能力によって、可能となっている。しかしこれもまた、言葉と意味された物とのあいだで内包対象が相互に干渉し合うことによって可能となっている。内包は、直接的な周囲の要因から独立的に働いており、われわれの言語的思考を大いに自律的にしている。H・H・プライスが示したように[13]、人間に特徴的な思考と語りは普通、物理的な環境で実際に進行しているものによってほとんど影響を受けない。彼の用語法では、知能のある動物が示すような単なる記号的思考が「拘束されている」のに対して、言語的思考は「自由」である。これは、言語と現実とは——現実がいかなるものであると示されようと——二つの異なる次元を構成しているというに等しい。両者は、この上なく込み入った仕方でそれぞれが相互に関係しているが、原則として相互にかなり独立的かつ自律的である。言語のこの次元にとっては、少なくとも純粋な内包に関するかぎり、それは呼び起こされた幻影の世界に他ならない。こうして今われわれは、なぜ言葉が決して意味の実相を保証しないのか理解することができる。内包の世界は、「竜」「一角獣」「燃素」のような存在しない物が十分に「イヌ」や「机」とまさしく同じ資格で闊歩することのできる世界である。しかしそれが可能なのは、ひとえに、この世界ではイヌや机でさえもやはり単に呼び出された幻影であるに過ぎないからなのだ。

## 注

（1）これについては、ジョン・ハロウェイ〔John Holloway, 1920–1999. イギリスの詩人、批評家、英語学者〕の『言語と知性』における「言語の曖昧性」についての大変興味深い章（第九章）を参照。

（2）とりわけロビンソン『定義』におけるアリストテレス『形而上学』Z巻、第四章から第六章の分析を参照（Richard Robinson, *Definition*, Oxford University Press, 1950, p. 154）。また次も参照。Léon Brunschvicg, *Les âges de l'intelligence*, pp. 66–67.

（3）Cf. Rudolf Carnap, „Überwindung der Metaphysik durch logische Analyse der Sprache", in *Erkenntnis*, Vol. II (1931), S. 219–241; さらに次も参照。 Alfred Ayer, *Language, Truth and Logic*, Chap. I.

（4）Cf. F. H. Heinemann, *Existentialism and the Modern Predicament*, Chap. VII, §3.

（5）*An Inquiry into Meaning and Truth*, Chap. IV, p. 73.

（6）*Theory of Speech and Language*, §72.

（7）Ibid., §73.

（8）「肯定的命題は否定的命題に先行し、より良く知られている。なぜなら、肯定は否認を説明し、それに先立つからである。ちょうど、存在が非存在に先行するように」『分析論後書』（I, 25, 87b33）。「諸命題の第一の種類は単純肯定であり、その次が否定である」『命題論』（17a8–9）。「第一の」（prōtē）という言葉はここでは「第一義的」あるいは「本源的」というアリストテレスがよく用いる意味で理解されるべきである。

（9）Cf. Th. Stcherbatsky, *La théorie de la connaissance et la logique chez les Bouddhistes tardifs*, Fr. tr., Chap. XVI.

（10）『人間の発話』第二巻「あとがき」。

（11）例えば、「呪術で強制的に我らを呪縛することなかれ（mā no ghoréṇa caratābhí dhṛṣṇú）」（『リグ・ヴェーダ』一〇・三四）、「いずれも失われることなかれ。いずれも傷つくことなかれ。いずれも穴に落ちて、身を挫くことなかれ（mākir neśan mākīṃ riṣan mākīṃ sáṃśāri kévaṭe）」（『リグ・ヴェーダ』六・五四）。

（12）例えば、「船を彼らが奪いとることなかれ（Mē dē nēas helōsi）」（『イーリアス』第一六巻第一二八節）。

（13）*Thinking and Experience*, Chap. IV.

## 訳注

〔1〕第三章冒頭で言及されるマレットの造語。アニミズムは万物から独立できる霊魂が宿ることを指して万物が生きていると捉える有霊論であるのに対し、アニマティズムは霊魂の存在を措定せずに万物は生きているとする有生論。

〔2〕原語 substantival entity を直訳すると「実詞的存在単位」だが、章題中の「実体化」の言語的側面を念頭に言い換えた。

〔3〕Richard Robinson, 1902–1996. イギリスの哲学者。論理学および古代ギリシア哲学を専門とする。

〔4〕H. H. Price, *Thinking and Experience*, p. 124.

〔5〕Alan Henderson Gardiner, 1879–1963. イギリスのエジプト学者。エジプト語文法やヒエログリフの記号表で名高い。

〔6〕ダルマキールティ（Dharmakīrti）は七世紀ごろの唯識派の仏僧。論理学、知識論に絶大な影響を与えた。漢語名は法称。

〔7〕Christoph von Sigwart, 1830–1904. ドイツ人哲学者、論理学者。

〔8〕Morris Raphael Cohen, 1880–1947. 現在のベラルーシ、ミンスク生まれのアメリカの哲学者、法学者。ラッセルからは同時代のアメリカにおける最も独創的な哲学者と評されている。

〔9〕井筒が「彼（つまり〈他者〉）の自由」と訳したところの原文は「隷属化」のことと思われる。

〔10〕Benoît Pruche, 1914–1984. カナダの哲学者。ドイツ現象学、フランス実存主義のほか、古代・中世哲学も論じる。

〔11〕『権力と栄光』（*The Power and the Glory*, 1940）はイギリスの小説家グレアム・グリーン（Graham Green, 1904–1991）の小説。

# 第七章　言葉のもつ喚起力

前章の始めで区別した内包的意味の構成要素の二番目、直観的要素に向かおう。内包の指示的側面のもつ根本的な機能についてかなり長く論じてきたが、要するにその機能とは現実を記述し、描写することである——ここで「現実」という語はこの語の最も広い意味で用いている。現実の記述や描写は、内包のあらゆる側面のなかでも、間違いなく、意味のもつ外延的局面に最も近い関係にある。しかしながら、内包はもう一つ別の側面をもつ。それもまた現実を描写するが、指示的記述とはかなり異なる仕方で機能する。しかも、それを指示的描写は心情や感情を引き起こすことと混同してはならない——I・A・リチャーズが『文芸批評の原理』(第四章参照)で述べたような、意味機能を厳密に二重に捉える理論をとればそうなりかねないが。この問題では、K・O・エルトマン[1]に従うウィルバー・M・アーバン[2]にならって、われわれはそれ〔指示的描写と異なる現実描写〕を世界を直観的(anshaulich)に描写する仕方と呼ぶことができよう。この立場は、意味機能の二重理論に従う人たちと異なり、内包において指示的でないもののすべてが必然的に感情的なものなのではないと主張する立場であると簡潔に表現できよう。すなわち、概念的な意味と情緒的な喚起とのあいだには、中間項があるのだ。それゆえ、こう言って良ければ、この中間項はなかば指示的、なかば喚起的なのである。それは、何らかの仕方で言語外の現実を、つまり外延対象が経験的にそこで提示されている文脈《コンテクスト》状況を指示するというかぎりでは指示的である。そして、それはわれわれの心に生き生きとした現実を表す仕方が情緒的な喚起に非常に類似しており、また事実、しばしば分かちがたくそれと密接に結びついているかぎりでは喚起的である。

要するに、ある非常に特殊な種類の表現能力が言語には本来的に備わっているということである。つまり、「意味された物」を直接に指示する機能、および心情や感情を引き起こす機能という良く知られた機能と並んで、「意味された物」を改めて言語的表現の水準で現実的に生き生きとさせる確かな力が言語にはある。それは正確には形象を喚起する力ではない。というのも、実際のところ心象は、頻繁に直観するのを大いに助けてくれるとはいえ、それ自体は今われわれが論じている言語の表現性に本来備わる必須要素ではないからである。それはむしろ生き生きとした現実の何かを喚起する力、ある言葉の外延対象を囲む生き生きとした具体的なものがもつ色彩や香り自体を喚起する特有の力である。対象、状況、特徴をその直接的な具体性においてわれわれに追体験させる言語の直観的性格を、ウィルバー・M・アーバンは言葉の詩的な力（vis poetica）と名づけた[1]。彼の考えによると、詩人が例えば「薔薇が赤く花開く」や「風が吹きすさぶ」と歌うとき、これらの言葉は聞き手をただちに生き生きとした風景のなかに置く。そこでは風が吹き、花が咲いている。つまり、それらの言葉は、いわば生き生きとした現実を呼び起こしているのだ。現実を呼び起こすこの力は、事実、言語の詩的使用にはっきり示されている。フィリップ・ウィールライト[3]が言うように、何にもまして詩的言語に不可欠な属性は、その指示の根源的な特殊性、その直覚的な直接性[4]であり、「それは、表象するだけでなく現前させる」[2]のだ。

次に心理学的な立場からみてみると、これは単に想像力のごく普通の機能の一つであると言える。事実、ウィールライトは、この種の詩的な力を「直面的想像力」と彼が呼ぶものに帰した。この想像力は、対象を特殊化し強化することによって、それに作用すると言われている。しかしながら、意味論的な観点からは、これはそれ以上の何ものかであると思われる。なぜならここで言及される、言語において物を現実的で活動的にする力はある意味、言語的象徴のもつ意味論的構成そのものに属しているからである。この事態を逆向きにみて、好むならこう言うこともできよう。われわれのうちに詩人が一人いる。この詩人はわれわれ一人一人のうちに住まいながら、動物がなすような記号的振る舞いとはかなり異なった人間的な仕方で象徴を扱うにあたって、きわめて注目すべき役を演じているのだ。想像力の詩的喚起力は、人間言語そのものの本質あるいは、それに固有の性格なのである。この点に限って、そしてこの点に限ってのみ、ドイツ・ロマン派とイタリア・ロマン派は、根源言語（Ursprache）と根源詩（Urpoesie）とが根本では同一であるという主張において正しかった。事実、言語《スピーチ》はみなある意味で詩である。なぜなら、言語《スピーチ》は、言語的象徴を限りなく微妙で複雑な意味の担い手となすことにおいて動物の叫びと言語的象徴のあいだにある内的差異を構成している限りで、確かに詩だからである。詩や詩的なものを今指摘した意味で理解するなら、名としての言葉はすべて等し並に固有の詩的な力を与えられていると主張しても問題はない。詩的な力の現れは、通常は日常的な交渉の多くでは気づかれぬままであり、唯一、言語のいわゆる「詩的」な使用において緊張の度合いが最高潮に達したときにのみ前面に出てくるものの、実際は内包的意味そのものの構成に本質的に備わっているのである。なぜなら、詩的な力がなければ、適用性の領野とでも呼べるものを、言葉は欠くことになるだろうからである。

　いかなるロマン主義的な陶酔からも自由な態度で、言語的象徴という根源詩の問題に迫るなら、名としての言葉はどれも、多かれ少なかれ、限定的で潜在的な連想の可能性をもつという重要な事実が浮かびあがる。「外延対象」があろうとなかろうと、言葉が発せられれば、連想のもつこれら潜在的な可能性はみなただちに起動状態に入るということは、注目に値する。言い換えれば、〔象徴がもつ〕潜在的可能性のうち、あるものは現実態（in actu）、あるものは可能態（in potentia）として、みなただちに心に思い起こされるのである。心にある特定数の連想可能性を起動する言葉のこの傾向こそが、言葉の根本的な適用性の領野を限定し確定する。すなわち、ある言葉を発することは、もっぱら、外延対象がその部分を形成している存在の実在的ないし想像的世界における一定の空間を限定し、規定すると言えよう。現実のまさに生き生きとした意味、「指示の根源的特殊性」という生き生きとした意味、「具体物の質、音色、香りそのものが具体的である限りで」(ウィールライト)の生き生きとした意味は、すでにみたように、詩的言語のもつ最も本質的な特徴とみなされている。これは、所与の言葉の外延対象と連想的に結びついた言語外の状況を喚起するという、言語の根源的で不可欠な機能がもつ芸術的な増強効果に他ならないのである。

　カール・ビューラーはこの機能を言葉の意味の素地(Stoff)、すなわち「素材的」な側面と呼び、言語的象徴のいかなる作動においても「素材的操縦」(素地の操縦 stoffliche Steuerung)を認識することの重要性を力説した[3]。彼はこう述べている。「ハツカダイコン(radish)という言葉を思い浮かべるだけで、読み手〔の心、意識〕はただちに食卓へと、あるいは庭へと向かうのに十分なのだ。つまり〔この言葉は〕、例えば「海」という言葉が読み手を連れてゆくところとはまったく異なった特定の「領野」へと至らせる」。一般的な言葉は、オグデンとリチャーズが状況の文脈と記述したもの以外に確定的な意味をもちえない、というのはまったく正しい。しかしまた他方では、たった一個の言葉がその生き生きとした状況の文脈から取り出され、あらゆる言語的かつ言語外的な支えが奪い去られている場合ですら、一つの言葉に固有の領野がもつ何らかの「香り」がなおあり、何らかの状況が保持されていることに注意するのも重要である。例えば、「海」「木」「歌う」「机」「船」「鳥」「読む」「花」「波」「書物」のような個別の言葉が無作為に、どんな文脈からも離れてひと並べ与えられると、言葉のこの寄せ集め《メドレー》に、異なった三つの領野の存在を認識することは、普通の人にとって難しくなかろう。これらの領野がもつそれぞれに固有の結晶点は、その周りにほぼ否応なしに特定数の言葉を引き寄せ、その結果、与えられた無秩序から一つの自然な秩序を生み出す。すなわち、(1)海‐波‐船、(2)木‐花‐鳥‐歌う、(3)机‐読む‐書物、の三領域である。こういった状況的な領野——それが名としての言葉(名称語)それぞれに適切に属するか、あるいはむしろ、名としての言葉それぞれが適切に属する状況的な領野——は、それが適用される限界をあらかじめ確定し、それによって間言語的連想が及びうる範囲を確定している。例えば、「スズメ」という名詞と「さえずる」という動詞のあいだにはあたかも自然なつながりがあり、〔実物のスズメと実際のさえずりという〕両者はまさに、適用される同一の領野に属しているように思われる。反対に、例えば「机」と「さえずる」のあいだにそのような関係をわれわれは見ない。もし誰かが「……が吹いている」と言うのを聞いて、「あなたが言う吹いているのは何か」と聞く必要はない。なぜならこの動詞はそれ自身によって「風」という名詞の内包を喚起するからである。「吹く」「流れる」「さえずる」などの動詞は、いわばそれらの「主題」を確定するための印《マーク》を前面に打ち出してくるのだ。一般に、名としての言葉を発することは、すぐさま聞き手に、特定数の他の名としての言葉に対する用意あるいは期待の状態を引き起こす傾向がある。間言語的な意味喚起というこの現象は、エルンスト・ライズィ[5]によって『言葉の内実』において明らかにされている。彼は、〔性・数・格の一致のような〕文法的な呼応というよく知られた現象との類比で、それを言葉の「意味論的な呼応」(semantische Kongruenz)と呼んだ。

　こうしてわれわれは、あらゆる名としての言葉に備わっている根源詩が、言語外的および言語内的という、異なりながらも密接に関連する二つの仕方において、かなり独特な態度でもって働くということを理解することができる。根源詩は、言語外的には、ある生き生きとした現実を喚起する。それは、物、質、出来事、状況が本来の体験において〔われわれによって〕生きられたままに、これらをわれわれに追体験させる。根源詩は、言語内的には、多かれ少なかれ緩やかに同じ「物質的」な領野に属する一連の言葉で形成される内包の（たいていは非常に複雑な）網《ウェブ》を喚起する。どちらにしても、改めて注意すべきは、根源詩が喚起であるということだ。この事実は、人間言語の構成と発達において疑いなく最も重要な意義をもっている隠喩《メタファー》の現象を検討するとき、明確に意識されることになる。雑駁に言うなら、隠喩《メタファー》はある種の二重の喚起である。名としての言葉がそれ特有の領域から別の存在領野に、体験の異なる場に属する二つの物のあいだで知覚あるいは感覚される類似性の強さに基づいて置き換えられるとき、それは現れるのである。例えば、ある男を「キツネ」と呼ぶなら、本来動物の領野に属する名詞をそれと完全に異なる人間の領野に転換している。あるいは、動詞「咲く」が花から女に移動させられる場合もそうである。また、〔隠喩として〕「甘い旋律」について語るとき、ある言葉が本来的に属していた味覚の領野から聴覚の領野へと転換されている。

特に喚起する力に関して隠喩の本性を明らかにするには、それを原理的に二種類、すなわち直接的な隠喩と間接的な隠喩に分けたライズィに従うのがおそらく賢明な方針であろう。[4] とはいえ、「直接的」と「間接的」という形容詞はそれほど適切な選択肢とは思えない。それらは、ほどなくみるように、むしろ積極的に間違った方向に導きかねない。ライズィは直接的な隠喩に属する例として「石が話す（Die Steine reden）」を、間接的な隠喩に属す例として「石は黙す（Die Steine schweigen）」を挙げる。「直接的」な隠喩の領域はまさに紛れもない神話と空想の世界に他ならない。直接的な隠喩は想像力の産物で、純粋に主観的であり、あたかも石が話しているかのように感じることである。それは、現実に知覚される類似性や相似に基づかず、現実（物）に根拠のない（sine fundamento in re）隠喩と言ってよいだろう。ボードレールはその名高い「旅への誘《いざな》い」で、奇跡的な「寝室（chambre）」を描き出した。そこでは、あらゆる古き親しき調度の品々が詩人の恍惚とした魂に「甘美なる故郷の言葉（douce langue natale）[6]」で話しかける。童話では互いに会話する机や椅子にしばしば出くわす。これらはみな人間の心がもつ想像力という源泉から湧き出てくる体験なのだ。「机と椅子が会話している」と言う場合に重要なのは、「会話する」という動詞が人間の文脈から無生物の文脈へと転換され、それは全体をあげて主観的であろうと恣意的であろうと、われわれが形づくった根拠に基づいており、あたかも人間であるかのように密かに会話し合う調度品の数々を空想によって心に描き出すことに他ならないということである。転換は、いかなる現実の類似性、比較された物が実際にもつ特徴的な類似性にも基づかない。なぜなら、明らかに机も椅子も、もちろん寓話や童話を除いては、人間の声と比較するのが適切であろうものを生み出す状態にはないからだ。直接的な隠喩のもつ呪術における重大さは明白なので指摘する必要もないほどだ。この類いの隠喩の仕組みは一貫して喚起にある。それは幻影や幻覚を「呼び出す」言葉の偉大な力を顕著に証拠立てている。未開人はあまたの精霊や幽霊のすまう世界に生き、あらゆる類いの空想的な行為がこれらに帰される。そういった世界観（Weltanschauung）の形成において、直接的な隠喩がつねに果たし、今なお果たしている途方もない役割を目の当たりにしても、さほど驚くことはないであろう。しかし、言葉のもつ意味のより根源的な構造分析を目指す本章の観点からすると、直接的な隠喩は、「間接的」な隠喩との比較においては明らかに派生的で二次的重要性しかもたないということは、特に強調する必要もない。

先ほど「石は唖《おし》である」〔ドイツ語「石は黙す（Die Steine schweigen）」〕という文で例示したように、間接的な隠喩の働きが言葉のほとんどがもつ意味論的構成の組織そのものに浸透し、それによってわれわれの表現がもつ一般的な習慣に染み込んでしまっている点において、それは目下の目的にとって重要である。ちょうど先ほどみたように、直接的な隠喩が想像力の産物にすぎないのに対して、間接的な類いの隠喩において言葉の転換は諸関係がもつ現実の類似性を直観することに基づいている。それはいわば現実（物）に根拠のある（cum fundamento in re）隠喩なのである。悪賢く狡猾な男をキツネと呼ぶなら、単純にキツネに特徴的な悪賢さを思い出させる何かをその男に知覚するからである。花が満開の草地を「微笑む草地」と呼ぶなら、それは美しい草地を眺める歓びと笑みの溢れ零れる人間の顔をみることとのあいだに、ある種の類似性を知覚するからである。「石は唖《おし》である」という文によって表現される客観的な事実、すなわち石が本性的にもつ沈黙は、純粋に想像的でも事実に反するものでもない。なぜなら、石は実際に無声であるからだ。「石は彼ら同士で会話している」のような文はまったくの幻想であり、真理値と一切関係ないのに対し、「石は唖《おし》である」という文は経験的な事実に基づき、さらに真理値も得られる。ただ、「意味論的な呼応」の法則が無視されているだけである。ライズィが指摘するように、「石」という言葉は、言語《スピーチ》をもたない物の領野に属するものとして、それが表す物〔現実の石〕を分類するのに対して、形容詞「唖《おし》である」――あるいはドイツ語の動詞「黙する」――は、物〔としての現実の石〕を本質的に言語《スピーチ》〔能力〕を付与されたものとして分類する。通常の条件のもとで話すことのできる物のみが、厳密には、その機能を働かせる状態にない場合に「唖《おし》である」と言われうる。それゆえ、ここでは主語と述語のあいだに意味論的な不一致が見いだされる。それは、この比較を成り立たせる現実の根拠が現前しているにもかかわらず、間接的な隠喩を存在にもたらす意味論的な呼応が不在であるという二つの点の不一致である。

ここで、〈類比《アナロジー》〉のもつ根本的な様相の一つと位置づけられるこの隠喩が、中世以来、トマスの伝統を受け継ぐ哲学者や神学者のあいだで、類比的存在（analogia entis）という有名な概念を論じるにあたって、繰り返し議論の主題にされてきたことを思い起こす人もいよう。したがって、この理論の現代における代表者、ジェイムズ・F・アンダーソン[7]は、『存在の絆』の一章全体を隠喩のもつ意味の解明に当てている。そのスコラ的な迫り方は言語学的な分析方法とは完全に異なっている。意味論学者たちの観点から見れば、スコラ的な分析方法は本質的に形而上学の一部であって、確かに一面的に過ぎるが、同時にスコラ学者に固有の存在論的な扱い方は、隠喩の働き方について注目すべき光を側面から与えてくれることを思い起こすべきである。スコラ学者たちは〈類比《アナロジー》〉のもつ三つの原理的な様相を区別することから始める。すなわち、(1)帰属の類比、(2)隠喩の類比、(3)適切な相応性である。帰属あるいは単なる相応の類比は、ときに言われるように、要するに多くの物を同一物と比べる事例である。例えば、人、薬、血色、食事のような多様な物が、同一概念、すなわち〔人を含む〕動物の健康に関わる（多様な）関係を理由に、それらに「健康的」あるいは「健康に良い」という語を適用するときのように。薬が「健康に良い」と言われるのは、それが健康を回復してくれるからである。血色を「健康的」と呼ぶのは、それが健康の徴候だからである。どちらの事例でも、引き合いに出される関係は明らかに異なるが、これら多様な関係を指示する「物」はまさに同一の概念、動物の健康である[5]。

隠喩の類比は、帰属の類比と適切な相応性との中間にある何か、つまり「存在（being）」の隠喩と言われる。これは、言葉の厳密かつ適切な意味で類比的と呼ばれるにふさわしい唯一のものである。この最後の主張は「存在」のもつ真に適切な類比的本性に関係しているため、ここで検討する必要はない。隠喩の類比もまた一義的な概念の秩序においてのみ有効に働く点で帰属の類比に似ている。すなわち、隠喩の類比はそれ自体はまったく類比的ではなく、一義的である概念がともなわれることで有効に働く。どちらのタイプの類比においても、内的に類比的である普通の概念は見いだされない。これら二種類の類比では、名によって示される特徴は、たった一つの類比対象だけで形式的に提示され、他の類比対象では単に名を示すか不適切であると言われている。狡猾な男をキツネと呼ぶとき、「キツネ」という語は明らかにそれ自体で一義的であり、直接的にも間接的にも男の性格を示していない。この語はここでは〔参照できる指示対象が現実にあるのではなく〕心によって類比的な指示が与えられるにすぎない。

　他方で隠喩の類比は帰属の類比と異なると言われ、何らかの現実的な類似性に基づき、不適切かつ不完全な類比ながら、相応性を内的に構成している点で第三種の類比に非常に近い。今みたように何らかの外的関係の存在を主張するにすぎない帰属とは異なり、隠喩は、その語が隠喩的に適用される物が現実にもっている特徴の類似を直観することに基づく。アンダーソンはこれを「気候のなかに健康はないが、アキレスには「獅子《ライオン》めいた何か」がある」という言葉で表現している。さらに、隠喩がよって立つこの現実の類似性は、効果の因果関係からなる秩序のなかにあり、それゆえ本性として本質においては力動的であるとスコラ学者によって特に強調されている。言い換えると、隠喩によって主張されるこの類似性は、生み出された効果の秩序のなかにある。物の本質そのものへと直接に到達する代わりに、隠喩はその物がもつ行為と働きの様態を明かす。ある男がキツネと呼ばれるなら、この隠喩は単に類比の短縮化である。すなわち、この男によってなされた行為は、現実のキツネの行為がなすのと同じ仕方で、われわれの心に作用するか印象を与えるのだ。そしてこの意味で隠喩は単なる帰属よりも内的とみなされ、より深い妥当性をもつと言われる。なぜなら、この隠喩の働きは外的な関係よりも明確に「本質により近い」からである。[6]

　スコラ的な存在論に特有の思考様式をわれわれの観点からここで批判するのはおそらく場違いであろうし、隠喩的な類推に関するトマス的な理論をこれ以上追うことが必要であるとも思われない。実際にわれわれの現在の目的にとって特に関係するのは次の点である。すなわち、言語学者の迫り方とはまったく異なる角度からわれわれの問題に迫るための理論においても同様に、隠喩の構成と使用を基礎づける現実の類似性が本源的に直観されていることを認識している点。そしてさらに、この理論は隠喩的類比のもつ力動的な本性に特別な強調を置くものであり、このことは言語的意味の専門家によって無視されてきた点である。隠喩が行為と働きの秩序にまさしく属しているという認識は、隠喩的な喚起の現象学的な分析を適切に行うために本質的であると私は考えている。なぜなら、隠喩をそれほどに力強く、喚起的にしているのは、おそらく隠喩がもつ力動的特徴に他ならないからである。もし、前に指摘したように、あらゆる名としての言葉がそのようなものとして、生き生きとした直観的な意味をそれ自体のなかにもち運び、さらにそれ自体でその本源的な鮮明さと力強さのうちに現実を「呼び出す」能力があるなら、まさに隠喩的な転換点においてこそ、言葉の直観的内実がこの上なく明瞭に明かされるのである。力動的な働きに特有の圏域に移されると、言葉はいわば照り映えて、その言葉のうちに蓄積する生きられた意味のすべてが呼び起こされ、たちまち〔意味の〕表層へと殺到する。

　言語をめぐる最も根源的な事実を思い出すのはまさにこの地点においてであろう。その事実は今日では確かにほぼ自明の理であるかもしれないが、それはわれわれの話しや考えの大半が隠喩のうちで営まれているということである。隠喩は言語《スピーチ》における単なる修辞表現、言語を美しくするためにわれわれの言語に施された詩的装飾ではない。すでに消滅した語彙、つまり、もはやそのままでは伝わらない語彙から、なかば色あせた語彙という中間的段階を経て、生き生きとした、活動的で表現力豊かな語彙に至るまで、われわれが普段用いる語彙は隠喩に満ちている。ある領野から別の領野へと意味を転移する特有の種類として、隠喩は自然な言語《スピーチ》を構築する根本に位置づけられる。それはまるで言語的な意味のもつ組織そのものであり、まさにそれこそが言語である。ここまで述べれば、導き出される最終的な結論は目前にある。というのも、ここでわれわれは再び、言語は終始一貫して喚起であるという慣れ親しんだ事実に直面するからだ。

次いで、内包のもつ感情的な構成要素に転じよう。感情的な意味と直観的な意味のあいだにあるかなり厳密な区別は、理論的には描き出せるし、無論そうすべきである。しかし実際には、感情的な意味と直観的な意味は、ほぼ分かち難く結びついて現れる傾向にある。そのため多くの有能な研究者もこの区別をまったく見逃してきた。事実上、言葉のもつ直観的な特質は多かれ少なかれ顕著に現れるが、そこでは心情や感情の喚起が必ず同時に生起する。これは驚きも困惑も引き起こすことのない非常に単純な事実である。なぜなら、先に述べたように、直観的な意味のもつ表現性そのものは、次元を問わず、現実の経験世界をその本来的な鮮明さ、力強さ、活発さのままわれわれに体験させ、追体験させることで、生き生きした外的現実を心に呼び起こすことにあるからだ。このようにして喚起された現実の感覚が、われわれの心の情感的な諸能力に対して能動的でなく、また影響を与えないまま留まることは稀である。すなわち、直観的に喚起する行為が成功する度合いに応じて、また、呼び起こされた生き生きとした文脈の多かれ少なかれ「刺激的」な本性に準じて――無論、途方もなく多様な強さの度合いにしたがってではあるが――さまざまな心情や感情がわれわれの心のなかに引き起こされることになるのである。そうであるなら、それらが二つの孤立した過程を表していないことは明らかであろう。より一般化して言うなら、言葉の感情的な機能は、おもに言葉のもつ記述的な機能の結果であり、ここで「記述的」という言葉は指示と直観をともに含む、より広い意味で用いられている。少なくとも、われわれの慣れ親しんだ日常の言葉に関するかぎり、言葉の感情的な意味の大部分は記述的な意味に由来することに疑問はないと私は考える。だが、もし実際に言葉の配列にしたがって起こるもろもろの態度や感情が展開する際、そのほとんどが用いられた言葉の記述的な意味に絶対的に依存しているとするなら、二つの意味を区別する必要性があるのは――理論的にも実践的にも――明白であろう。なぜなら感情的な意味の場合、第一義的な強調は明らかに指示された「現実」あるいは対象には直接に置かれず、むしろ現実のこのような喚起によって生み出される感情と態度における効果に置かれるからである。これが差異性の世界を作っている。

言語記号のもつ独立した機能としてある感情的な意味が発見されたのは、実際には最近ではない。一八世紀初頭という早い時期、バークリー[8]はその『人知原理論』に付した名高い「序論」(第二〇節)で次のような注目に値する言葉を記している。

加えて、言葉によって徴づけられる諸観念を伝達することは、一般に思われているのとは異なり、言語の第一にして唯一の目的ではない。感情(passion)を引き起こすこと、行為を起こさせたり思いとどまらせること、心を何らかの特定の心情にさせることなど、他にもさまざまな目的がある。それらの目的に対して、観念の伝達は多くの場合に重要度が低く、それがなくても目的が達成できるなら、時には完全に省かれる。私の考えでは、そういったことは、日常的な言語の使用では、少なからず起きる。私は読者にみずから内省していただきたい。そして、ある言説を聞くとき、あるいは読むときに、恐れ、愛、憎しみ、称賛、軽蔑、それに似たような感情が、特定の言葉の知覚に反応して、いかなる観念もあいだに入ることなく、自分の心に直接に引き起こされることがしばしば起きないか、見きわめていただきたい。確かに初めは言葉がこれらの感情を生み出すのにふさわしい観念を引き起こしたのかもしれない。しかし、私が間違っていなければ、言語とは一度慣れてしまえば、音を聞いたり文字をみるだけで、しばしばこれらの感情をただちにともなうものであることが分かるであろう。そして、それらは初め、諸観念の介入によって生み出されるのをつねとしていたのに、慣れた後ではまったく省かれてしまっている。例えば、良いことが見込まれるなら、それが何かという観念をもたなくとも、われわれはその作用を受けずにはいられないのである。

この節では、言語のいわゆる感情的な使用の要点が明瞭に把握されており、申し分なく簡潔に定式化されている。ここでわれわれは、バークリーがいつものように言語《スピーチ》経験の実際の過程に関して、自分の理論を可能な限り現象学的に正しいものにしようと試みているのを理解することができる。実際、関連する指示的意味が段階的に弱まるのに比して、純粋に感情的な言語が心理において生成するのを、かなり事実に迫って記述することに彼は成功している。その議論の趣旨は驚くほど近代的である。彼が主張するように（私には当然に思えるが）、指示は確かに感情や情熱が生起する前の段階に関わるが、しかし指示は真に重要なのではなく、最終的にはほとんど意味をもたず、ある場合には無用となる。ある態度を喚起するためにのみ言葉を用いたり、さらに、何らかの役割を果たすことが求められた指示もまったくなしに、目指されたさまざまな態度や感情が喚起される機会は確かに数えきれないほどある。言葉のそのような感情的な使用によって生み出された効果は、心に対して異常なほど害を与える仕方で働きかけうるし、それは頻繁に起こると彼は付け加えることも忘れない。辛辣な皮肉の口調を用いて、バークリーは「アリストテレスは言った（Aristoteles dixit）」という有名な例の使用を読者に納得させようとする。彼はこう述べる。

> 例えば、あるスコラ学者が私に「アリストテレスがそう言った」と述べるなら、これによって彼が意味しているのは、習慣がアリストテレスの名に付加した敬意と服従をとおして、自分の意見を受け入れるように私を仕向けることだとしか思えない。そして、その効果は、この哲学者の権威に服して自分で判断することを放棄するのに慣れてしまった人々の心のなかにあまりにすぐさま生み出されるので、この哲学者の人物像、著作、あるいは名声のいずれについても、何らかの観念が先立つことは不可能になってしまっている。〔「序論」第二〇節〕

この記述だけでバークリーを現代の一般意味論の真の先人とするに十分であろう。なぜなら、ここで記述された、強い感情を呼び起こすことによって聞き手の考えを歪める方法は、本質的に、現代の宣伝文句や政治的な宣伝《プロパガンダ》を特徴づけるものと同じだからである。しかし残念なことに、彼は言葉のもつ感情的な力というテーマ、後できわめて重要になる問題についてさらに詳しく述べる必要を感じなかった。先ほど引用した部分は、もともと単に付随的な観察の一部として「序論」に入れられていた。引用部分の全体を書くとき彼の心にあったおもな対象は、抽象観念という教義がもつ間違った性質を示すことであったからである。ところが、かなり唐突に彼はこう述べて自身の議論を打ち切ってしまう。「しかし、なぜ私は誰もが経験し、間違いなく誰にでも十分に思い浮かぶであろうことを強調せねばならないのか」。毎日の経験によって思い浮かべられる、これらの――それ自体ではかなりありふれた――物の実在的意味を把握するためには、また、感情的な訴えかけを事実としての情報の一断片と誤解することで引き起こされる重大な結果について明確に意識するためには、二世紀ほど待たねばならなかった。今日、意味論学者のたゆまぬ努力によって、情緒的な考え方や情緒的な話し方の問題は、最も注目を引いている。それは、一般人と学界の両方で非常に人気のある主題でさえある。途方もなく多方面にわたる手段で世論に影響を与える広告と宣伝《プロパガンダ》が空前に拡大していく時代に生きるわれわれは、いやおうなく情緒的な効果に比重の置かれた言葉の乱用から結果する危険に極度に意識的にならざるをえない。それゆえ、一般意味論学者たちが、感情的な言語のもつ「呪術的」な効果を警戒することが何より喫緊であると強調することは、自然であり時機にかなってもいる。

一般に感情的な言語として知られているものは、話し手の言語慣習《スピーチ》あるいは聞き手のそれに応じて、二つの明確に区別可能であると同時に密接に関連した側面、すなわち表現と影響をもつ。最新の意味論的な議論においては大まかに言ってこの区別に関して見解が一致している。そして、感情的な語とは、話し手の心情や感情を表現する言葉であり、なおかつ聞き手の心情や感情を興奮させるのに特に適している言葉であるという最も一般的な定義がここから導き出される。主として話し手の立場からみた場合、それらの言葉は話し手の主観的な状態を表す自然な、すなわち行動主義的な徴候にすぎない。それらは、心に何らかの仕方で生起した心情や感情に直接的なはけ口を与える能動的な表現である。この意味で、感情的な語は、C・L・スティーヴンソンが指摘したように、感情を示す言葉と同種ではなく、むしろ、笑い、うめき、ため息などのような、自然で直接的な感情のもろもろの表出と同種である。(7) 感情的な語の表現的な側面そのものは重要であるが、本章の問題にとってはほぼ無関係なので、これ以上注意を払う必要はない。感情的な言語という現象を、問題の裏面から、そのような言語使用によって得られる情緒や実践の効果という観点から主にみるときに、感情的な言葉の問題は、われわれの目的にとって測り知れない重要性を主張しだす。

話し手側の強い感情の表現はどれも聞き手の心理状態に直接的な反響をおよぼす傾向があることは日常的な経験の問題である。もし話し手が適切な状況のもと、一連の厳選された戦略的な言葉を用いて何らかの心情を表現するとき、話し手の心情がその言葉によって聞き手に働きかけ、おそらくは何らかの行為か態度へ駆りたてると大いに期待する理由が話し手にはある。それは言うまでもなくとても自然で簡単に他者を欺く自覚的な方法へと、なお悪いことには、自己欺瞞の無自覚な方法へと容易に発展させられうる。近頃、この問題の局面は、さらに詳細な議論が退屈な反復にしか感じられないほど頻繁に意味論学者によって取り上げられてきた。だが、この議論からすっかり離れてしまうまえに、言及しておかねば誤解されかねない点に関して、当面の見解をいくつか述べることは不適切ではあるまい。

過去二十年間、さまざまな作家や研究者が繰り返し感情的な言語のもつ「呪術的」な本性を強調してきた。確かに、内包的意味を構成するあらゆる基礎的要素のうち、感情的な側面の他に「呪術的」という名称を与えるべきものは何もないように思われる。そしておそらくこれほどまばゆい光のなかで、人間言語のもつ深く呪術的な構成を現れさせるものもない。国内政治および国際政治を考えるときや、武力行使、倫理、宗教において論争を呼ぶ問題を議論するとき、われわれのうちに存在する、情緒的な語調を帯びた言葉に訴えかける抑えがたい衝動を感じてしまう人々は、それによって多くの見当違いを引き起こし、早まってすべての問題を混乱させてしまう。そういう人たちが未開で呪術的な心性を完全に脱したと言うことなどとうていできはしない。現代の文化的な状況においてさえ、感情的に話す人は、要するにその心根において依然として話す呪術師なのである。これに関連して提起されるべき最も重要な問題は、われわれはいつか感情的に話すことをやめるのであろうかという問いである。はたして、われわれのうちの残りの〔感情的に話さない〕人々が、議論の余地のある問題を論じる場合にはいつも、事実を公平で客観的に検討することが可能になり、さらに〔その検討が〕あらゆる不適切な感情を取り除かれた思考や話しを十分に冷静で理知的に保つことのできるような時の来ることを期待しうるであろうか。それはとてもありそうもない。事実として、情緒的な言い回しにわれわれは縛られており、その結果、客観的な事実のみを冷静に表示する言葉のみを用いて、論争を呼ぶ問題を議論することは実際上、不可能なのである。

いわゆる「感情的な語」は、本性上、感情的な、まさに感情を喚起する特定の種の言葉を表象しないという、すでに参照した重要な事実をここで思い起こすことが不可欠である。厳密に言うなら、とりわけて感情的な語というものは存在しないのだ。あるいは、この問題に逆から迫るなら、あらゆる言葉は本質的に感情的であるということもできよう。I・A・リチャーズがかつて書いたように、本来的に言語はすべて感情的であったし、ほとんどの言語はいまだに感情的であることに疑いの余地はない。これはただ単に、われわれが考えたり話したりするときに用いる言葉の一つ一つが情緒的な歴史の刻印を紛れもなく有していることを意味している。情緒的な力を帯びているのは、これら一般に「感情的」と容認された語（「ニグロ（negro）」に対する「ニガー（nigger）」[9]、「国粋主義者（nationalist）」に対する「主戦論者〔盲目的・過激・侵略主義的な愛国者〕（jingo）」）、あるいは倫理的な語や価値に関わる語（「良い」「悪い」「美しい」など）だけではない。あらゆる言葉、一般に「非情緒的」な、あるいは「情緒的に中立」の言葉とみなされているものでさえ、厳密に言えば多少なりとも感情的である。いわゆる情緒的に中立の語は、そのなかで情緒的な示唆がもつ原初的な力が無視できる度合いまで全面的に弱められ、減らされてしまっている大きな語群に他ならない。「自動車」「家」「パーセンテージ」などの言葉は、実際のところ、おもに記述的な目的に用いられるし、ほぼ純粋に記述的である。しかし、依然としてそれらのなかに感情的な潜在能力が存在しており、それらは必要があればいつでも、聞き手にもろもろの感情を呼び起こすよう用いられうる。そして、さらに強い付随的状況によって助長されれば、聞き手に事実を歪んで理解する目的にうまく役立てられることも可能である。論理的な語でさえ感情的な仕方で働くようにすることもできることは指摘されてきた。よくあるように、声音のわずかな変化でも、感情の爆発的な力を煽ることもできるし、この上なく無邪気にみえる言葉を一瞬のうちにとても危険な武器に変えることもできる。最後の点は言語の呪術的な「枠組みづけ」という問題ときわめて密接に関係しているため、第十一章でより詳細に検討することにしたい。

## 注

（1）*Language and Reality*, Chap. X, III, A; Chap. IV, II, C.

（2）*The Burning Fountain*, Chap. V.

（3）*Sprachtheorie*, III, §11.

（4）*Der Wortinhalt*, III, C. 4.

（5）Cf. Anderson, *The Bond of Being*, Chap. VIII.

（6）Cf. ibid., Chap. XIV.

（7）*Ethics and Language*, Chap. III, §§1–2〔, New Haven and London: Yale University Press, 1944, pp. 37–38〕.

## 訳注

〔1〕Karl Otto Erdmann, 1858–1931.　言語心理学と論理学の境界領域から言葉の意味を主意、副意、感情値に分けて研究したドイツの言語心理学者。

〔2〕Wilbur Marshall Urban, 1873–1952.　フッサールを英語圏で初めて紹介したアメリカの言語哲学者。カッシーラーに影響を受けたほか、ホワイトヘッドの批判者として知られる。

〔3〕Philip Wheelwright, 1901–1970.　アメリカの古典学者、哲学者。文芸批評、神話の元型研究などで知られる。

〔4〕直覚的直接性（presentative immediacy）は、形象や思考を直接に把握できること、想起を媒介するものがなく想起がその対象と一致していること。

〔5〕Ernst Leisi, 1918–2001.　スイス人の英語学者。

〔6〕Charles Baudelaire, *Œuvres complètes*, I, Gallimard, 1975, p. 53.

〔7〕James Francis Anderson, 1910–1981.　アメリカの中世哲学者、神学研究者。とりわけトマス・アクィナスの形而上学、存在論研究が知られる。

〔8〕George Berkeley, 1685–1753.　アイルランドの哲学者、アイルランド国教会主教。哲学ではジョン・ロックの経験論を継承。

〔9〕今日ではいずれも非常に差別的な語であり使用されないが、nigger のほうが negro よりも侮蔑的とされた。

# 第八章　構造的な喚起

内包的意味のもつ構成要素のうち構造的なものとして先に区別した最後のものを本章で私は考察しようと思う。以下の記述がいかなる誤解も受けないよう、用語の点で予備的な強調をする必要があると思われる。細かな議論へと首尾よく進めるために、ぜひとも、「構造」という語で理解されるべきものに関して合意に至っておかねばならない。

J・S・ミルはセント・アンドルーズ大学でのその名高い学長演説において文法が論理の最も基礎的な部分であると明言した。彼はこう力説する。「それは思考過程の分析の始まりです。文法の原理と規則は、言語の形式を思考の普遍的な形式と一致させる手段なのです。さまざまな品詞のあいだでの区分、名詞の格、動詞の法と時制、小詞の機能のあいだでの区分は、思考における区分であり、言葉における区分だけではありません」[1]。この趣旨は、言語形式が思考形式と一致するという一見、きわめて単純な言明にまとめられよう。現在では、このように述べられた主張は、次のような意味でおおむね正しいと認められるはずである。すなわち、それは、言語形式あるいは言語的パターンが、当然ではあるが（現代の論理学者たちによれば）、単にわれわれが言葉を組み立てる形式ではなく、相当程度、われわれが思考の機能を実際に働かせる形式であるという基礎的な事実を記述している。しかし、ミルの議論には修復できない欠陥がある。それは彼が文法形式について誤解した前提、誤解を招かざるをえない前提に由来する。すなわちそれは、文法形式（特に古典語はその文法形式が「どの近代語に対しても、消滅したか生きているかは問わずあらゆる言語に対して、比類ない卓越性をもつ」〔一六頁、二二九頁〕と彼は確信していた）は人間の思想の必然にして普遍的な形式を表すというものである。いかなる言語――古典ギリシア語やラテン語ほどにかなり規則的で複雑な構造であってさえ――も、言葉のもつ形式や言語のもつ統辞規則が必然かつ普遍的であると想像するのは誤りである。この誤り自体はもはや改めて注目する必要のないほど、何度も繰り返し指摘されてきた。言語学の研究者たちは近年、言語形式はみな結局は偶然にすぎないということに対してより意識的となった。大いに待望された「普遍文法」を自然言語に基づいて創設することを望みえた時代ははるか昔となったのだ。

　ミルの見解に対してI・A・リチャーズが提示した激しい反論をしばし考察することは理解の助けとなろう[1]。彼はミルの「あらゆる文の構造は論理学の練習である」〔一五頁、二二八頁〕という一文を取りあげ、言語と思想とのこの種の異種族混交は、論理学の非嫡出子を生み出したと的確に述べている。彼は、思想構造を抽出するあらゆる不可避の準備作業がすでになされたかのように日常言語を扱うことに対し警告を与える。しかし、こうしたことに関しては、われわれはみな、今ではもうすっかり慣れ親しんでいる。今日、能力のある訓練された言語学者なら誰もが、科学的な論理学と自然言語は、絶えずそしておそらく決定的に折り合いがつかない不和の状態にあるという事実を見過すことはない。多くの第一級の論理学者や意味論学者はこう考える。すなわち、伝統的なアリストテレス論理学は言語の自然な傾向や慣習をあまりに不当に、あまりに無批判に利用し、素朴な仕方で文法形式を形而上学的な存在単位に転換している。それゆえ、現代の科学的な目的に対しては、仮に絶望的でないにしても、ほぼ不適格なものになっている。リチャーズのおもな論点は、別のところに求められねばならない。彼が特に主張したいのは、統辞論はわれわれの思考形式を分類するのではなく、言葉を組み立てる諸パターンを分類するということにある。しかしながら、「形式」というキー・タームをこのように用いることも大いに誤解を招くと言えよう。リチャーズの用語法では、「私は虎をみる（I see a tiger）」と「私は虎を蹴る（I kick a tiger）」は統辞論的に同一であるのに対し、思想形式は極端に異なる。逆に「ソクラテスは賢い（Socrates is wise）」と「ソクラテスには知恵がある（Wisdom belongs to Socrates）」は二つの異なった言葉のパターンであるが、同一の思想形式が両者の基礎にある。このような事態は一体何を意味するのか。

文法と論理がこれほど明白に互いに合致しないなら、両者を同一視することは確かに間違いである。しかし、両者のあいだに有機的なつながりがないと想定すること、あるいは思想の内実を言語的に確定するこれほど多くの「図式」、形式あるいは方法としての所与の言語のもつ統辞論的な特質を考察する理論的企てを度外視することも、それに劣らず間違いであろう。F・マウトナー[2]はかつてこう記した。もしアリストテレスが中国語やアメリカ先住民の言語の話者であったなら、形式論理学は範疇《カテゴリー》のまったく異なる分類に基づいた、まったく異なるものとなっていたであろう。そこまで行かなくとも、母語の文法的、統辞論的な構造は、われわれが実際そうしているように思考することに対して大きな影響を与えていると仮定して問題なかろう。換言すれば、われわれの思考の論理が大きく依拠しているのは現実の非本質的〔偶有的〕な分節、およびそれらの関係のもつ諸様相であり、これらはわれわれの生来の言語によって展開され、その言語のなかに組み込まれているのだ。われわれが思考する仕方だけでなく、われわれを取り囲む客観的現実、いわゆる「現実世界」を構築する仕方は、言語の諸パターンに非常に大きく依存していると思われる。アルフレッド・コージブスキー[3]が述べたように、どの言語もその根底には特定の形而上学をもち、それは現実の環境世界に自動的に投影されている。われわれは言語が引いた線に沿って「現実」を分割し、その結果生じた区分は世界の自然な、すなわち客観的な分節であるとみなす傾向にある。それによって、世界経験について最も基礎的な以下の事実を忘れがちである。すなわち、「非常に広い範囲で、われわれはみたり聞いたりその他の仕方で経験しているが、それはわれわれの共同体の言語慣習がある一定の解釈の選択をするように仕向けるからである[2]」。われわれが普段、「現実世界」と呼ぶものは、少なくとも部分的には、言語がもつ諸パターンから生じるきわめて複合的で複雑な産物である。

　これらのことを考慮すると、「思想の形式」という語句を「思想の内容」や「指示されたもの」に代わる類義表現として多義的に用いない方が賢明に思えよう。なぜなら、両者〔形式と内容〕は明確に区別されながらも、他方では、この上なく密接で本質的な連鎖をなし、不可分の相関物として互いに結びあっていることが認識できるからだ。それゆえ、リチャーズのするように「私は虎をみる（I see a tiger）」と「私は虎を蹴る（I kick a tiger）」は（統辞論的には同じであるが）二つのまったく異なる思想形式を表すと言う代わりに、むしろ、どちらの事例でも指示された言語外の事実の構成は根本的に異なるが、形式的すなわち構造的に同一であると言ってよいであろう。言い換えるなら、一方では言語《スピーチ》の諸パターンとしても思想の諸パターンとしても振る舞う、自然言語の基礎にある「構造的前提」とコージブスキーが呼んだものと、他方では言語外の現実のもつ構造的特徴との対比が明確に強調されるべきであると私は考える。言語の問題をめぐって現代の思想家たちは、言語の純粋な「図式」が人間の行動的かつ意味論的な反応に対して途方もない力をもつことに気づく重要性を、ますます強調するようになってきた。ある言語のもつ語形や統辞論的パターンの分類に関する暗示性は、その言語の話者にとって特別な種類の意味を創り出す。この意味には、個別の単語がもつ辞書的な意味に加えて、独自の規則や働き方がある。これをわれわれは「構造的」な意味と呼んでよいだろう。ここでわれわれの命題、すなわち言語的意味が本質的かつ根源的に心の喚起に基づいているということを再確認することができるのは明らかだろう。ここで言及される類いの構造的な喚起がいかに驚くべき多様な仕方で人間の心の仕組みを規定する——あるいは、隷属化するとさえ言ってもよかろう——かをみることは、確かに注目に値する。これは、例えば、人々の世界観をなす特定の根源的な特徴を前もって傾向づける前科学的で未開の形而上学として一般意味論の研究者たちがしばしば記述するものを生み出す。これはまた相当程度、思想のもつ伝統的な慣習を決定し、われわれに狭く限られた仕方で思考することを強いるように思われ、さらにその思考の方法はわれわれの母語にとって自然であるかのように思われるのだ。[3]

文のもつ辞書的な内容の基礎となり、その理解にとっていわばアリアドネーの糸[4]として運用される「構造的な意味」のようなものがあるということを、最近、C・C・フライズ[5]が斬新な文法書『英語の構造』で明確に提示した。彼は構造的な意味として理解するものを Woggles ugged diggles や A woggle ugged a diggle といった、巧みに考案された、あらゆる辞書的な意味を欠くジャバウォック文〔『不思議の国のアリス』の「ジャバウォックの詩」に体現される無意味文〕によって例示する。Woggles ugged diggles という発言は無意味な言葉からなり、それゆえもちろんわれわれはそれが何を意味する分からない。しかし、われわれはそれが英語であることを当然のように前提とし、心に現れる重要な類いの意味をただちに意識すると彼は言う。この文は、無意味な言葉の連続自体が何らかの言語外の状況について情報をいくばくか与え、それは決して意義をもたないのではないという意味において有意味的なものなのである。例えば、われわれが知らされるのは、woggle がある「〔単数の〕物」ということ、この場合これらの物が一つ以上あること、そしてそれらが ugged、つまり過去に何らかの行為を行ったこと、さらにはこの行為が diggles と呼ばれる何か別の「〔複数の〕物」に影響を与えたことである。このことから、フライズは、「文法」をこうした構造的な意味を呼び起こす装置の体系として定義したのである。彼はこの種の思考を、決して妥協しない徹底した仕方でアメリカ人の実際の生きた言語《スピーチ》の形式的分析に適用した。

しかしながら、こうした現象そのものの認識は言語研究の歴史においてまったく目新しいものではないことを思い起こさねばならない。早くもアントン・マーティー[6]のような人はその著名な、内的言語《インナー・スピーチ》、内的言語形式（innere Sprachform）の理論を、少なくとも部分的に、まさに構造的な意味と呼ぶべきものへの根底的直観によって基礎づけた。そして、一九〇七年にカール・ビューラーは、言語化された思考についての一連の心理学的実験をいかなる言語理論からも独立して遂行した結果、完全にあるいは部分的に「空虚な」（空《から》の）といわれる、「統辞論的図式」（syntaktische Schemata）と彼が呼ぶものを発見した。彼はこう主張している。「何か難しい考えを表現したいとき、われわれはまずそのためにふさわしい文の形式を選ぶ。すなわち、〔文の〕運用計画について意識的になることから始める。そしてこの計画はまず何より用いられる言葉を規定する。複雑な文をとおしてみた場合、これはわれわれが文法構造の知識を獲得した、つまり、全体構造の個々の部分のあいだにある関係を把握したという意味である。……これらの事例は、特に目立たないにもかかわらず、つねに――あるいは、ほぼつねに――思想と言葉のあいだに入りそれらを媒介して、われわれの心のなかに生きている文法規則の直接的な表現として運用される何かを十分に際立たせる(4)」。

このような観点からみると、次のことが分かるであろう。いわゆる品詞は概して、構造的な意味が示す現実的な事実に基づく、言葉のあいだにある現実的な区分である。したがって、ある学者たちが信じるように、まったく恣意的で使用に適さないと拒否されるべきではない。しかし、構造的な考察は度が過ぎることもある。例えば、(フライズ自身を含む)新しい学派の文法学者は、通常、因襲的な学校文法において説明される名詞、形容詞、動詞などのような古くから受容されてきた文法範疇に驚くほど一貫性がなく不十分であるという理由で、それらすべてを放棄しようとする。一般に受容されてきた品詞の説明や「定義」は実際、本格的な修正を必要とし、完全に拒否すべき場合も少なくないし、今日ではそうした疑問にももっともな面がないわけではない。しかしこのことはいわゆる品詞の観念そのものが完全に間違っていることを含意すると取られるべきではない。逆に、品詞(言葉の分類)の区分に関する文法学者の実践は、私の考えでは一般に適切で、十分に根拠がある。構造的な観点の導入は確実にこれら文法範疇の伝統的な定義を改善するであろう。実際、このことは言語について論じた何人かの人々によってすでに試みられている。

伝統的な理論がこれほど受け入れがたく思われるおもな理由は明らかに次の事実にある。その理論は、感覚される内的言語《スピーチ》の形式によって行使される途方もない形成力を見落としているのだが、こうした形成力はいずれの言葉の意味の構成そのものにも内在する構造的な喚起の力そのものに他ならない。アントワーヌ・メイエ[7]ほどの権威ですら、名詞が「物」（「ピエール（Pierre）」「机（table）」「活力（verdeur）」「善（bonté）」「馬（cheval）」のような具体的対象や抽象観念、または現実の物や普遍者）を指示するものであり、動詞が「出来事」や「過程」（「彼は歩く（il marche）」「彼は寝る（il dort）」「彼は輝く（il brille）」「彼は青くなる（il bleuit）」のような活動、状態、あるいはある状態から別の状態への転換）を指示するものであると定義してしまっていることには確かに驚かされる[5]。このような定式化では明らかに不十分である。その不十分さはおもに構造的な区分を現実の、すなわち客観的な区分と混同することから来る。言い換えるなら、それは、品詞と呼ばれる言語学的な構造がここではあたかも直接に言語外の客観的世界の構造に対応しているかのように捉えられているという事実に由来する。実際、この点でもまた他の多くの点でも、言語学的な区分と現実の区分とはある程度までは互いに重なり合う。しかし、そうであるからこそ、両者は同一視されたり混同されたりしてはならない。ヘンリー・スウィート〔8〕がかなり昔に指摘したように、もちろん大部分において、実体を表す言葉（実体語）は名詞、属性を表す言葉（属性語）は形容詞、現象を表す言葉（現象語）は動詞であるが、逆の場合は必ずしも成り立たない。木は実体を表す言葉（実体語）でありまた名詞である。飛行は名詞であるが実体を表す言葉（実体語）ではなく、現象を表す言葉（現象語）である[6]。

自然言語は、われわれが世界を巨視的な水準で経験するとおりにあらゆるものを表象するようにできていることをここで思い起こすことは何より重要であろう。この「普通」の水準からみられた世界は粗く同一視された「物」あるいは「対象」からなり、これらの「物」は多かれ少なかれ永続的に「性質」または「属性」をそのなかに内在的に有し、多様な仕方で作用し、「現象」すなわち変化する属性を構成する。巨視的な宇宙のこれら三つの要素〔対象・性質・現象〕は、スウィートに従えばそれぞれ「実体を表す言葉（実体語）」「属性を表す言葉（属性語）」「現象を表す言葉（現象語）」と呼びうるものによって言語のうちに表象されている。実体を表す言葉（実体語）は感覚対象の名であり、例えば、人、動物、植物、調度品などである。そうした生き物や物質的な対象は、みずからをさまざまな属性を担うのに十分に確固としている永続的で持続的な「物」として、すなわち実体(substantiae)として、みずからを執拗に押し出してくる。それ〔対象が顕著に立ち現れるということ〕には、われわれの世界経験の構成自体に根ざしたもっともな心理的理由がある。それら〔属性すなわち実体〕の名は自然な名詞であり、述語づけの主題となるようあらかじめ定められているのである。同じように、属性の名はこれら実体のうちで識別され、多かれ少なかれ永続的であると(正しかろうと間違っていようと)信じられており、自然な形容詞を構成している。また、これら感覚対象のよりはかなくつかのまの側面、すなわち、活動、過程、出来事において、あるいはそれらをとおして、感覚対象は生起すると信じられており、現象を表す言葉(現象語)である自然な動詞によって感覚対象は表象される。実体を表す言葉(実体語)、属性を表す言葉(属性語)、現象を表す言葉があらゆるところでそれぞれ名詞、形容詞、動詞へときわめて自然に展開する傾向にあるのをみるのはたやすかろう。しかし理論的には、二つの範疇〔実体語・属性語・現象語と名詞・形容詞・動詞〕を組み合わせる場合でも、両者は厳密に分けられていなければならない。両者のあいだにはこの点で根源的な差異が横たわっている。すなわち、後者の組み合わせにおいて、私が先に構造的な喚起として記述したものに、われわれはすでに出会っているのである。そこで構造的な喚起は決定的な仕方で形成原理として、つまり、言語のもつ精神的な形成力(geistige Gestaltungskraft)の現れとして働いている。その重要性をレオ・ヴァイスゲルバー[9]はフンボルト[10]の弟子として、近年、自身の著作で大いに強調している。

「名詞」という文法範疇は、実体を表す言葉(実体語)から生起したと言ってまったく問題はない。それは、言うまでもなく、あらゆる実体を表す言葉という性質をもち、明確に実詞的であるとみずからを押し出してくる現実の感覚対象を、受動的に、あたかも従順に反映する。一度「名詞」の状態に引き上げられると、それらの感覚対象はもはや知覚によって感知された、世界の受動的な鏡像ではなくなる。言い換えるなら、名詞が文法上、効果を発揮する場合は、単なる物の名以上のものとなるのである。名詞が文法範疇として一度確立されると、どのように現実の、つまり言語外の宇宙が構造化されているかに関係なく、名詞自身がもつ特有の仕方で働き始める。そして、名詞が行使する能動的で構造的な力は、外的世界に対応するものをもたない無数の「対象」や「物」を積極的に生み出しさえする。それゆえ、名詞はいかなる性質、活動、出来事をも現実の物とまさしく対等な関係において言語的に振る舞うようさせることができるようになる。こうして抽象名詞や動名詞がきわめて自然に発生する。また、こうして、数えきれぬ擬似的な物もしくは擬似的な実体も誕生し、すでに物と対象とでひしめきあったわれわれの世界に侵入し続ける。[7]

『範疇論』にはアリストテレス（あるいはその著者が誰であろうと）がこう主張した名高い一節がある。すなわち、諸実体の構成要素的な部分、例えば、個人の身体の構成要素としての頭、手あるいは足は、何かの「部分」であることを理由に「第一実体」（prōtē ousia）（『範疇論』3a29-32）という名称を否定すべきではないという。これは単に、どの個物のどの部分もたまたま人間の心に対して十分に顕著で目立ち、特にそれらを名指す特定の名をたまたま所有しており、各部分がそれだけ多くの個物とみなされうる（あるいは、みなされねばならない）ことを意味する。こうして、疑いもなく一つの実体であるわれわれの身体は、頭、顔、額、眉、目、耳、首、肩などのように多くの個別的な実体からなるとされる。まったく同じように、山、峰、谷、頂、麓、先、枝、大枝などのような外的な「物」も存在化され、それらの「物性」は物の顕著な部分を実体化するこの過程に起因している。この思考様式は、明らかに、擬似的な存在単位を存在へもたらすことに向かう決定的な第一歩である。

次の一歩は、光、きらめき、火、炎、波、雨、風、嵐など、いくつか任意の例として挙げうる自然の出来事や過程を「物」として表象することであろう。物象化のこの過程は、動詞の主語になる物が何であろうと「名詞」の形で表現するという、多くの言語（印欧語族およびセム語族の言語で特に顕著である）にとって一般的で、きわめて自然な傾向によって大いに助長されていることに注意せねばならない。そしてこれは、命題の文法的主語や動詞の文法的目的語としてあるあらゆる言葉に、経験的世界でなくとも、少なくとも神秘的で非経験的な世界のどこかに、それに対応する現実の存在単位があるという、ごく一般的な言葉にまつわる迷信を生み出している。(8)L・ブルームフィールド(11)が指摘したように、火は、物理学者によれば物ではなく、むしろ活動あるいは過程であり、それゆえ火という名詞より燃えるという動詞によって記述される方がよりふさわしい(9)。しかし、例えば「火が燃えて光と熱を与える」と言った途端に、われわれは驚くべき行為をなしうる偽の存在単位を自然のなかに読み込む危険に陥っている。ここで想像されている事例では、自立した存在単位である火が仮定され、それは燃えると呼ばれるある種の活動をなし、さらに光や熱と呼ばれる他の実体を生み出すとされる。西洋人なら、yağmur yağıyor（「雨がふる」の意で、逐語的には「雨が雨ふる」）、kar yağıyor（「雪がふる」の意で、逐語的には「雪が雨ふる」）、dolu yağıyor（逐語的には「雹が雨ふる」）というトルコ語の文のもつあまりに素朴な同語反復的な性格に微笑を浮かべるであろう。ちなみに、まったく同じタイプの表現例が古代中国語でもみられることを述べておきたい。『春秋左氏伝』には、「雪大いに雨《ふ》る」（隠公九年）、「秋に雹大いに雨《ふ》る」（僖公二九年）、さらには「宋に螽《しゅう》雨《ふ》る」（文公三年）とある。最後の一文は宋の国で雨のようにイナゴの大群が押し寄せたことを意味している。このような表現を笑うなら、例えば「風が吹く」や「光がきらめく」と言うのも何ら変わりはないという事実に気づいていないと言えよう。ステュアート・チェイスの言葉を借りて言えば、より優秀な物理学者は、そのような場合、子ども、あるいはおそらくホピ族の人のように、いわゆる一語文――「きらめき！」――によって力動的な過程全体を表現するであろう。これは動詞でも名詞でもなく、主語でも述語でもないが、むしろまったく同時にそれらすべてである(10)。この最後の、ホピ族の言語に関するチェイスの所見（ベンジャミン・ウォーフ(12)によって提供された事実についての説に大きく依拠していることは疑いない）は特別訴答(13)のようにむしろ訝《いぶか》しく聞こえる。むしろ、ホピ族の言語は大部分のアメリカ先住民の言語と同じく、動詞タイプの表現が優勢な特徴をもつ言語集団に属しているのは間違いないというのが事実と言えよう。「未開」の言語のいくつかは、名詞タイプの表現と動詞タイプの表現を差異化する段階にすら達しておらず、したがって、一連の無定形な形式をともなったままであるようにみえることを思い起こさねばならない。これらの言語はまさに、無形式性および無確定性という最も未開の段階にあり、エルンスト・カッシーラーの言う「名詞と動詞の本源的な無差異」〔『象徴形式の哲学』一二三頁〕にいまだ大いに留まっているが、無差異形式のなかのある一つの側面に偏るという顕著な傾向をすでに示している。理論的には、ここから名詞タイプと動詞タイプという、言語構造の二つの基本的なタイプが生じる。しかし、もちろん、両者の区別は事実上困難であって、ほぼ同一である。名詞タイプの諸言語は静態的対象の表現としての実詞の範疇が大部分で優位を占めている。それらの言語では、あらゆる属性や関係が実詞の範疇に本質的に依拠しているだけでなく、きわめて明白に力動的な本性をもつ出来事や行為ですら静態的な実詞的形式に頻繁に引き込まれる。反対に、動詞タイプの諸言語では、あらゆる表現の力動の中心にある動詞の範疇へとすべてが転じる。実際、それらの言語では、完全に静態的なままにとどまり続けられるものは何もなく、「物」やそれらの客観的関係や属性ですらも動詞的な形式へと変換される傾向にあるか、あるいは少なくとも、全体の力動的な構造に著しく絡め取られて、それによって強く動詞的な性格を呈する傾向にあるように思われる[11]。このことから名詞だけが世界に偽の存在単位をもたらす責任を負うのでないことは明らかであろう。なぜなら、もし名詞タイプの言語がどこまでも擬似的な物を生み出す傾向にあるなら、動詞的な語法も同じく擬似的な活動単位を発生させる傾向にあるからである。そうであるならば、ホピ族の人であろうと印欧語の人であろうと、いずれの場合においても、言語的に表現されるのは現実そのものの客観的な構造ではなく主観的な運用の結果であり、それによって人間の心は所与の感覚的印象の混沌をある一つの対象もしくは活動へと作り上げていくのである。このことについては後でさらに述べることにする。

先ほど引用した節で、ステュアート・チェイスは「主語＝述語」という命題の形式がわれわれの世界解釈の仕方に対してどれほど途方もない力をもっているか気づくことの必要性を（私の考えでは正当に）主張している。現実的な人の常識は主体（主語）なしの純粋な活動を認めない。「きらめき！」の体験が仮にも現実の出来事として生起するはずなら、その活動をなす何らかのもの、何らかの存在単位があるはずである。これはただちに擬似的な存在単位である光をもたらすが、現代科学が教えてくれるのは、そのような物は決して外的世界にわれわれやわれわれの感覚から独立して存在していないということである。この擬似的な物は言葉の存在論的および文法的な意味の両方において、きらめきの「主体（主語）」として活動すると考えられる。ルイ・ルジエ[14]はこう書いている。「アリストテレス論理学は、非常に多くの仮説的な実体、虚構の物質媒体を導入するに至った。この考えに従うなら多くの矛盾した物理的特性を付与せざるをえないにもかかわらず、例えば、動詞「うねる」の主体（主語）として働くために、エーテルという実体が導入された。加えて、これらの物理的特性は、静止した媒体〔エーテル〕との関連で絶対運動が与えられるという考えを否定する実験結果とまったく相容れない[12]」。嘆かわしいのは、一般意味論学者たち――そして論理経験主義者もまた自然言語を批判的な精査にさらしてきた――は、「主語＝述語」という論理形式が印欧語的な思考方法の最も際立った特徴の一つであり、それこそが西洋思想の論理であると前提しているらしいことである。彼らによれば、このタイプの命題構造に由来するアリストテレス形而上学は「印欧語、特にギリシア語の自発的な形而上学」（L・ルジエ）に他ならず、それはベルクソンが考えたような、人間の心〔一般にとって〕の自発的な形而上学ではない。われわれは次のようなことを意味論学者らが確信して論じるのをよく耳にする。すなわち、例えば中国語では「主語＝述語」という文形式が通常の形式ではない。にもかかわらず（と彼らは付け加える）この言語はみごとなまでに知的で高度に抽象的な思索に表現を与える能力を示している、と。これは単に間違いであるだけでなく、大いに誤解を招く。先に引用した本でステュアート・チェイスが（ある中国語作家に従いつつ）描写する中国語文の「通常」の構造は、中国語の文法的事実にまったく妥当しない（一〇四―一〇六頁）。古代中国語でさえも平叙文の通常のパターンは主語＝述語の形式であった。しかし、この点に関する詳細な考察は本研究から外れる。主語＝述語構造は、西洋思想に特有なものではまったくない。人間の心が論理的思考のある特定の水準、少なくとも言語的象徴によって論理的に思考するまでに至ったところならどこでも、この構造は一般的で、普遍的であると思われる、とここでは述べるにとどめておこう。

ヘンリー・スウィートが一八七六年に書いた啓発的な論文「言葉、論理、文法」（『論文集』所収）は、I・A・リチャーズによって言語研究の新時代の幕開けとまで称えられた。そのなかでスウィートは、白いという形容詞を「具体的」、白さのような抽象名詞——注意してもらいたいのは名そのものは十分に有意義的である——を「抽象的」とみなす危険を指摘した。彼が正当に論じたように、実際は、白いは白さと同じく抽象であり、両者は意味においてまったく同一である。彼の考えでは、「白さは雪の属性である」は「雪は白い」や「白い雪」とまったく同一の意味をもち、両者の違いはもっぱら文法的なものである。つまり、われわれは、単に形式上の手立て《ディヴァイス》として、白いを白さに転換しているのだ。この転換装置《ディヴァイス》を用いれば、属性について語る際に、その属性の所有者を直接に言及しなくても、属性を表す言葉（属性語）は、命題の主語になることができる。しかし、そのような形式的な装置は実際の目的にとって有用にみえても、この事例の性質からして、「抽象的な物」が個別的な物から完全に離れて存在するという錯覚を生み出しやすい。白いが形容詞であることは、ある一つの客観的で現実の性質が現実の物に内在しているかのような気にさせる。反対に、白さが文法的に抽象名詞であることは、その所有者が独立して存在している自立した何かであるか、より高位の何らかの存在単位でさえあるかのような間違った印象を与える。このことはもちろん、古代中国語のように、さまざまな品詞を互いに区別する形式的な基準を事実上もたない言語に生じやすいわけではない。中国語で「白い」は、形容詞〔属性〕的に用いられようと述語的に用いられようと、またさらには、命題の主語としても、「白」（bái）である。例えば、「生不斉死」（逐語的には「生は死に斉しからず」、つまり「死は生より良い」）のような句で、われわれは、生と死が「物」（生、死）として、あるいは「性質」（生きている、死んでいる）として、それとも「出来事」もしくは「活動」（生きる、死ぬ）として表されているのか、決めることができない。しかしながら、このことによって古代中国語が実体化に陥る危険を回避できるわけではない。さまざまな品詞が表す外的な標識がないにもかかわらず、中国語は他に知られた言語のどれとも同じく擬似的な物に満ちている。

われわれはいかにして実体を表す言葉（実体語）が正真正銘の文法的名詞に展開しつつ、独特な種類の構造的可能性を獲得するに至り、その可能性がいかにしてわれわれの心のなかで無際限な数の擬似的な実体を生み出す傾向にあるのかみてきた。今度は類似の考察を、変更すべきは変更し、属性を表す言葉（属性語）、現象を表す言葉（現象語）にも適用しよう。それらもそれぞれが形容詞と動詞に変化するのであるから。重要な点はすでにアラン・ガーディナーによって十分明らかにされている。彼はいわゆる品詞を言葉が指示する対象の本性に基づいた現実的区分として考察する代わりに、むしろそれらを、物を言語的に提示するさまざまな様態と見なすべきであると主張する。こうして、「名詞」という文法範疇は何でも物として表すのに対し、「動詞」は何であろうと行為あるいは出来事として表す。名詞由来の動詞「カゴに入れる（to cage）」においては物（カゴ）についての指示がなされるが、それは物としてではなく行為として表されている。名詞「暗殺」においては行為についての指示がなされているが、この行為は行為としてではなく物として表されている。[13] これに関しては、もう一つの本来的で不可欠な品詞である形容詞は、何に対しても、何らかの実体あるいは諸実体が所有する性質あるいは特性として表すことを付け加えておきたい。こうして、英語では動詞「温める（to heat）」、名詞「熱さ（heat）」、形容詞「熱い（hot）」は三つの異なる品詞に属しながらも、すべて同一の物理的な出来事を表現する。つまり、一つめは出来事を行為として、二つめは実体として記述するのに対して、三つめは実体に備わってそれを一時的あるいは永続的に特徴づける性質として記述している。

私の要点は、「熱心な学生（a hard student）」「大酒飲み（a heavy drinker）」のような普通の句を考察することによって最も効果的に明示されよう。形容詞は大部分が（扱われ方に関して言えば）名詞および動詞に匹敵する独立した機能と言えよう。その結果、例えば「Xは赤い建物である」のような命題は二つの命題「Xは建物である」と「Xは赤い」の論理的結合として分析される。しかし、これらの述語のあり方は、今言及したばかりのタイプに属する命題とは一致しない。なぜなら、命題「X（例えばジョン）は遅い運転手である」を「Xは運転手であり、かつXは遅い」とは、明確に分析できないからである。これが不可能なのは、ここで形容詞「遅い」はXの一般的特性としてではなく、名詞「運転手」に含まれる動詞「運転する」の修飾語としてしか機能していないからである。[14] 言い換えると、形容詞「遅い」はX一般を記述しておらず、この一文は「つねに」という広範な時制の観念が付加された「Xは遅く運転する」と完全に同等である。しかしながら、言語学的には（というのも英語において「Xは遅く運転手である」という統辞構造は認められないが、仮にこれが可能であったとしたならば、ライヒェンバッハ[15]が指摘するように、きわめて論理的なものとなろう）、行為の仕方が実際にいかなるものかは行為をなす人の一定の性質として表される。

　文法的な類似性は事実上および論理上の相違点を隠す（あるいはむしろかなり頻繁に隠す）と言ってよいだろうし、このことはすでに言及した「倫理語」の問題が明確にしてくれている。この問題は近ごろ経験主義哲学者たちの最も活発な論争と関心を引き起こすに至った。彼らによる価値の性質の分析は、それに対して人が何と言おうと、白いや寒いのような物の、いわゆる第一義的および第二義的な性質を表す普通の形容詞を一方とし、良い、悪い、しとやかな、美しい、醜いのような価値の性質を表す形容詞をもう一方とした場合、その両者のあいだにある重要な差異を明るみにもたらしたことが、大きな功績である。彼らの分析は、価値の性質を表す形容詞が、事物に対する話し手自身の情緒的な反応ほどには事物の客観的な特性もしくは性質を、表示しないことをみごとに提示したのである。長いあいだ人は、この種類に属する形容詞のいずれかによって記述された物や行為が、それらの特性を現実に、そして客観的に所有しているという幻想の犠牲者であった。それによって人は、厳密には、これらの形容詞が純粋に外的な事実よりも、はるかにその人自身のもつ感情や心情の表現と関係しているのを見落としてきたのだった。しかし、この奇妙な事態が起きるのは、形式の一種である形容詞が特殊な構造的意味をもつゆえに、実際には客観的に認識できる性質が何もない場合でも、多数の擬似的な性質を発生させることができるからなのだ。

　これらの考察からみて、先に引用した著作（『言葉の内実』第二章A）でエルンスト・ライズィが言葉の意味に関する研究の指針として「言葉による実体化」（Hypostasierung durch das Wort）という観念を導入したのは実に適切であった。彼は三角形という単語と直線の三辺をもつ図形という組み合わせが精確に同じ意味をもつ――すなわちわれわれの用語法で言えば、同じ外延をもつ――という事実から始め、議論をこう続けてゆく。二つの表現のあいだにある違いは、両者が示唆する直観――すなわち内包――の違いにある。「三角形」は当の物を属性（偶有）をもたない実体として、つまり、さまざまな三角形からなる類の一員として記述するのに対して、「直線の三辺をもつ図形」は同じ物を二つの個別的な特徴（直線、三辺）をもつ実体（図形）として記述する。一般化して言うなら、何かが一つの単語で記述される場合、当の物は、その外延的本性が何であろうと、属性をもたない「一つの物それ自体」の実現として表象されがちである。それに対して、同じ物が「直線の三辺をもつ図形」のような言葉の組み合わせによって記述される場合は、それはただの一つの物それ自体の表象を産み出すことはほぼありえず、当の物それ自体の外側にあるさまざまな特性の複合として表象されるのが一般的である。「神話、スコラ哲学の実在論、プラトン哲学のイデア論は、言語共同体がみな共有する傾向を示す壮大な具体例である。この傾向は、ある一つの単語で指示されうるかぎり、いかなる現象をも対象化（あるいは人格化さえも）し、あらゆる他の現象から切り離された独立の存在をそれに与える。すなわち、それは属性をもたない実体の定立を強化する傾向である」。こうした実体化の過程は名詞よりも他の範疇で活発であると考えられる。それゆえ、まさしく同じ仕方で、形容詞は何でも独立した自由な「性質」として表象し、動詞は何でも独立した自由な「行為（活動）」として表象する傾向にある。

　これら西洋における現代の文法理論および統辞論とはまったく独立して、ある日本人の文献学者がその母語の文法構成をめぐって広範な探究を行い、品詞のもつ構造的な特徴について驚くほど類似する結論に至ったことをここで言及しておくことには、少なからぬ重要性があるだろう。一九〇八年に名高い『日本文法論』を出した山田孝雄[16]の試みである。彼はそれ以来繰り返し、心性の観点から品詞の問題に迫る必要性を主張した。例えば彼は、形容詞はあらゆる種類の性質を表す言葉の区分であるのに対して、動詞は行為や状態を表す言葉であることを主張する人々に反対する。そのような理論は、性質ではなく状態を記述する多数の形容詞——例えば、さびし——があることに対して決して十分な説明をすることができないと正しく指摘する。また動詞が行為を表し、形容詞が状態を表すと主張してもその理論〔のもつ問題を〕を改善することはできない理由として、そのような事例では、「行為」に対してよりも「状態」に相当する意味をもつ多くの動詞——例えば、似る——が説明できないままであると指摘する。加えて、日本語には、一方が形容詞、他方が動詞であるような同一語幹から派生した数えきれないほどの対語〔対《つい》をなす語〕がある。例えば、

| | | |
|---|---|---|
| たかし | たかむ | |
| よわし | よわむ | よわる |
| にぶし | | にぶる |
| しろし | しろむ | |
| くるし | くるしむ | 〔くるしがる〕 |
| さわがし | さわぐ | |
| なげかわし | なげく | |
| うらめし | うらむ | |

山田は次のように論じている。「「心、はなはだ楽し」における「楽し」は文法的には形容詞だが、「心、はなはだ楽しむ」における「楽しむ」という言葉は形容詞と誤解されることは決してないことは誰も疑わないだろう。すなわち、誰もがそれが動詞であると認識するであろう。これら二つの言葉を基礎づける観念はまさしく同一の心の状態を指示していることに注意すべきである……」。ここから彼はこう結論を下す。品詞の差別化は「客観的な現象世界の本性にではなく、客観的な現象が、物、性質、行為、状態のいずれであろうと、われわれの心のうちでどう表象されるか」、言い換えるなら、「われわれの言語がそれらをわれわれの心に現れさせる」仕方に基づくはずである。それゆえ、この事例においては、例えば「永続的に固定されているか自立的な特徴として何かが心に現れたり表象されるとき、それは形容詞になる」が、しかし「同じ属性が、変化する一時的でかりそめの本性をもつものとして心のなかで描き出されることも十分にありうる。その場合、それは動詞である[15]」。

この類いの構造的な考察が品詞から統辞一般のより広い領域へと正しく拡張されうることを理解することはたやすいであろう。事実、名としての言葉はどれも、まさに先ほどみたように、それが指示する事態の実際の状態から多少なりとも独立して振る舞うようにさせる文法的な地位を保持している。もしそうであるなら、統辞は(実際上、言葉を組み合わせる仕方に他ならない)特別な類いの構造的な力をもち、この力は指示されるべき諸事実の形式が客観的にどう構造化されているかにかかわらず、それら自身の仕方で働く傾向にある。そう結論するのはまったく自然であろう。よく議論される「主語＝目的語」文型を例にとろう。説明の便宜上、(1)「私はクモを殺す」、(2)「私はクモを恐れる」、(3)「私はクモをみる」、(4)「私は穴を掘る」という四つの例で示すことにしたい。これらの文は、統辞的な観点からみると、まったく同一のものである。それらはみな「主語」で表象される実体(ここでは、一人の人物)が動詞で表現される何らかの行為をなす。その行為は「目的語〔対象〕」で表現されるもう一つの実体に特定の積極的な仕方で影響する。このことは〔文法的に〕単一であるようにみえるにもかかわらず、これら四つの文が表す事柄の状態はそれぞれ大きく異なり、同じ類いのことを言っているのではまったくない。なぜなら、私がクモを殺すとき、私はそれに対して実際に何かするが、私がクモを恐れているとき、あるいはそれをみているとき、直接に作用を受けているのは私自身であってクモではない。さらに、私が穴を掘るとき、この事例の核心をなす「穴」と呼ばれる目的語に対して私は何もなしえていない。なぜならこれは何といっても「欠性」名詞〔性質の欠如を示す語〕であり、積極的な何ものをも表していないからである。しかしこれら重要な事実上の違いは、それ自身の構造的な意味をもつ統辞形式の完全な類似性、つまり、「主語」は行為をなす側であり「目的語〔対象〕」はその行為を受ける側〔であるという類似構造〕によって隠されている。[16]

これまで「主語＝述語」文型については繰り返し言及されてきた。このタイプの表現は、構造的に主語となる言葉で示される何らかの実体があること、そしてこの実体は述語で示されることとなる性質や特性をもつことを意味している。こうして、例えば「木は緑である（The tree is green）」と言うわけである。ここでフリッツ・マウトナーの有名な言葉を思い出すのは有効であろう。すなわち、もし現実に忠実でありたいなら、代わりに「木が私を緑する（The tree greens me）」というべきだが、これは思惟のなかでは落ち度がなくとも不可能な（少なくとも英語では）統辞である。われわれは「太陽が私を暖める（The sun warms me）」と言えるが、「空が私を青する（The sky blues me）」とは言えず、「空が青い」と言わざるをえない。その際、この統辞構造は非常に類似した特徴をもつ二つの経験を極端に異なるタイプの思惟へと転換してしまう。[17]〔言語化の〕例はいくらでも挙げられようが、自分たちが表現したい事実のもつ論理形式あるいは客観形式に対して、文法形式が、糸口を与えると仮定する人々にとって、日常的な言説の至るところに落とし穴があると十分に示すことができたと思う。

「道には誰もいない（nobody）のがみえます」とアリスは言いました。

「そんな目が私にもあったら良いがね」と王様はいらだった口ぶりで述べました。「〈誰もいない〉（Nobody）をみることのできる目がね！　しかも、あんなに離れているのに！」

（『鏡の国のアリス』）

確かに構造的な観点から考えるなら、A・G・N・フルー[17]が述べるように、[18]「誰かが来る」とまったく同じ足場に立っている。そして形式的な意味のもつこのような類似性は、人々をまったく無意識のうちにある特定の心情へと間違って誘導することがある――このルイス・キャロルの王の場合のように、あからさまな信念や思惟に誤導されるのではないにしても。この王の場合、「誰もいない」が（確かにかなり奇妙な仕方でではあるが）ある特定の種類の人物であり、まさに「誰か」であるかのように何らかの行為をなす能力があると信じているのだ。このようなことは一見、不条理なようだが、実際には卓越した哲学者にも非常によくみられることをギルバート・ライル[18]は「体系的に誤解を招く表現」と題する論文で提示した（この論文は、現在、論理と言語をめぐる論集『論理と言語』第二章として収められている）。ライルは特に哲学的な誤解を引き起こしやすい三つの主要なタイプの表現を選び出した。それらは、文法的には明示的な表現にみえるが、実際にはそうではないので、「体系的な誤誘導」と呼ばれる。しかしこれに関連して、あらゆる表現は結局は多少なりとも誤解を呼ぶということを思い起こす必要があろう。どの言語にも完全に誤解を呼ばないタイプの表現などない。言葉が構造的に孕んでいる意味の余剰には、それらの言葉が働く固有の独立した法則がある。そして、こうした意味でわれわれの言語は現実を描写することはなく、またできもしない。だが本書はこの問題が提起する論点すべてを精査する場ではない。それらが、言語的意味がもつ一般的理論にとって深大な重要性をもつことは明白だが、それはこの小さな書物の目的からかけ離れすぎてしまうであろうからだ。だが、われわれの言語の意味論的な源泉がどのような意味で本質的に心的な喚起に基づくと見なすことができ、また見なすべきであるかを十分に例示したと思う。それゆえ、日常言語のもつ意味論的な構成という最も基礎的な水準における言葉や表現の振る舞いに適用されるとき、「呪術」や「呪術的」という語が、どのような意味で理解されねばならないかも十分に示した。「喚起」あるいは「示唆」はもちろん「呪術」と解される必然性はないが、両者のあいだに存在する関係は最も密接なものであり、前者から後者への転換は最もたやすく、また最も自然に生起することの一つである。この点が同意されたならば、その結果（単なる記号《サイン》に対するものとして）言語的な象徴の起源をめぐっていくつかの問題がただちに生起する。次の章ではこの問題に進みたい。

## 注

（1）*Interpretation in Teaching*, Chap. XVII (Grammar and Logic).

（2）Edward Sapir, "The Status of Linguistics as a Science," in *Selected Writings*, p. 162.

（3）例えば、数の範疇とわれわれの思考様式に対するその影響についてのエドワード・サピアによるみごとな議論を参照。"The Unconscious Patterning of Behavior in Society," in *Selected Writings*, pp. 550ff〔エドワード・サピア（Edward Sapir, 1884–1939）はドイツ（現在はポーランドに属する）に生まれ、両親とともに合衆国に移住。イェール大学で人類学と言語学を講じる。同じくドイツ生まれで、コロンビア大学で師事したフランツ・ボアズ（Franz Boas, 1858–1942）はアメリカにおける人類学の父〕.

（4）*Sprachtheorie*, III, §16 で彼自身が引用した *Tatsachen und Probleme zu einer Psychologie der Denkvorgänge* を参照。

（5）*Linguistique historique et linguistique générale*, t. I, p. 175.

（6）Cf. *The History of Language*, Chap. IV〔Henry Sweet, London: , 1900, pp. 47–49〕.

（7）Cf. Léon Brunschvicg, *Les âges de l'intelligence*, p. 62.

（8）Cf. A. Ayer, op. cit., Chap. I.

（9）*Language*, Chap. XVI, §2.

（10）Cf. *Power of Words*, Chap. X.

（11）Cf. Ernst Cassirer, *Philosophie der symbolischen Formen*, Bd. I, Kap. III, §4, 3〔*Philosophie der symbolischen Formen*, p. 238〕.

（12）"Pseudo-problèmes résolus et soulevés par la logique d'Aristote," in *Actesdu Congrès international de philosophie scientifique*, 1935, III.

（13）*The Theory of Speech and Language*, §4; cf. also §41.

（14）Cf. H. Reichenbach, *Elements of Symbolic Logic*, §53〔, New York: The Macmillan Company, pp. 301–302〕.

（15）山田孝雄『日本文法学概論』一九三六年、第一〇章〔一九二―一九七頁、宝文館〕。

（16）Cf. Fries, *The Structure of English*, IX.

（17）Cf. I. A. Richards, *Interpretation in Teaching*, Chap. XVII.

（18）*Essays on Logic and Language*, Vol. I, Introduction.

## 訳注

〔1〕John Stuart Mill, 1806–1873.　古典的自由主義を代表するイギリスの哲学者。論理学、政治学、経済学、功利主義で有名。ラッセルの名づけ親でもあり、学問的にも影響を与えた。引用は以下に収められる。John Stuart Mill, *Inaugural address delivered to the University of St. Andrews*, Feb. 1st 1867, London: Savill, Edwards, and Co., Printers, 1867, p. 15; in *Essays on Equality, Law, and Education*, ed. John M. Robson, University of Toronto Press; Routledge & Kegan Paul, 1984, p. 228.

〔2〕Fritz Mauthner, 1849–1923.　現在はチェコに属する、当時オーストリア・ハンガリー帝国支配下のボヘミア出身のユダヤ系哲学者、作家。

〔3〕Alfred Władysław Augustyn Korzybski, 1879–1950.　ロシア帝国支配下のワルシャワに生まれ、合衆国に移住した技術者で、その後、一般意味論に寄与。

〔4〕工人ダイダロスの助言に従ってミノス王の娘アリアドネーは、ミノタウロスを退治し迷宮から無事に出られるよう、のちにアテナイ建国の伝説的王となるテーセウスに糸玉を渡した神話による。

〔5〕Charles Carpenter Fries, 1887–1967.　合衆国の言語学者、英語学者。

〔6〕Anton Marty, 1847–1914.　スイス生まれのオーストリア人哲学者。ブレンターノの後継者で、カール・ビューラーやフッサールに影響を与えた。

〔7〕Paul-Jules-Antoine Meillet, 1866–1936.　二〇世紀前半を代表するフランス人印欧比較言語学者。アルメニア語や国際補助

言語の研究で名高い。

〔8〕Henry Sweet, 1845–1912. イギリスの文献学者、言語学者で、特に音声学と英語学で知られる。

〔9〕Johann Leo Weisgerber, 1899–1985. ドイツ人言語学者、ケルト学者。言語と思考の相関性を主体と客体を媒介する「中間世界」の観点から考察。

〔10〕Friedrich Wilhelm Christian Carl Ferdinand von Humboldt, 1767–1835. プロイセンの外交官・政治家であり、言語研究は有名。ベルリン大学を創設し、近代的大学の制度化に決定的影響を与えた。その思想はミルにも受け継がれた。サピア＝ウォーフの仮説の基礎、言語と文化の相対主義および言語と思考の相関性を人類学的言語研究から先取りして理論化している。

〔11〕Leonard Bloomfield, 1887–1949. アメリカ構造言語学の創始者、行動主義・経験主義的言語学を代表する。イェール大学でサピアの後任として言語学を講じる。

〔12〕Benjamin Lee Whorf, 1897–1941. サピアのもとで学び、言語の思考への影響を主張する言語相対論を唱えた。その説はサピア＝ウォーフの仮説と呼ばれるが、相対論者のうちで最も強い立場を取るとされる。

〔13〕「特別訴答（special pleading）」とは、相手の主張を直接否定せずに無効化するために特別の、つまり個別的な理由や新事実をつける法律用語、あるいは自分に不都合な事実に触れない手前勝手な言い分。

〔14〕Louis Auguste Paul Rougier, 1889–1982. ポアンカレやヴィトゲンシュタインの影響のもと認識論、科学哲学、政治哲学、キリスト教史などの分野で業績を残したフランスの哲学者。

〔15〕Hans Reichenbach, 1891–1953. ドイツに生まれ合衆国に亡命した科学哲学者。論理経験主義を代表する。

〔16〕山田孝雄《よしお》（1875–1958）は国語学者として、日本の文学や歴史の研究のほか山田文法として知られる独自の日本語文法を開拓した。

〔17〕Antony Garrard Newton Flew, 1923–2010. 分析哲学や宗教哲学で知られるイギリス人の哲学者。

〔18〕Gilbert Ryle, 1900–1975. イギリス人哲学者で、行動主義、日常言語学派を代表する。ヴィトゲンシュタインの影響を受けた。

# 第九章　自発的な儀礼と言語の起源

前章で導き出された要点は、根源的に呪術へと向かう一定の要因が本来的な性質として、まさに意味論的構成という形で言語にはあらかじめ備わっており、この性質は本格的な呪術の目的に役立つよう展開され方向づけられていると思われることである。さらに、この「本来的な性質」とは現実にはまだ気づかれていない可能性のことではなく、言語そのものが呪術によって染め上げられていた言語形成史の初期からのか弱い生き残りに他ならないという仮説を立証するために事例を明確にすることができた。

実際、われわれはこれまでの考察全体をとおして、呪術は言語に外から付加されたものではなく、言語的意味がもつ本質的、中心的要素なのだという見解、つまり呪術は言語的振る舞い全体の根本に存在しているという見解に導かれてきたと言えよう。呪術の精神は言語を完全に満たし浸透しており、言語のあらゆる段階に粘り強くまとわりついているように思われる。しかし、この理論を認めるやいなや、こうした［呪術が言語の本性であるという見解を裏付ける］歴史資料というもう一つの重大な問題に直面することになる。こうして、言語と呪術との相互関係を説明するという最も困難な課題に立ち向かうことで、われわれは再び言語そのものの発生という問題に導かれるのである。というのも、言語がもつ根源的な本性をめぐる議論は、言語の起源という究極的な謎の解明と分かちがたく結びついた最終的な分析につながることになるからである。

私がここで試験的に提唱した見解が正しいとしよう。言い換えるなら、呪術が言葉の意味機能にあまりに完全に浸透しているため、ある意味で、われわれには言語のもつ呪術的な特徴について直接に語る資格があるとしよう。するとそこから帰結するのは、言語が全体として呪術的な精神に深く浸っていた時代が人類史に必ず存在したはずであるという事実であろう。

ここで少々、時間を費やして次のことを強調する必要があると思われる。言語起源の探究は、実際、魅惑的で強く心を捕らえるが、失敗に帰結することがほぼ定められている。人間言語の始まりをめぐる形而上学的な思弁が特にはびこった一九世紀後半以来、さまざまな仮説が提起されてきたが、そのほぼすべてが言語理論の領域ではなく、単なる幻想の領域に帰している。事実、たかだか五千年という範囲を超えない言語の歴史を遡る方法がわれわれにはまったく欠けている。もちろん、五千年という歴史は人類学的な時間という見地からすれば、取るに足らぬ長さである。現代における未開部族の言語が、太古の人類の言語状況を直接に描き出す資料として活用されることもない。なぜなら、それらの言語は疑いなく何世紀ものあいだの発展を経てきたものだからである。このような事情において、言語発生の謎をいきなり解明しようとするのは、たとえきわめて暫定的で仮説的な仕方で考察したとしても、初めから試みないことが何より賢明であると思われる。最善の方針は、言語的な意味の経験はおそらく人の「根源体験（Urerlebnis）」である呪術と大いに関わると示唆するにとどめることであろう。そしてそれは、すでにみたように、まさしくヴァルター・ポルツィヒが『言語の驚異』でなしたことである。この本から以前に引用した一節には、次のようなきわめて意義深いことばが記されていた。「言語《スピーチ》によって何かを意味することは、呪術的にその何かを拘束する意図の弱まった形に他ならない」。しかし彼はこの方向で考えることをさらに先へと発展させなかったため、自身と読者を大きな困惑へと引き込むのを賢明にも回避したのだった。それにもかかわらず、言語研究者や人間の心一般の本質的な構成に関心のある研究者のあいだで、言語の起源という問題への関心が復活していることを示す徴候がますますみられるようになってきた。しかし、それは驚くまでもない。なぜなら人間本性という根本的な問題に真剣に取り組もうとする人なら、たとえ、現実に裏付けられた経験的確証に基づかないのも同然の憶測にならざるをえないとしても、言語の発生についての仮説作業を省くことなどできないであろうからだ。それどころか、純粋に言語学的な領野に制限するのではなく、より広い視野でもって問題全体をとらえるなら、例えばエルンスト・カッシーラーがなしたように、象徴の振る舞い方一般の可能的な起源というきわめて壮大な事例における特殊例としてわれわれの仮説を正当化することも完全に無理ではないと思われる。

したがって、言語の起源をめぐる探究はどれもが大抵は推測の域を出ない定めにあるのだから、ある理論に照らし合わせれば特定の重要な事実が他のどの仮説よりも整合性をもって説明されるかぎり、原則として誰でも自分が最善と思う理論を自由に選ぶことができる。それゆえ、まずは対比する目的で、私が擁護するつもりの立場とは正反対の立場を検討することを提案したい。それは、言語の誕生は完全に呪術に先んじると強く主張する人々の立場である。その著名な例としてカール・ビューラーの理解を引用しよう。彼の立場は自身が引用する格言「まず生きよ、しかる後に哲学せよ（primum vivere deinde philosophari）」によってきわめて簡明に記述されうる。ビューラーは個体発生的にも系統発生的にもこの格言の通りであると信じている。彼は、育児室においても太古の森においても、名としての言葉（名称語）の最初のものが生まれる仕方は完全に前呪術的（vormagisch）でしかありえないと主張するのだ。彼はこう書いている。「われわれの観察できる子どもは、推測上のあらゆる呪術的態度が活発に影響し始めるまえに、最初の名としての言葉のストックを手に入れる。そして、実際に呪術的態度が生じたあとでさえ、呪術の精神が当の子どもの生活状況すべてにわたって浸透し充満することは決してなく、発達のもう一方の線〔呪術ではなく言語の方〕はつねにまったく自由なままである」。レヴィ＝ブリュールや民族誌学的社会学におけるその後継者、さらに児童心理学者たちのなかでもとりわけジャン・ピアジェに対して、ビューラーの理解は、言語形成の早い段階で決定的な役割を果たす「完全に呪術から離れた実験態度（völlig magie-freie Experimentierhaltung）」の存在を強調するものであった。人類史の最初期に呪術的な思考法（magische Denkweise）という仮説上の段階を挿入し、すべてをそのような観点からみる試みは、ビューラーによれば、倒逆法〔論理ないしは自然の推移を逆転させて表現する修辞技法〕という古くからの間違いを犯すことである。「人は今まさに進化の過程のただなかにいながら、全体として、何ごとかを創出するまえではなくあとになって考えを巡らせるのであるから、ここで思い描かれる事例においては、物が自分自身の目のまえにあって初めて人は物の名について考えをめぐらせるのである[1]」。

まず初めに注意すべきは、ビューラーにとって生の呪術的な態度は「生きること（vivere）」の部分を構成せず、閑仕事の「哲学すること（philosophari）」の領域に属すということである。この場合の哲学は本質的に思弁、すなわち文字通りの意味で「後で思い付くこと」である。その要点は次のとおりだ。言語と呪術のあいだにある密接な有機的連関やそれらが同時に発展してきたことを信じる人々に対して反論するにあたり、ビューラーは明らかに私が本書の第二章と第三章で詳述しようとした過度に迷信深い言語理解を考えている。確かに、そうした言語理解に対する彼の見解はみごとに精確である。もしわれわれの思い描いているのが、例えば形式が標準化された呪術の実践や、現実世界を取り囲む物にまつわる、あふれ返らんばかりにはびこる迷信にすっかり浸りきったヒューマノイドが、名としての言葉の最初のものを創り出すという愉しい考えを思いつくといった事態ならば、確かに完全な倒逆法の事例であろう。こういった展開は、人類のあいだでゆっくりと段階を追ってしか発達してこなかったことが、考古学や人類学の証拠をもとにして、知られている。しかし、それを理由に、言語形成の過程において人間のもつ呪術傾向がはたした重要な部分を否定できないことは明らかであろう。留意しなければならないのは、人間の心にある象徴化へ向かう拭いえない気質として、より力動的な深い意味で理解される呪術が、標準化された呪術の水準よりはるかに下層で働き始めることである。まさしく全人類に共通するこの象徴化の傾向こそ、あらゆる呪術の実践や信仰が湧き出す真の源泉を構成しているのだ。このように理解された呪術は、まちがいなく、未開人がもつ不可欠な関心事のうちでも最初にして最も重要な場に位置する。つまり呪術は哲学することではなく、生きることなのである。呪術は心のたわむれの遊興ではなく、人と環境がとりむすぶ実践的な関係における不可欠な要素、人の生の不可思議にしてなくてはならぬ中心軸であり、現実に向かう人の姿勢の主要な方向を確定しているのだ。〈意味〉のもつ基礎的な働きの謎を解き明かす探索にあたり考慮に入れねばならないのは、このような意味での呪術なのである。

　人間の心がもつ呪術的な気質を考慮に入れず、きわめて一貫性のある言語起源論を構築する可能性が、つい最近、もう一人の著名な心理学者、ゲーザ・レーヴェースによって提示された。彼の著作『言語の起源および前史』についてはすでに触れた。そこで著者は、言語のもつ呪術的な背景《コンテクスト》にこそ中心的な重要性があると考える研究者の見解に対して、ことさら明確に反対していないのは確かであるが、それでもやはり、言語形成の補足要素としてさえ呪術という観念を完全に放棄している。要約するならば、彼の理論は三段階――叫び（Zuruf）、呼びかけ（Anruf）、言葉（Wort）――を措定する理論であり、その理論はそのうえさらに包括的で基礎的な「接触《コンタクト》」理論（Kontakttheorie）に依拠している。彼の信念に従うと、「接触」（動物的生の最も低い段階では純粋に身体的であるが、後にますます心的で心理的になる）が生まれながらに必要であることが、動物のさまざまな社会形態の発展や差異化におけるすべての基礎および必須条件をなしている。この互いにより密接に接触しようとする「生物としての」基礎的な要求は、動物存在の全領域を支配し、多様な伝達手段が進化する過程を決定する。人間言語はそれら伝達手段の一つにすぎないが、無論、進化の最新に位置する最も注目に値する事例である。叫び（Zuruf）の発生とともに言語進化の決定的な第一段階が成し遂げられた。例えば、特定種の動物の警戒を意味する叫びのような、多かれ少なかれ限定された集団に向けての、前言語的で未分節の叫びである。この段階こそが言語前史の真の始まりを記す。なぜなら、ここで理解されるべき叫びとは、明らかに、伝達の最も未開な形態であるからだ。次に来るのは呼びかけ（Anruf）の段階である。今度は、この呼びかけは、集団の全員に全体として無差別的に向けられるのではなく、集団のなかで誰か特定の個人にこちら側の願望を満たすことを求めるために、その特定の個人に向けられる。この種の伝達に見いだされるもう一つの特色は、動物であろうと人であろうと、記号《サイン》の発信者が通常は手振り、目の動きなどのように何らかの補助物によって空間的な指示を与え、ある場合は望んだ対象を直接に指さしさえするということである。この意味で「呼びかけ」はすでに紛れもなく、その性質上、命令である。

今のところ、記号が有する性質上は命令であるこの機能は「呼びかけ」の段階ではまだおしなべて暗示的なままにとどまっているが、次の段階が到来すると、全体をあげて明示的になる。それが「言葉」の段階であり、レーヴェースの信じるところでは、この段階はさらにいかなる媒介的形態もともなわずに直接に先立つ段階に続いている。それゆえ、彼の見解では、人間言語の前史の諸段階のうち最後の段階と、正統的な言語としてふつう理解される人間言語《スピーチ》としての「指示言語」の発生とのあいだに、すべてが命令として機能することになる命令言語（Imperativsprache）という特別な段階を挿入しなければならない。しかしこれについてはすでに言及したので、これ以上この問いにかかずらうのをやめ、決定的に重要なもう一つの問いに注意を向けねばならない。今考察すべき問いは次のことである。レーヴェースの理論的な仮説が人間言語の最初期の段階に関して採用すべき最も自然な理論であると認めるとしても、呪術的な観念が祖先の生に行使したはずの、並外れて甚大な形成的影響力に注意を向けずとも本当に良いのだろうか。祖先たちは、まさに、心のうちに言語の象徴機能の兆しがにわかに現れ始めた決定的瞬間を生きていたのではなかったか。思い起こさねばならないのは、より進化した類人猿や特定種の鳥類が言語《スピーチ》器官のほとんどを有しており、特に鳥類の場合には自発的に音を発する傾向、「しゃべろうとする衝動」さえ備わっており、これを現代の心理学者たちは人間の幼児期の特徴ともみなしていることである。だが彼らは、類人猿における発声器官の発達からも、音に対する本来の関心が鳥類に紛れもなく存在するという事実からも、分節言語のプロトタイプと呼ぶべき何かを創出することはなかった。動物の発声と人間言語《スピーチ》とのあいだには、〔言語が前者から後者へ〕自然に展開するという理論をすべて不可能にするような広漠たる隔絶がある。したがって、何らの媒介もなしに、ある種の自然の成り行きによって「呼びかけ」という前段階から命令言語が、あらゆる人間言語《スピーチ》の最初期の段階として進化したというレーヴェースの仮定は不可能であると結論しなければならない。では、伝達手段に関して、人と獣とのあいだに横たわるこの深い裂け目は何が引き起こしたのか。言語の創出という驚くべき事実は、未開的な条件のもとで人間の心を大いに特徴づける呪術的傾向という観念を導入することによってしか説明することはできないと、私には思われる。

手始めとして、これまで検討してきた諸理論とは好対照をなす独特な言語起源論を短く提示しよう。私の念頭にあるのは、象徴の振る舞いがもつ意義を論じた重要な著作『哲学の新しい調べ』第五章でスザンヌ・ランガーが提唱したきわめて印象的で示唆に富む仮説である。エルンスト・カッシーラーやエドワード・サピアのように、言語理論について書いた著名な人々が共有する基礎となる哲学的直観から始めて、彼女はこう主張する。人間言語の最も未開的で、したがって最も本来的な機能とは、これまで綿密な注意深い検討もなしにかなり頻繁に想定されてきたような伝達ではない。言語は本来、「現実を象徴的にみる傾向」（サピア）の具体的な現れであり、伝達という言語の側面は副次的で派生的な機能とみる方が良いとランガーは主張する。「言語は象徴作用のきわめて高度な形式」であり、それ自体、実践的な事柄からの解放がかなり進んでいて、象徴化の過程が少なくとも低次の形式においては完全に有効であった人間という種以外では発生しえなかった。これは、彼女の提案したような理論のなかでは、舞踏の形式、滑稽な身振り、象徴的な身振りなどに類するものが豊かに発展した公共の生のみを言語は起源としえたと述べられているというに等しい。要するに、儀式が言語の真の発祥地ということになる。一九世紀末に『マインド』という雑誌にきわめて意義深い表題の論文「人間言語《スピーチ》の祭祀的な起源」を公表したJ・ドノヴァンに密接に従いながら、祝祭の機会はおそらく一般的な背景としてだけでなく、さらに直接に言語的な象徴の母胎として役立ったとランガーは論じていく。この主張はこう続く。祝祭的な興奮のさなかに、情緒的な緊張が最高音域にまで調律されて、その声にそれ固有の種類の象徴的な価値を与えることが不可欠になったときに、特定の音節は特定の対象、人物、行為と連合されるに到った。そして、この連合がいったん確立されてしまえば、それを生み出した祝祭の状況全体を離れてさえも、その対象をみるだけで人々は対応する一音節、あるいは一連の音節を発するようにしむけられるようになった、と容易に考えられる。言葉と対象とのあいだに形成されたそのような意味連関が、対象が不在であってもその言葉を聞いた人の心に呼び出されるまで、数えきれない同類の行為をとおしてつねにしっかりと強化され続けられることは明らかであろう。この点にまで達したなら、音は表象的な象徴になったと言ってよい。

さて、この議論は作業仮説としてはレーヴェースのものにも劣らず首尾一貫しており、さらにいっそう示唆的でもあるが、それでもやはり、それ固有の難点を有すると言ってよい。瑣末な問題はすべてわきに置き、ドノヴァン＝ランガー理論のおもな弱点と思われるものを指摘しよう。手短に言うと、「祭祀的な起源」という表題の選び方そのものが証明するように、彼らの理論でも呪術は、大まかに言って、標準化された呪術の意味で用いられている点である。そして疑いもなくこれは、彼らの理論が、依拠するには空想的で想像的すぎる虚構であり、完全に間違っていると思わせてしまうところでもある。しかし、彼らの仮説に基づけば、言語は舞踏や歌という公共の祝祭の機会に起源をもつとされる。言い換えれば、言語《スピーチ》の起源は、大いなる興奮が続くあいだ祝祭に興じる人々の心のなかに生じる特殊な状態そのものに帰されるのだ。声は、儀式化された象徴的な身振りにともなわれつつ、人間、動物、そのほかの、祝祭の中心をなす象徴物と密接に連合され、この連合は年ごとの祭事が終わったあとでも維持されたのであろうと言われている。

人間言語の発生は、その直接の背景として、祭礼的な機会に普通は観察されるような、心のなかの何か非日常的な情緒の緊張を必要としたはずであると広く主張されている。おそらくそれはかなり正確なものであると断言できよう。さらに、こう付け加えても問題ないと思われる。そこには象徴的な身振りが豊富に存在したはずであり、それらの身振りにともなわれた声にはある特有の表現的さらには象徴的な価値が与えられる。というのも、そうでなければ、言葉の意味のもつ象徴作用は満足に説明つかないままであろうからである。しかし、それにもかかわらず、言語が祭祀的興奮という溶鉱炉のなかでのみ形成されえた、すなわち、言語は承認された儀式行為の産物であると信じるには、否、いかに信じようとしても、相当の無理が必要である。そして、この説明には改良やさらなる修正が必要ではないかと疑わせるに十分であろう。

この理論をより信頼できる有用な仮説にするために、B・マリノフスキーが未開の人々のあいだでの呪術的なプロセスについて構築したみごとな議論から、すばらしい着想を改めて引き出して「自発的な呪術」というもう一つの重要な観念《イデー》を導入したい。彼の注目すべき論文の一つ「呪術、科学、宗教」はこう教えてくれる。呪術の信仰や実践の隠れた源泉をみつけたいなら、伝統的に固定された儀式的な形式面に注意を限定せず、儀式的な形式のそれぞれを真に主体的な体験にする究極的な源にまで、もう一歩深く降りてゆくことが重要である。端的に言うと彼のおもな主張はこうなろう。すなわち、ほとんどの種類の形式化された儀式にここで対応するのは、原則として、情緒的な表現がもつ自発的な儀礼や、望まれる結果を予言する自発的な儀礼である。呪術的な儀式の基礎は何もないところからもち込まれたわけではない。呪術的な儀式の基礎は実際に経験された熱狂的な体験に由来したはずである、と彼は主張する。未開人は本能的で実践的な生のただなかで、かなり頻繁に苦境にさらされ、自分の知識が役に立たず、望みはくじかれて困惑し、途方にくれた気分になったであろう。そのような状況が未開人の神経を張り詰めさせるのは自然であり、それはまた、ある種の代理的な活動として、未開人を半狂乱の振る舞いに駆り立てずにはおかない。こうして、くじかれた望みはかえっていっそう人を強固に捉えることになる。なぜならその際に人はおのれの無力を強く感じるからだ。それはたやすく執着（強迫観念）となる。そして極限に至ると、抑え込まれた心身の緊張は熱狂的で制御不能な身振りへとほとばしり出す。自発的な行為や働きは――それらを「自発的な儀礼」とマリノフスキーは非常に適切に名づけた――それゆえ、そのような状況に対する人の自然な反応として生じたのであり、きわめて多様な種類がある。例えば、どうともできぬ怒りに支配された人は突然自発的に自分の拳を握りしめ、敵に対して威嚇するような身振りをするであろう。抑えがたい欲望に支配された人が望んだ結末を模倣する表現に駆り立てられるのもきわめて自然であろう、等々。

望まれるか恐れられるかされる対象の理念が、この溢れかえる熱狂や欲望の「自発的な儀礼」をすみかとなす点が、われわれの主題にとって最も重要である。マリノフスキーが強調するように、人が自己制御を完全に失って、狂乱と放埒という興奮の絶頂に駆り立てられているときですら、そこで感情の炸裂を統べていたのは、目的のきわめてはっきりした形象である。確かに、欲望、憎しみ、恐れの対象の形象は、この種の反応のまさに核心にして中枢をなし、この反応に力動的な動機の力を与えつつ、反応の過程全体を「自発的な儀礼」の名に真に値するようにまとめ上げるのである。そして同時に、ここで描かれる身振りだけの無言の〔言葉を用いない〕動きという未開的な初期の形態は、動物の叫びからとりわけ人間的な種類の記号的振る舞いにまで進歩してゆく発展にとって最大の意義をもつ要因を、明示的であれ暗示的であれ、含んでいる。例えば、指さす身振りが希薄化する、あるいはさらに正確を期するなら、より創意に富む摑む動きが精神化され、あるいは身体的でもあり精神的でもある示し（demonstrare）へと発展することを意味している。ついでながら、より進化した類人猿でさえ、指さす動きは最も初期の段階を過ぎても発達していないことは、述べておいてよかろう。しかし、なかば身体的でなかば精神的である指さす動作というこの要因がなければ、人間言語の最も特徴的な特色と一般に認められている「分節」は完全にありえない。この要因がなければ、言語は、それがそもそも言語と呼べるならではあるが、状況全体をいまだに差異化しない曖昧な指示の段階にずっと留まっているはずである。ある特定の明確な対象を指さし、同時に特定の音を発するという執拗な欲望の支配下にいる未開人を想像してほしい。意識の絶え間のない流れのさなか、永続的で恒常的な何かが初めて捉えられ、そして、名指しの機能の発達への決定的な一歩が踏み出された。まさに、あらゆる感覚的な——そして、ゆくゆくは概念的な——知の必須条件としての対象化の端緒がここにあることはもう明らかだ。

問題となっている指示的な身振りは、このような仕方で、音と対象とのあいだの意味連合の核を提供するだけでなく、ごく自然にもう一つの重要な機能を補助する傾向にもある。それはすなわち、あれやこれの特定の対象を正確に「指さす」という役割をもつ特定の言葉を発達させる機能である。上述したように描き出された指さす動きは、身体的であろうと精神的であろうと、さまざまな種類の指示語の発生やそれらの段階的な増加を直接に引き起こすことになることは、特別に強調する必要はないであろう。というのも、これらは指さす身振りの直接の代用語にすぎず、それ自体は手が摑んだり握ったりする動きが象徴へと変容したものにすぎないからである。今日、指示語——ビューラーの用語では文字どおりに訳すと「指し示して見せる言葉（Zeigwörter ドイツ語の文法用語で「指示語」に当たる）」、さらにラッセルは「自己中心的《エゴ・セントリック》な特称語」と呼んだ——が言語記号の特殊層を形成すること、そして名としての言葉の特殊層と協力しあって、心身的な仕組みの基礎そのものとして最も重要な役割を果たすことはよく知られている。こうして、自発的な儀礼の一般的な状況の文脈は人々を象徴のもつ二つの根源的な区分、名称語（名としての言葉）と指示語の双方を発生へと駆り立てることが分かる。この二つは、人間言語《スピーチ》すべてを真に特徴づけるためには等しく本質的なものである。

素描されたばかりのこの理論に対して、次のような理由から異議が唱えられるかもしれない。たとえ指示する身振りによって果たされる役割が言語形成の本質的な要因として認められようとも、この劇《ドラマ》が自発的な呪術という特例の背景においてこそ演じられるはずだと明確に主張するまでには至らない、と。野生の社会ではすべての事物と事象が厳密に分割された二つの範疇、自然なもの、つまり馴染みのものの範疇と超常的で不可解なものの範疇という二つに区分されるということは経験的な事実において明らかである。未開人の生きている現実は、俗なる領域と聖なる領域、冷静で実践的な活動世界と迷信、儀式主義、呪術に支配された世界という二つの領域からなる。そのいずれもが、人間言語の発生を引き起こしたとの名誉を有すると等しく主張するようにみえよう。つまり、すべてのプロセスの焦点はやはり指さす身振りの生起にあり、指さす身振りが呪術であろうと日常であろうと、それが生起する現場は、一見したところ、ほとんどあるいはまったく違いをなさないであろう。直示の動きにそのような驚くべき効力が帰されるのが当然と言っていいなら、なぜ指さす身振りの生起は呪術的な状況に限定すべきなのか。同じことを普通の日常場面で生じると期待するのは不適切なのか。こうして、われわれはレーヴェースの仮説を論じたときすでに出くわしていた点に戻ったのである。

純粋に理論から考えて、呪術も宗教も関わりがない日常のありふれた諸事の領域が、言語形成という人間に特徴的な劇《ドラマ》の一般的な背景として大いに役立ったであろうことは正しく想定しておかねばならない。われわれが、レヴィ＝ブリュールによって提案された説――未開人は前論理的で迷信深い心の枠組みに浸りきり、それゆえわれわれの理解する意味での「物理」の世界をもたないとする説――に完全に同意することを拒否し、その代わりに〈聖なるもの〉と〈俗なるもの〉の二元論をあらゆる未開の人々のあいだにある経験的事実として認める限り、野生の生において等しく重要な領域であるこれら二つのうちの一方に言語的象徴の創出を帰すのは、正当ではないということになろう。

確かに、これら決定的な疑い――しかも非常に重大なもの――を一撃で、完全に満足のゆく仕方ですべて取り除けると考えるのは慢心であろう。しかし他方で、少なくともいくつかの解決の道筋を示唆するのは不可能でもないだろう。まず、自発的な儀礼の事実が、今区分されている二つの領域の一方に、もう一方が排除される仕方で属すのではなく、未開の生に推定されるこの理論的な二元論の外側に何らかの仕方で存立することに留意すべきはずだ。あるいは、自発的な儀礼の事実はあたかも両者のあいだに広がる空中で二面的なあり方をしているようなものであって、〈聖なるもの〉と〈俗なるもの〉の双方の性質を帯びていることが注意されよう。そして、このように対立する両極のあいだで中間の立場にとどまっていることが、自発的な儀礼の事実を二つの観点のあいだで行き来させているかのように思わせる。自発的な呪術は、一方では、圧倒的な感情や過度の欲望に対する人間の自然な反応として、疑いようもなく日常的な生の不可欠な部分であるが、他方では、日々の決まりきった繰り返しに、奇妙なずれや不調和を起こすことも含んでいる。換言すれば、自発的な呪術は、平凡な日々のただなかへ非日常と呪術的なものが侵入することを意味するのである。生の日常的な実践に関係する範囲内に留まりつつも、自発的な儀礼はやはり呪術の領域に属する。これは、自発的な儀礼があらゆる標準化された形態の呪術や儀式にとって真のプロトタイプであるという先述した事実からも明らかである。それゆえ、次のことが理解される。言語の呪術的な起源という仮説は、未開人が霊に取り憑かれてつねに怯えるといった仮定――これは馬鹿げている――を必然的に含むものではないし、未開人が日々の生から出て呪術もしくは宗教という明確に聖なる領域に入ることなしには言語を創出しえなかったとも必然的には意味しない。

もう一つ重要な点が注意されてよい。自発的な儀礼は、日常の生という角度から見れば、人間の心身という有機組織のなかで何らかの強い感情によって誘発された非常に高い緊張の徴候にすぎないことは、先述したことからも明白であろう。このような緊張が一度、誘発されれば、それは精神的かつ身体的な執着（強迫観念）として人を内側から捉え、言葉と行為のうちに感情を噴出させてみずから果てるまで、その束縛を緩めない。それゆえ今や、強い情緒的な体験は言葉や音が多少なりとも熱狂的に溢れ出すことに対してかなり好都合な状況をつねに提供する傾向があるとみることもできる。そして、そうしたことは、言語《スピーチ》に関しては低い水準にあったわれわれの遠い父祖たちについても当てはまる。彼らにはまだ十全な分節言語が欠けていたが、それでも多様な「記号」によって伝達が可能であったことは疑いない。いや、彼らはかなりの確率ですでに「しゃべる」種族であり、ぶつぶつと音を発する本能と音声的な素材に対する自然な関心とをもっていて、これは児童言語の最初期を著しく特徴づけるものと同様である(2)。加えて、高い情緒的な緊張は通常、発話された声の重々しさや厳粛さを高めるのに大きく寄与すると言ってよかろう。その声こそ、音と物の連合の基礎を発展させるのに第一の不可欠な条件であるのは明白である。

溢れ出す感情や欲望が人の自発的にあてどなくしゃべる本能を刺激することについては、それに近いものがしばしば動物にも見いだされる。鳥の音声を発する振る舞いは恰好の例となる。周りの音への興味、それをまねる衝動、声に出す本能を有するこの鳥〔オウム類〕は、動物種として、〔いかにもこの種らしく〕特徴的に歌う生き物である点で動物界の全体でも他に例はなく、まさしく幼児期の人と比べうることが思い起こされよう。そこで、この冗長な章を閉じるにあたって、私の当面の主題に重要な側面から光を当ててくれるであろうその限りで、鳥が声で遊ぶことについて少しだけ言及しておきたい。これから述べる説明は、若い鳥類学者にして言語学者である鈴木孝夫氏が私信で教示された興味深い観察結果に基づく。この場を借りて謝意を述べたい。

第一の近似として、鳥の「言語《スピーチ》」は二種に分けうる。(1) 呼びかけの鳴き声――いわゆる鳥の言語はどれも年間を通して日常的な伝達の目的に利用される。それゆえ一般的化して言うなら、以前に言及したヒトにおける音記号の前言語的な使用に対応している。(2) 狭義の「歌」――これは情緒的な反応が生む特定の規範に従うように見受けられるが、それはこの規範が鳥が内的に興奮するさまざまな状態と密接に結びついているからである。これら二種の「発話」のうち後の方の種類の音声による活動がわれわれの主問題に直接に関係するであろうことは明らかである。それゆえ、これはもう少しだけ詳しく説明するに値する。

この主題に関して日本でも指折りの権威である川村多実二[1]（京都大学）によれば、鳥の歌は三つのタイプに区別される[3]。すなわち、(1) 縄張り《テリトリー》の歌、(2) 愛の歌、(3) 喜びの歌、である。最初の二つは時により一般的な「春の歌」の呼称でひとまとめにされる。実際、両者は互いに、同一種の鳥のなかでもいつもたやすくは区別できない。喜びの歌――川村はこれを恍惚の歌とも呼ぶ――は、とても特殊な歌であり、鳥がどうやら心地よい興奮状態にあるらしいときに快活な仕方で歌うという。よく知られているように、鳥は外部の環境条件に対して極端に敏感である。例えば、もし天候が悪いとき、鳥は静かに引きこもったままである。しかし、ごくわずかな好天気の気配がするだけで、鳥はただちに感きわまったかのように浮かれ、内側から込み上げてくる喜びを解き放とうとする抑えがたい欲求に駆られたかのように、突如として活発に歌い出す。突然に高められる生理的な緊張は、どうにかして音声の美しい旋律の流れのなかでみずから果てねばならないと主張しているかのようである。このタイプの歌は、年齢、性別、季節に関係なく、鳥たちによって歌われるのである。

本論にとってはるかに興味深く、より大きな意義をもつのは、縄張り《テリトリー》の歌と愛の歌からなる「春の歌」である。喜びの歌がすべての季節を通して聴くことができるのに対して、このタイプの音声による活動は春という特定の季節に固定されている。春の到来にともない鳥が歌いだすのは分かりきった事実である。この事実についての生理学的な説明も手中にある。春が来て日光が増すにつれ、視床下部に接している脳下垂体は日光に刺激され続ける。すると徐々に、生殖衝動を覚醒する原因の血中ホルモンがそれに応じて十分に分泌を促される。鳥においても、より進化した動物においても、生殖期は一般的な活動が増える時期でもあると言われる。生殖衝動は欲求の充足に対する特定の活動を引き起こすだけでなく、身体の活動が全般に増加するよう有機体を刺激するように思われる。鳥という特定の事例の場合、これは音声による振る舞いを著しく活性化させ、それが生殖周期を歌う時期に一致している。

それゆえ温帯では一般に鳥は春につがいになり、繁殖する。そして、春から夏にかけて熱狂的に歌うのを聞くことができる。そこから、「春」の歌という名称でこのタイプの音声による活動は通常知られている。こうした関連のなかできわめて興味深いのは、飼育されたニワトリやカナリアには特定の生殖周期がなく、また同様に歌に関しても季節の周期がないことである。生殖周期が消滅したこと、あるいはむしろ一年中になったことは、この場合、歌う（すなわち鳴く）活動をすべての季節に延長させたようにみえる。

これらの多少なりとも形式化された季節の歌とならんで、もう一つ別のタイプの歌が、しばしば生殖期のあいだに観察される。それはもっと私的な性質のもので、つがいを作る行為自体とさらに密接に結びつけられている。確かに、特定の種類の歌が、通常は交尾への特別な欲求をメスに引き起こす目的でオスによってなされる交尾前の誇示行動〔例えば求愛としての鳴き声〕にとって不可欠な部分を形作っていることは、鳴き鳥のあいだで珍しくはない。きわめて注目に値する多くの事例は、レン・ハワード[2]によって記録されている。彼女の著作『個としての鳥』は、このような鳥の鳴き声やその他、鳥の生態をめぐる問題についてのまさに情報の宝庫である。例えば、ここに引く一節で彼女はクロウタドリ[3]の熱狂的な求愛行動を記述している。ある時、ハワードはクロウタドリにはまったく知られていないタイプの、非常に変わったさえずりを聞いた。その歌はしわがれ、ごたまぜの寄せ集め《メドレー》であり、最初、何かの鳥が苦痛か何かにあえいで鳴いているのかと思ったほどだった。災難から救うつもりでその場に駆けつけてみると、「それはクロウタドリのオスが情熱的な愛の歌によって、性的に挑発するメスに求愛する際の最後の断末魔にさしかかるところであった。このメスはオスをつきまとわせ、小さな円を描くようにいくどもぐるぐる回らせていた。……オスはますます速く追い回すにつれ、ますます興奮していった。その首を精一杯に伸ばし、頭部の羽をさかだて、目をきらきらとかがやかせ、くちばしを開いて、爆発音じみた歌を投げつけるように放っている」（一八八頁）。

ここに生き生きと描き出されたクロウタドリによる交尾前の狂気の踊りと発声行為は、おのずと、未開人による「自発的な儀礼」について先に取り上げたことのすべてを思い起こさせよう。実際、このタイプの音声による振る舞いは、羽や尾を広げたり、飛び跳ね躍り上ったり、反り返り尾を立てて歩き回ったりなどの誇示行動とともに、しばしば鳥類学者によって鳥の「儀式」と呼ばれている。

しかし、ここで誤解のないようにしたい。一見、儀式的にみえるこれらの行為を鳥類が独占していると示唆しているのでは決してない。交尾前にオスとメスのあいだでこのような相互の働きかけが起きるのは、魚にも蝶にも見いだされる。例えばニーコーラース・ティンベルヘン[4]によってなされたハイイロジャノメチョウ（eumenis semele)[5]についての綿密な実験は、オスが前翅によってメスの触覚を抱擁する交尾前の一連の誇示行動が、優美な挨拶と見なされることを明らかにした。[4] ここで私が言いたいのは、鳥の場合に声楽が通常はこの種の「儀式」の不可欠な要素を形作り、その「儀式」が相手を刺激するための重要な役割を果たし、相手の反応を引き出すということである。

この関係で、先に鳥類一般の最も際立った特徴として指摘したことを思い起こすことは有意義であろう。すなわち、鳥は発声する動物として、音を生み出す際立った本能的な傾向をもっている。確かに、鳥と人間は、全動物界において、絶え間なく音を生み出す傾向のあるただ二つの種であると思われる。しかし、鳥の場合、この生まれつきの言語能力は――今のところ推測する必要のない理由から――厳密な意味での言葉の象徴機能を誘発することができなかった。本書の探究にとって強調すべき中心点は、発声するこれらの二つの動物種では自発的にあてどなく話す行動が情緒的な重圧の状況からの逃げ道を開くようにみえるということである。つまり、一般化して言うと、声には欲望と感情の影響のもとで内的変容を遂げ、深い象徴的意義を帯びる傾向があるのだ。おそらく、これは、人間言語の発生にとって、自発的な儀礼が行われる状況的な文脈が核心的な重要性をもつことに関して示唆を与えてくれるであろう。

文献学者や言語学者のあいだでは今でもよく出る話だが、オットー・イェスペルセンは言語をその最初期の始まりにまで跡づけようとして、ついにはこういう結論に至った。言語はどうやら人間の求愛の日々のなか、「屋根のうえで夜ごと歌われる猫の愛の唄と、小夜啼鳥《ナイチンゲール》の美しい旋律の愛の歌とのあいだの何か」として生まれたという。[5] これまで述べてきた議論からみると、この推測は、最初、耳にしたときに思うほどには、警戒を抱かせるような荒唐無稽な憶測ではないのかもしれない。

## 注

（1）*Sprachtheorie*, III, 14, 1.

（2）Cf. J. Piaget, *The Language and Thought of the Child*, Eng. tr., Chap. I, the section on "echolalia".

（3）川村多実二『鳥の歌の科学』臼井書房、一九四七年〔井筒の参照個所は「鳥歌の分類」五二頁から五八頁に相当。川村の用語法では、(1)「地区宣言歌」（五三から五五頁）、(2)「恋愛歌」（五五頁）、(3)「浮かれ歌」（五五頁から五八頁）で、そこに付された英語による分類名を井筒はそのまま用いるが、本書はその英語名をより今の日本語に近い言葉に置き換えた〕。

（4）*Social Behaviour in Animals*, Chap. I.

（5）*Language*, Chap. XXI, §12.

## 訳注

〔1〕川村多実二（1883–1964）は動物学者。日本における淡水生物学を基礎づけた。動物生態学や動物心理学、昆虫学でも知られる。本書刊行時の一九五五年は京都大学名誉教授で、滋賀県立短期大学学長。

〔2〕Len Howard, 1894–1973. 本名はグウェンドレン・ハワード（Gwendolen Howard）。イギリス人の音楽家。また在野の鳥類研究者としてもレン・ハワードの名で知られ、二冊残している。井筒が参照したのは第一作目。

〔3〕クロウタドリは、スズメ目ツグミ科。二五から二八センチ、一〇〇グラム程度。全身が黒色、嘴と目の外縁は黄色。ヨーロッパを中心にユーラシア全土に分布。オスの美しい囀りで知られる。英語名 blackbirds は、米語ではムクドリモドキ科ハゴロモガラス属の鳥の総称で別の鳥を指す。

〔4〕Nikolaas Tinbergen, 1907–1988. ニーコーラースの代わりにニコ、ティンベルヘンではなく英語読みのティンバーゲンとも。オランダの動物行動学者、鳥類学者で、一九五五年にイギリスに移住。行動主義を批判し、彼以前は混同されることのあった記述を適応・系統発生・原因・個体発生に分類しその四側面の記述を提唱、以降、行動学の枠組みとなった。

〔5〕同じ英語名 grayling でも学名が Thymallus thymallus であれば、カワヒメマス属の魚。

# 第十章　呪術の環《サークル》のなかの言語

　これまでの諸章にわたって、人間の言語的な振る舞いは全体として、また結局のところ、本質においては呪術的な何ものかであるという考えが貫かれている。仮定されてきたのは、人間言語の識別できる機能すべてに関して、呪術的な機能は最も未開なものであるということだ。すなわち、発生論的には、他のあらゆる機能よりも、呪術的な機能はより根源的で、より重要である。この解釈に基づけば、その他の機能は何であれどれもみな二次的で派生的とみなされる。この線に沿って議論しながら、私は、それらの言語機能《スピーチ》（例えば、言葉の指示＝情報提供的用法）すら――現状のままでは明らかに呪術や儀式とまったく結びつかないとしても――ある特定の意味においては、より未開の呪術的な用法が弱まり、分散化した痕跡であると考えてもよいということを示そうとしてきた。これまで繰り返し言及してきた〈聖なるもの〉の領域と〈俗なるもの〉の領域という未開の生における根源的な二元論に依拠して述べるならば、私は一貫して〈聖なるもの〉の領域という観点から言語の諸事実を検討しようとしてきたのである。

　しかし現実の諸相を公平に扱うためにわれわれは方向を逆転し、反対の立場、つまり〈俗なるもの〉の領域からも事態を見なければならない。このようにほんのわずかに観点を変えるだけで、真のアニミズムの段階なら言葉に存すると一般に考えられる驚くべき効果は、われわれが用いているほとんどの言葉に存在しないことが明らかとなる。突然、神秘の帳が外されると、言語は、驚きをなす道具としてはあまりにやせ衰えあまりに陳腐な姿を露わにする。

すでにみたように、神話的なタイプの思考に従うなら、言語はそれ自体が聖なるものである。どの言葉も発音されれば、声に出されたというその事実のみによって、ただちに呪術として効果を発揮する。しかし現実世界でわれわれが知る言語は実際にはそうではない。文明化されていようと野生であろうとあらゆる社会では、〈聖なるもの〉の領域と〈俗なるもの〉の領域のあいだでの区別が多かれ少なかれ厳密に守られており、言語は実際の社会的事実として〈聖なるもの〉よりは〈俗なるもの〉の領域に属している。これをいくぶん異なる仕方で言うなら、あらゆる言語文化の下部構造を至るところで形作っているのは「日常言語」である。しかし、これでは言葉は原則として呪術的効果を何ら示さない（あるいはむしろ、示すことをやめた）というのと、結局は同然ではないだろうか。

言語は、それがいかなるものであれ呪術的な力をもともとは有していたが、長い使用をとおして完全に失ってしまったと言ってよいのだろうか。いずれにせよ、次のことは確かと思われる。すなわち、ほとんどの言葉は生の日常的な関係性という土壌に深く根を下ろして、日常生活のあらゆるよしなしごとに巻き込まれている。その結果、それらの言葉がともかく特徴を変えて呪術的に働き出すとすれば、より非日常的な条件を要求することになる。世俗的な目的には許されていない少数の特別な言葉を除けば、日常言語が呪術機能を発揮するためには、神聖化のプロセスという準備的な手続きが必要である。そのためには前もって、日常言語は目前の実践的な生の関心から分離され、〈俗なるもの〉の領域における自身の存在から、本性においても目的においてもまったく異なる何かへと儀式をとおして純化され、高められ、転換されねばならない。こうして、あらゆる民族のあいだで、あらゆる時代において、言語が高められること、すなわち言語《スピーチ》の水準を「平常なるもの」から「聖なるもの」へと移行することが、言葉の呪術的な使用のすべてにとって必須の前提条件であることが知られている。このことを私は言語のもつ呪術的な「枠組みづけ」の過程と呼びたい。

実際、「枠組みづけ」はほとんど数えきれない多様な仕方で生起しうるが、便宜上、二つの項目に分類できよう。すなわち、(1) 外的な「枠組みづけ」と (2) 内的な「枠組みづけ」である。まず第一の範疇から始めよう。言語の外的な「枠組みづけ」のための装置を最もよく表しているのは、特に儀式的な状況であり、かなり頻繁に未開社会で見いだすことができる。例えば、大群衆をともなう年ごとの、もしくは季節ごとの祝祭、あるいは、出産、成人、結婚、病気、死などの人の生におけるさまざまな重大な機会にもよおされる、より私的な性質をもった呪術・宗教的な祭礼である。言うまでもなく、これらの状況は普段の生活や日夜考えていることから完全に離れたところにある。そのすべての過程を支配する情緒的な沸騰のただなかで、あらゆるものがおのずと印象的で強烈、壮大となる。生の全体が変容され、高められるのだ。日常的で平常なありふれたもののままに留まるものは何もない。そのような条件のもとでは、言語も非日常的な何ものかになるのは自然なことであろう。激しい情緒的な興奮が、それに関わる者すべてを生き生きとさせることによって、普段は無味乾燥な言語《スピーチ》の断片断片が威厳と迫力を帯びる。そのような文脈では言語《スピーチ》そのものが聖なるものとなり、発話という行為それ自体が何らかの呪術的な力を解放する行為となる。

このような現象自体はよく知られているので数例挙げれば十分であろう。ここでは古代文学から無作為にとった二、三の例を示しておく。最初の例は、第二章で参照している日本最古の歌集『万葉集』から挙げる。第二章である程度詳しくみたように、万葉人の生きていた世界は真のアニミズムが行き渡った世界であった。つまりその世界は、あらゆる種類の神々や精霊の住まう世界、言葉の不可思議な力に対する信仰によって特徴づけられる世界であった。万葉人の心にとって、アニミズムを生きるような心一般にとってと同じく、名づけは呪術的な喚起であり、まさに言語《スピーチ》という行為そのものが、少なくとも理論的には、呪術的な目的をもつ何ものかだった。しかしこれに反して、そのような時代においても日常言語は、神々や精霊と交信する目的、さらにその他のさまざまな呪術・宗教的な目的のために利用されるには、あまりに卑しく、また「汚れている」とみなされていた。次に引用する詩歌は浄化のための特別な祭祀を生き生きと描き出している。祭祀は日常言語の状態を高め、不可視の力と対話するときに用いられるに値する何ものかへと転換する目的で執り行われている。これは有名な女流歌人、大伴坂上郎女[1]の作で、『万葉集』巻三（三七九番）にある。[2]

あまの原よりくだり来たりし畏れ多き神よ　み山の常緑の枝に細長い白麻切れと木綿を結び　神聖な酒瓶を清めの儀式で掘って据え置き　あまたの竹の輪に紐を通し　それを酒瓶から下げて　鹿のごとく膝を折って身をかがめ　乙女の私が祀りのための上着を羽織り掛けて身を包み　かくて恭しく汝に請います　わが君に会えぬものかと

　ひさかたの天の原より生《あ》れ来たる神の命《みこと》　奥山の賢木《さかき》の枝に白香《しらか》つけ木綿《ゆふ》取り付けて　斎瓮《いはひへ》を斎《いは》ひ掘り据ゑ　竹玉《たかたま》を繁《しじ》に貫き垂れ　鹿《しし》じもの膝析《さ》き伏して　たわやめの襲《おすひ》取り懸けかくだにも　我れは祈《こ》ひなむ君に逢はじかも

この詩全体の中心にして中核は少女の願いを表現する最後の二句であり、それに先立つすべての句は儀式の威厳と準備の苦労を描いてしかいないことは明白である。これらの儀式が必要なのは、ただの願望を表すこの二句を愛の呪術の効き目がある定型文へと高めるためである。さらに、まったく同じタイプの儀式的な手続きが絶えず『万葉集』をとおして言及されているのを理解することができる。この事実は、詩歌とは呪術の慣習と観念を忠実に反映するものであるという見解が、当時、広く行き渡っていたことを裏づけている。[1]

類似するものは古代文学だけでなく、野生の人々が行った宗教的実践に関する民族誌にも豊富に見いだされる。そこで行われる具体的な儀式の手続きはもちろん数えきれないほどさまざまだが、その儀式のもつ多様性自体は、祭祀の主目的——言語が高められるのに、とりわけふさわしい雰囲気を創り出す目的——がその祭祀を用いて成し遂げられるかぎり、まったく重要ではない。例えば、『旧約聖書』にはシリア人の預言者バラムによる有名な事例が収録されている。[3] それは七つの祭壇にそれぞれ一頭ずつ雄牛および雄羊を生贄として供えることが、神の言葉を受け取るべき超日常的な条件を生み出す目的をかなえることを示している（「民数記」第二三章第一節から第三節）。儀式は入念な祭礼のもつ荘重な威厳へとたやすく拡張されると言えるが、逆の経過をたどって、ある象徴的な価値をもつ簡潔な身振りへと還元されることもある。そしてまた、外的な「枠組みづけ」の効力が損なわれないかぎり、実際の言葉が使われなくとも、その言葉が採用した文法形式が中心的な重要性を帯びる。なぜなら、俗なる世界の出来事から明確に区別されたそのような形式的な儀式では、状況そのものが何らかの呪術的な生気で満たされ、その結果、発話された各言葉（あるいは実際には、各音節）に不可思議で呪術的な強調を付与することができるようになるからである。言うまでもなく、この効果が大いに高められるのは、内的な「枠組みづけ」が同時にともに働く場合、言い換えるならば、そのような特殊な形式の表現が慎重に用いられて、実際に儀式の厳かさにふさわしい雰囲気をもたらす場合である。事実、呪術的な定型文は非常に多くの事例で日常に使用される形式からかけ離れた形式で言い表される。だが、少なくとも理論上は、整然として注意深く準備された儀式という場面設定が、それ本来の能力として、先に示した方向で日常言語を全体として内的に変容させるのである。状況がそういった呪術的な文脈に置かれることで、言葉は発話されるとすぐに効果を発揮するとみなされていることを思い起こさねばならない。発音された名はただちに、その名が名指す物の不可視で触れえない精神を呼び起こす。それゆえ、名による召喚という呪術の実践は魔術や祈りの特徴のうちで最も傑出して強固なものの一つである。しかし、このことについては、これまで一度ならず多くを語ってきた。さらに進んで注意すべきは、そのような呪術的な活性化という状況下では、言語の記述機能ですら事実の純粋な叙述として振る舞うことは稀だということである。というのも、この手続き全体を取りしきろうとする意志に込められた呪術的な雰囲気は、ほとんどの場合、どんな記述をも即座に表現された願望や命令へと変えるのに、十分な効果を有すると言ってよいからだ。ある出来事の記述とは、ここでは、その出来事の発生を意志することを意味している。よって、言葉で未来の出来事を描写することは、出来事が生じる未来の過程を前もって確定することである。例えば、いわゆる農産呪術で植物の成長がことこまかに描写されることがそれをよく示している。

これほど頻繁に韻文や散文の物語が重大な祭祀のあいだ朗誦されることとなった理由は、今や十分に理解できるところまできた。例えば、バビロニアの『創世の叙事詩』[4]は、新年の儀式に朗誦され、その重要な部分をなすべく構成されているが、もともと呪術的な目的のために作成されたようである。[2] 興味深い類似例として、『詩経』「小雅」から「信南山」と題される祝頌詩〔全六章すべて〕を引用できよう。[5] この詩はいかにして聖王の禹〔夏王朝を創始〕が〔治水に成功し〕耕作するために国土を拓き、民のために農法を制定したかを物語ることで開始される。続いて、この詩は農作業の詳細を描き、最後に先祖へ供える生贄の祭祀が描写される。

(1) まことあの南山は禹がみずからその地に秩序をなした。平原と湿地を耕し、子孫はその地を田畑とした。われらは境界を定め、地を整え、あらゆる方角に水路を巡らせた。
(2) 天高く雲は覆い尽くし、雪は薄片となって舞い散る。続いて春の霧雨が来る。大地は雨を豊かに受けとめた。地は潤い満ちた。大地はわれらに百種の穀類をもたらした。
(3) 大小の区画は今では整然としている。黍《きび》は豊かに富んでいる。それは子孫らの仕事のたまもの。そこでわれらは酒と飯を作ろう。そしてわれらが亡き人と客人に供えよう。万年もの長き命のあらんことを。
(4) 田畑のまなかに小屋が建っている。大小の区画にひょうたんがある。それらは薄切りにされて漬けてある。それらをわれらが高祖の霊に捧げよう。子孫らが長寿を得るように。そして天の恵みのあるように。
(5) 汚れなき神酒で祭祀は始まる。赤い雄牛の生贄がそれに続き、恭しく高祖に捧げられる。(王が自ら)

小さな鈴で飾った包丁を取り、もって牛の毛を剃って、その血と脂身を取る。
(6) 恭しくわれらは供え、恭しくわれらは捧げる。(焼けた脂肪の)臭いで空気は重々しい。かくて祭祀の執り行いはかくもみごと。高祖はそこに堂々と坐《いま》す。彼らは喜んで報いてくれよう。万年もの命、限りなからん。

(1) 信彼南山、維禹甸之。畇畇原隰、曾孫田之。我疆我理、南東其畝。
信《まこと》なるかな彼の南山、維れ禹之を甸《おさ》めり。畇畇《きんきん》たる原隰、曾孫之を田づくれり。我れ疆《かぎ》り我れ理《わ》かち、其の畝を南東にす。

(2) 上天同雲、雨雪雰雰。益之以霢霂。既優既渥、既霑既足、生我百穀。
上天雲を同《ひと》しくし、雪を雨《ふ》らすこと雰雰《ふんぷん》たり。之を益すに霢霂《ばくぼく》を以てす。既に優《ゆた》かに既に渥く、既に霑《うるお》い既に足り、我が百穀を生ず。

(3) 疆場翼翼、黍稷彧彧。曾孫之穡。以爲酒食、畀我尸賓、壽考萬年。
疆場《きょうえき》翼翼たり、黍稷彧彧《しょしょくいくいく》たり。曾孫の穡《おさめもの》なり。以て酒食を爲りて、我が尸賓《しひん》に畀《あた》うれば、壽考萬年ならん。

(4) 中田有廬、疆場有瓜。是剝是菹、獻之皇祖、曾孫壽考、受天之祜。
中田に廬有り、疆場に瓜有り。是れ剝し是れ菹《そ》し、之を皇祖に獻れば、曾孫壽考にして、天の祜《さいわい》を受けん。

(5) 祭以清酒、從以騂牡、享于祖考。執其鸞刀、以啓其毛、取其血膋。
祭るに清酒を以てし、從うるに騂《せい》牡を以てし、祖考に享《たてまつ》る。其の鸞刀《らんとう》を執り、以て其の毛を啓《つ》げ、其の血膋《けつりょう》を取る。

(6) 是烝是享、苾苾芬芬、祀事孔明。先祖是皇、報以介福、萬壽無疆。

是れ烝《すす》め是れ享り、苾苾芬芬《ひつひつふんぷん》として、祀の事孔《はなは》だ明らかなり。先祖是れ皇《おお》いに報ゆるに介《おお》いなる福を以てして、萬壽疆り無けん。

このような祝頌詩の朗誦がその年の新しい作物に有益な影響を与えると信じられていたことはほぼ疑いえない。さらに観察されるのは、古代中国語のような「孤立」語は単音節構造と屈折変化する語尾がないことによって特徴づけられるので〔接辞の付加や語形変化を手段とせず一語が一形態素に対応する〕、外的な「枠組みづけ」の役割は屈折語よりも全体としてはるかに重要に違いない。屈折語では単なる叙述と意志の発言は、原則として、動詞の屈折によって両者の違いが形態論的に表示される。古代中国語のようにこのような形式的な基準がほぼ完全にない場合、与えられた文が直説法で言われているのか願望法で言われているのかは、それが発せられている具体的な状況を知らないかぎり、大抵は不明なままである。事実、古代中国語の表現を純粋に言語学的な〔形態論的〕側面からみるかぎりでは、〔直説法か願望法かという〕二種類の表現のあいだに違いはまったくない。あるいは、むしろこう言った方がよかろうか。すなわち、一連の文はこのような事例では二面的であり、単なる叙述《ナラティヴ》が同時に話し手の意志を直接表現するものとしても機能しているのだ。例として『詩経』「小雅」の「天保」から次の部分をみてみよう。これは「天保」の最初の三連〔全六章のうち前半三章〕である。これはおおかた宮廷で宴席の余興として王の「客人たち」によって歌われたと思われ、王への賞賛で言祝ぎ、その幸いの長く続くことを祈っている。この祝頌詩は繁栄のある特定の状態を単純な文体で記述するというより、ここではそれぞれの記述文が即座に祈りに実現するものであることが注目されよう。

(1)　天が爾《なんじ》を守り養い安定させることは確か。天は爾をまさに有徳とする。いかなる幸福ももたらさないことはない。(天は) 爾の幸せを増やし、かくてあらゆるものがありあまるほどある。

(2)　天が爾を守り養い安定させ、爾がまったく幸福であるようにし、そして素晴らしくないものはない。爾は天から百の恩恵を得る。天はとわの幸せを爾に急ぎくだす。（あたかも）無駄にできる日は一日たりとてないかのように。

(3)　天が爾を守り養い安定させ、かくてあらゆるものは爾とともに繁栄する。山々のように、岳のように、丘のように、急峻なる峰のように、滝もとどろの川のごと、あらゆるものはいやまし盛ん。

　(1)　天保定爾、亦孔之固。俾爾單厚、何福不除。俾爾多益、以莫不庶。
天、爾《なんじ》を保んじ定むること、亦孔《はなは》だ之れ固し。爾をして單《ことごと》く厚からしめ、何の福か除《ひら》かざらん。爾をして多く益さしめ、以て庶《おお》からざる莫《な》し。

　(2)　天保定爾、俾爾戩穀、罄無不宜、受天百祿。降爾遐福、維日不足。
天、爾を保んじ定むること、爾をして戩《ことごと》く穀《よ》からしめ、罄《ことごと》く宜からざる無くして、天の百祿を受く。爾に遐《とお》き福を降して、維れ日足らず。

　(3)　天保定爾、以莫不興。如山如阜、如岡如陵、如川之方至、以莫不增。
天、爾を保んじ定むること、以て興《さか》んならざる莫し。山の如く阜の如く、岡の如く陵の如く、川の方に至るが如く、以て增さざる莫し。

こうした文脈による補足がなければ、直説法か願望法かという二つの可能な解釈のうちどちらに決定すべきか困難な場合が頻繁に起きる。理解に役立つ具体的な例として「樛木」と題される小さな詩を取り上げよう。これは『詩経』「国風」の「周南」にあり、短い三連〔章〕で構成され、それぞれは四行しかない。ここに第一連を引く。

南に大枝の曲がり下がった木々があり、つたやかずらがまといかかっている。わがきみのなんと幸いなるかな、喜びと至福の彼に安らぎを与えんことを。

南有樛木、葛藟纍之。樂只君子、福履綏之。

南に樛《きゅうぼく》木あり、葛藟《かつるい》、これを纍《かか》れり。樂しき君子、福履《ふくり》、之を綏《やす》んず。

第一、第二句は明らかに記述的で、「南に大枝の曲がり下がった木々があり、つたやかずらがまといかかっている」と訳せよう。しかし、後半の二句の解釈――この二つはわずかな違いがあるだけでさらに残り二つの連〔章〕でも繰り返される――については、中国語文献学の一流の権威のあいだでも解釈に相当な幅がある。例えば古文〔古文経〕学派によれば、これら最後の二句は、周の文王[6]の後宮の妃嬪、太姒《たいじ》の高い徳を記述していると理解されるべきものである[3]。これに対して別の学派は、この同じ妃に幸運を祈るものと解釈する。この種の歴史への言及を考察するのを省いて――実際、現代の批判的な注解の観点からするとそのような言及はまったく不適切である――、ずっと単純な仕方で理性的に解釈するなら、後半の二句は、第三句で言及される「君子」が誰であれ、「わがきみのなんと幸いなるかな、喜びと至福の彼に安らぎを与えんことを」を祈願する祝福の言葉であるといえよう。いずれにせよ、そのような見解の相違が生じたのが、この祝頌詩が作られた当初の状況や実際の目的についての精確な情報が欠けているためであることは容易に理解できる。

荘厳な仕方で、いわば儀式ばった仕方で引き起こされる言語の高まりについては、以上で十分である。状況がこのように明白に季節の祭りや壮大な儀式などのような呪術・宗教的な文脈であれば、それは確実に最も重要なものではあるが、決して外的な「枠組みづけ」の唯一の手段ではないことは留意されるべきであろう。というのも、やはり同じ目的を遂げるために、はるかに簡単な方式の装置が、すぐに使える状態で他にも多く存在すると考えてよいからだ。以前にも示唆したように、儀式はある場合に、指で指し示す、何か聖なるものの上に手を置く、背筋を伸ばして座る、深刻な顔をするなど、きわめて単純な象徴的行為をただ執り行うことだけに還元されることもある。このことはほぼ慣例化された形式の宣誓のなかにかなりよくみられる。非常に関心のそそられる聖書ヘブライ語の宣誓の定型句を例にとろう。それは、kōh yaʿăśeh YHWH lî wᵉkōh yōsîp kî…（「主が私にそのようになされますように、それも、いくたびと。もし……」）という句であり、『旧約聖書』「サムエル記」「列王紀」「ルツ記」にみることができる。[7] 指示の言葉である「そのように」（kōh）は明らかに言葉を発しながらの象徴的な身振りを示している。こうして、この定型句は、生贄の各行程に従事しながら宣誓がなされていた遠い過去の時代へと連れ戻してくれる。現在ではその儀式全体がいまだ単純な形式の模倣によって象徴的に表象されているだけなのである。

中国語には「指天誓日」（天に向かって人が指さして太陽に誓う）という決まり文句があり、固い誓いを意味する。誓いながら太陽を指差すこの習慣は中国のはるか昔の古代に遡ることができる。

天を指して私は誓う。これはただあなたを思うがゆえだ。
　指九天以爲正兮。夫唯靈脩之故也。
九天を指さして以て正と為す。夫れ唯霊脩の故なり。

（『楚辞』「離騒」屈原）

わが言葉は信をおくに価せぬとでも思《おぼ》すか、わが心は白く輝く太陽のごとく偽りなきぞ。
　謂予不信、有如皦日。
予《われ》を信あらずと謂《おも》わば、皦日《きょうじつ》のごとき有らん。

（『詩経』「王風」「大車」）

これはごくありふれたタイプの縮約された宣誓を代表するものであり、世界中でもきわめて多くの民族にみられると指摘できよう。それゆえ、これらの事例では、何らかの聖なるものを証者〔証人〕に呼ぶという行為は指差す身振りにともなわれ、呪術的な雰囲気を十分にもたらすものだと一般に考えられている。そしてそうした雰囲気のなかで、言語が高められることは、ほぼ自発的に生起するのだということがみて取れよう。

否、ここではむしろ、儀式がさらに単純化された形式へと段階的に集約される過程が記述されている。この過程は外面的な祭祀をすべて無化することにさえ導きうるのだ。それゆえ、アニミズムのあらゆる段階における未開人のあいだでは、言語の呪術的な「枠組みづけ」は通常、「枠組みづけ」を求める心の働きによって、あるいは未開の心理学の用語で言うなら、〈霊魂〉の力を外的環境にただ投射することによってのみ達成されると信じられていた。これは特に、呪術師、魔術師、あるいは預言者のような超日常的な精神力を授けられた人々に当てはまる。呪術時代の後期に単なる願いや意志は、特定の儀式や祭祀が仲介しなくても呪術的に有効であるとほとんどの場合に考えられていたことは、人類学者のあいだで定説となっている。例えば、強い〈霊魂〉の人が言葉で未来の出来事を記述し、その上それを本当に望んだ場合、記述されてかつ望まれた出来事は事実として遅かれ早かれ、必ず実現するはずだと考えられていたわけだ。

数多い例のなかから一例だけ挙げよう。『ラーマーヤナ』において、ダシャラタ王に致命傷をもたらすバラモンの呪詛（brahmaśāpa）には、未来のことを決定する力があることが描かれている。この恐ろしい呪詛は、表面上、悲惨な死を未来時制で単に記述するに過ぎない。

罪なきわが息子は、かくも軽率に汝《なんじ》によって殺されたゆえ、われもまた汝に凶事《まがこと》の降りかかるべく祈ろう。われが今、わが愛おしき息子を亡くした悲しみに打ちひしがれて、生命の気息（prāṇa）を失わんとするごとく、汝もまた同じく汝《な》が息子にまみえんと虚しくも求めつつ汝が生命の気息を失うべし。（II, 44, l. 55 ff.）

こうした場合、言葉に内在する呪術的な力を解き放つ必要不可欠な条件として、意志の力を投射する不可視の行為〔呪詛〕がこの儀式全体を構成していることは明らかである。それゆえ、未開の思惟において、強い〈霊魂〉は望めばいつでもどこでも、ある種その場限りの呪術的な儀式を執り行うことができ、その儀式によって思いのままに、言語《スピーチ》の所与の一断片を日常の文脈から切り取って徴づけうるとされているのだ。

しかし、こういった観念は結局はアニミズムの時代に固有の迷信深い観念であり、それゆえ文明社会の住民とはほとんど、あるいはまったく関係ないと言われるかもしれない。もちろんそれは概ね正しい。だが、それは、われわれ現代人がもはや、言語の外的な「枠組みづけ」の手段を何ら所有していないという意味で理解されてはならない。断じてそうではない。というのも、情緒を表現する自発的な呪術の広大な領域があることを、われわれは忘れてはならないからである。右で記述した願望呪術は、呪術的な儀式を極限にまで集約した種類の呪術を代表するものとしては、ある意味、すでに自発的な呪術の領域に属していると見なされてよかろう。なぜなら、そこで挙げた「強い〈霊魂〉」は結局は相対的な観念であると認められねばならないからである。「強い〈霊魂〉」は、すぐれたバラモン、専門的な呪術師、預言者など、特定の特権的な人物が独占しているのでは決してないからだ。実際は、誰もがある特定の状況下で（少なくとも一時的に）「強い〈霊魂〉」になることができる。未来時制という特殊な事例の場合、これは別の仕方で言うなら、情緒的な緊張下にある話し手がそう振る舞うよう未来時制で望むやいなや、言われたことが自由意志をもつかのように振る舞い始めるということだ。多くの言語では――仮定法や希求法のように定着している願望の文法的「法」をもつ言語ですら――未来はふつう、願望、禁止、威嚇、約束、断言などの表現で用いられると言えよう。また次のことを言い添えてもよかろう。E・アデレイド・ハーン〔8〕は、印欧語における仮定法と希求法の起源をめぐる広範な探究を実施し、次の結論に至った。仮定法と希求法は類似の用法で、ときには入れ替え可能であるだけでなく、両者とも純粋な未来形に由来するものである[4]。

これに関連して、前章で感情に基づいた自発的な儀礼について述べたこと全体を思い出してもらいたい。本章の観点からみるなら、自発的な呪術は、ここで述べた言語水準の転移をもたらすための非常に力強い装置の実際の源であると簡単に分かるであろう。現代的で無味乾燥な言い方をするなら、これは、強烈な情緒的興奮状態が言語の高まりを引き起こす傾向があると言うことに相当しよう。すでに私は（第四章で）、情緒的な緊張や抑圧の状態によって、日常生活においては見たところ粗末な言語が突如としてその性格を変え、人々の心や行動にいかに強大な影響を行使し始めるかを示そうとした。手振り、顔の表情、声の抑揚、ものまねの形式など、あらゆる種類の非言語的な振る舞いが用いられるが、それは、聞く側に特定の心情を引き起こす目的で、あるいは話し手が望む仕方で聞き手を行動させる目的で、故意に活用されさえするのである。これら非言語的な振る舞いの形態すべては、ふつう言語の感情的な用法に付随して生じるが、本来は、感情の自発的で、自然な表現に他ならないと言える。しかし、聞き手の観点からすれば、それらは同時に、言葉が呪術的な仕方で振る舞うようにする外的装置として働くのである。

ところで、もしこれが言語の感情的な用法を識別させるものであるなら、言語《スピーチ》のあれやこれの特定部分だけでなく、書き言葉に対する話し言葉としての言語一般、すなわち実生活で実際に話される言語《スピーチ》全体は、最も広い観点からみて、その本性において、本質的に感情的と認識されなければならない。それゆえ、すでにして呪術的に「枠組みづけられている」と認識されなければならない。とはいえ、もちろん最高から最低までさまざまに異なる、かなり多くの段階において「枠組みづけられている」わけではあるが。というのは、現実の世界では、温かい血の通った生きた状況で用いられるため、あらゆる言語的な象徴は、少なくともわずかな感情的表現性をごく自然に自ら引き受ける傾向があるからだ。そして実際、言語的な象徴には、ほぼつねに上述した類いの補助的な振る舞いが付随する。それゆえ「日常的」な言語と「高められた」言語との違いは、初めは矛盾するように聞こえるかもしれないが、単なる程度の問題に還元されよう。一般に「日常的」な言語と考えられるもの――もしこの理解がもっぱら書かれた言語へばかり注意を向けることから結果したのでないなら――は、この解釈に基づけば、完全に自動化された言語《スピーチ》の部分に他ならず、その呪術的な「枠組みづけ」は、自動化によって、ほとんど感知されないまでに弱められているのだ。だが、高度の情緒的な緊張という状況が言語の状態に対して行使する影響という問題に、われわれは本書全体にわたって注意深く考察を向けてきた。さらなる詳細な議論をするなら、無用な繰り返しに過ぎないであろう。加えて、われわれはもう一度〔本章の冒頭で「枠組みづけ」生起の条件を二つに分けた〕あの問題、つまり言語的な象徴に捧げた手段のうちの第二の問題、言語の「内的な枠組みづけ」をめぐる議論に戻らねばならないだろう。

　言語が高められるための内的な装置という言い方で私は、何よりもこれらさまざまな種類の内的変容を理解している。言語的な象徴は祭礼の威厳を帯びるために、通例これらの内的変容を経なければならない。これまでのところ、外的な「枠組みづけ」は呪術的な雰囲気を引き起こすことができると記述されてきた。それは、使用された言葉の側には形式的変化をまったくさせることなく、言語《スピーチ》のどの部分でも超常的な仕方で振る舞うようさせるのに十分に強力な雰囲気である。これは、すでに述べたように、理論的には可能である。しかし、実際には、外的な「枠組みづけ」は、言語自体の内的構造に働きかけるもう一つの種類の「枠組みづけ」が同時に作用しなければ、その役割を申し分なく担うことはできない。事実に即せば、「枠組みづけ」の外的および内的な過程は相互に密接な関係にある。非日常的な諸感情が適切に表現されるために非日常的な言語を要求することはきわめて当然である。例えば、連禱〔キリスト教徒の集会で代表者の祈りの言葉に会衆が後から唱和して祈ること〕では、ふつうの言葉や文句が途方もないまでに通常の調子から外れていることに気づかない人はいないだろう。そのような事例では、敬意を要求しなおかつこの行事の厳粛さにとりわけふさわしいであろう特別な表現形式が、意図的に選ばれているはずである。これが、外的な「枠組みづけ」の問題を扱うにあたって、一度ならず内的な「枠組みづけ」の領域に入り込まねばならなかった理由である。これまでに引用した例のほとんどが韻文形式であったことが思い起こされるであろう。

## 注

（1）例えば『万葉集』巻三、四二〇番、四四三番、巻五、九〇四番、巻九、一七九〇番、巻一三、三二八四番など、その他多数。

（2）Cf. C. J. Gadd, "Babylonian Myth and Ritual", in S. H. Hooke, *Myth and Ritual.*

（3）鄭玄『毛詩鄭箋』参照〔『毛詩注疏』巻一—二〕。

（4）*Subjunctive and Optative*, Chap. VI, VII.

## 訳注

〔1〕大伴坂上郎女（七〇〇年頃—七五〇年頃）は旅人の異母妹、家持の叔母で旅人の死後は大伴一族を束ねた。万葉女性歌人中、最多の八四首が収録。

〔2〕これは「神を祭る歌」と題されている。伊藤博『萬葉集釋注　二　巻第三　巻第四』集英社、一九九六年、二二一頁から二二五頁参照。「生《あ》れ来たる」は現れてのち生を継いできた。「賢木《さかき》」は榊かは不明でツバキ科の常緑樹か。「白香《しらか》」は祭祀用の純白の幣帛《へいはく》だが不明で、楮製の幣帛という意味での「木綿」を修飾する説あり。

〔3〕バラム（Balaam）、ヘブライ語でビルアム（Bile'âm）は「民数記」二二章から二四章に登場。ユーフラテス川近辺に住むおそらくは非イスラエル人。井筒がシリア人とする根拠は不明だが、本書の出版後の一九六七年にヨルダンで発見された碑文（紀元前八〇〇年前後）に「民数記」のバラム当人とされる記述がある。これはアラム語とカナーン語の中間的な言語で

書かれ、聖書に登場する人物の実在を証拠立てる現時点で最古の資料。

〔4〕七枚の粘土板に楔形文字で記された約一〇〇〇行からなるアッカド語の叙事詩。第一行「高きにおいて天がまだ名づけられていなかったとき」にちなみ「エヌーマ・エリシュ（Enūma eliš）」と呼ばれる。

〔5〕紀元前九世紀から紀元前七世紀にかけての三〇五篇の詩を編纂した『詩経』は「風」「雅」「頌」の三つの部分からなる。「風」は後で引用されるが、国風と呼ばれ、黄河周辺地域の民謡を中心に一六〇篇。「雅」はここで引用される「小雅」七四篇、「大雅」三一篇からなり、宮廷の宴で歌われたものや建国叙事詩を含む。「頌」は祭祀で用いられたもの。

〔6〕殷王朝最後の王に仕え、その息子が殷を倒し周王朝を創始。儒家からは聖王として理想化され、周易の作者ともされる。

〔7〕井筒の引用と完全に一致するヘブライ語は「ルツ記」第一章第一七節。その他、井筒が上げる個所は、主に当たる部分（ヤハウェ、つまりアドナイ）がエロヒームと書かれるほか少々違いがあるが、統辞構造は一致。「サムエル記上」第三章第一七節、一四章四四節、「サムエル記下」第三章第三五節、第一九章第一四節、「列王紀上」第二章第二三節、「列王紀下」第六章第三一節など多数あり、井筒はそれらを指示していると思われる。ヘブライ語聖書は以下を参照。*Biblia Hebraica Stuttgartensia*, eds., Karl Elliger, Willhelm Rudolph, Stuttgart: Deutsche Bibelgesellschaft, 1997.

〔8〕Emma Adelaide Hahn, 1893–1967. アメリカの古典学者、言語学者、ラテン語学者。

# 第十一章　高められた言語

これまでの議論に照らして検討するなら、言語の内的な「枠組みづけ」の問題は、必然的にあらゆる話し言葉の再検討へと導かれることに気づくだろう。しかし、紙幅の都合上、高められた言語を生み出す特別な目的のために発達した装置のうち最も特徴的なものをいくつか取り上げ、大まかに考察することにしたい。

「感情的」な語の使用が、われわれの独自の観点からすると、言語の内的な「枠組みづけ」という明白な事例であることは、ここまで述べてきたことから明らかであろう。それは大部分の人にとって、言葉であれ文句であれ望むものならどれでも思いのままに高めるために手元にある唯一の装置なのだ。望んだ目的を実現するためには、われわれは何より感動的に呼びかけねばならないので、高い情緒的な緊張をもつ特定の言葉を、無意識にしろ意図的にしろ、日常的な会話につねに導入するよう強いられている。事実、この種の内的な「枠組みづけ」なしには、言語はその通常の機能さえ果たしえないと言っても過言ではない。

その一方で思い出さねばならないのは、「中立的」な語ですらも、ふさわしい調子で声に出されると、「感情的」な語と同じ効果を十分に発揮するということである。これまで何度も注意を喚起してきたように、より喧《かまびす》しい調子、もしくはより情緒的な調子に転調された発音によって呪術的に振る舞うようにされえない語は、実際、一つとしてない。われわれがふだん経験している事実ではあるが、熟練した政治的宣伝家《プロパガンディスト》の口振りによって、どんなつきなみな言葉でもその状態を変えて、聴衆へ向けて最も強い情緒をもって呼びかけ始めるのだ。これは通例では強調を巧みに使用することに帰せられる。修辞的な強調と呪術とが互いに密接に結びついていることは、これまでの文脈ですでに指摘してきた。もし、他人と話すときに声を上げて、ある一つの言葉かいくつかの言葉のまとまりを強調することで引き延ばしつつ、他の部分は急ぎざまに声にするなら、それだけで前者を目立たせるには十分なのである。このようにしてその言葉や言葉のまとまりは強調され、その他のすべての言葉がそれをいわば中心点としてめぐるようになり、その結果、文全体が著しく情緒的な色味を帯びるようになる。このような仕方で全体が「枠組みづけられた」一文は、ふさわしい環境のもとでは、聞き手の側に情緒的な反応を引き起こす機能をさらに促進しうる。

この現象に呪術的な含みがあることとは、より未開の観念や慣習の背景にこの現象を位置づけることで明晰に理解されよう。生が未開の環境のもとにある場合、言語の強調は、それによって言葉に含まれる呪術的な力を解放する技術のうち確かに最も手頃なものの一つである。この単純で形式ばらない装置によって、面倒な祭祀を執り行うまでもなく、思いつきによってやすやすと、どんな言葉の連なりも呪術の環《サークル》で包み込んでしまうことができる。その人が行う必要があるのは、ある言葉や文句を、特定の声音と特定の度合いの強調によって、とりわけ突出して効果的になるように発音すること、あるいはそれらを文のなかの通常の位置から単に取り去るか、または強調的で断言的な小辞を付け加えることだけである。

すでに第四章で、強調的な肯定はかなり頻繁に儀式的な断言になりうることをみた。例として、『楚辞』の「離騒」から次のような短い文を挙げよう。それは強調辞〔苟・其・信〕を三つも備えている。

本当に私のおもい、それ［は］実際に気高い［のである］
苟餘情其信芳

## 苟《まこと》に餘が情其れ信に芳し

これはすでに正真正銘の宣誓である。古典アラビア語では「強調法」[1]として一般に知られる動詞の形態——直接法に特徴的な強調の音節 -anna などを付加して形成される——は、用法としては厳かな宣言、宣誓、命令、願望であり、特に強調の接辞 la- とともに用いられた。例えば、「まことかならずやわれは殺そうぞ（*La-aqulanna*）」のようになる。

意志をともなう言語的な強調との関係で、次のことに注目すると興味深いであろう。シュメール語やアッカド語のような言語では、最も日常的な強調辞——シュメール語では ḫe₂-, ḫa-, または ḫu-, アッカド語では lu-——は意志を表す最も普通の小辞と合致している。シュメール語から取った次の例は、同一の小辞（もしくは接頭辞）がこの二重の用法をもつことを単一の節で示している。[1]

彼女の住まい……われは彼女のために建てたのである。
その場を、われは取り戻したのである……
まったく、われは［彼女を］住まわせたのである……
……ああ、わが君よ、汝のまさに喜ばれんことを！
……わが日々の、まさにとこしなえならんことを！

$e_2$-a-ni … *ḫu*-mu-na-du　（強調）
ki-bi *ḫe*$_2$-im-mi-gi . . .　（強調）
gal-le-eš *ḫe*$_2$-im-mi-tuš . . .　（強調）
. . . nin-mu *ḫu*-mu-ḫul-le-en　（願望）

アッカド語では、同様に、likšud (lū ikšud) が「確かに彼は捕らえた（完了＝過去時制）」と「彼を捕らえさせよ（願望＝命令法）」とをともに意味することができる。G・R・ドライヴァー[2]は、いかにして過去時制としての ikšud（彼は捕らえた）が「彼を捕らえさせよ」も意味するようになったか、またその逆の場合も、その意味論的転換を把握するのは不可能と考えている[2]。しかし、先の議論と照らし合わせてみれば、こうした現象に当惑すべき点は一切ない。思い出してもらいたいのは、セム諸語では一般に完了＝過去時制は、願望、要求、宣誓、呪詛、祝福、あるいは契約や売買の言い回しでも絶えず用いられるということである。つまり、これは、人が行われるとよい、そうなるとよいと望む行為や出来事を、予定どおりにすでに起こったこととして表しているのだ。

まったく同じように、古代中国語において最も普通の強調辞、「也」が頻繁に願望＝命令の意味で使用されるのをみることができる。次の点はここで指摘するに値するであろう。文法学者の楊伯峻[3]はこれら二種類の意味表示のあいだにある意味論的親和性を正しく理解していた。彼は『文言語法』（北京大衆出版社、北京、一九五五年、第一一章、第一八節〔二〇四頁〕）で、也という言葉はどの言葉や文にも強調を付与するので、願望、命令、禁止で多用されるのは自然なことである、と主張している。

これはおそらく、ヴェーダ語[4]で命令や禁止を意味する（加増音なし）直接法過去の願望＝命令用法――いわゆる指令法――と比較できよう[5]。アデレイド・ハーンは先に引用した著作『仮定法と希求法』のなかで、過去の用法は相《アスペクト》の問題と結びついていると考えを述べる。なぜなら、彼女の見解では、命令は、ましてや禁止は、継続する力より瞬時的な力をもっているように思われるので、過去「時制《テンス》」の使用――これは本来、時制ではまったくなく、瞬時的な完了相[6]なのだ――は、とりわけこの事例と密接な関連がある。この見解は十分に妥当であり、さらに同じことがセム諸語においてごく普通に用いられる完了＝過去時制の意志的用法にまったく同じように適用できるであろうと認めなければならない。しかしながら、私はあえてこう主張しようと思う。すなわち、少なくともセム諸語の場合、この現象は、望んでいるものを一種の先行動詞として表象すること、すなわち、望んだ（が、まだ実現されていない）目的を心に喚起することをとおして成立させることだと説明するのが最善であろう、と。この意味で、完了＝過去時制が願望＝命令の意味で使用される現象は、ある特殊な種類の意味論的な強調なのだ。もしこの議論が適切であるなら、lu- 過去形タイプを願望の意味で用いるアッカド語の用法は、願望や意志の表現として用いられる二重強調の代表例となる、と理解できるかもしれない。これは、人によっては、詳論を必要とする発言に思われるであろう。しかしながら、この問題はセム語文献学のきわめて特殊な領域に属するので、本書の考察でさらにこれを論じるなら、場違いになってしまうだろう。そこで、問題となっている語形が「条件つきの呪詛」において意志＝願望的用法として用いられているのを示すみごとな例のみを挙げて、この節を終えるとしよう。

わが石碑の破壊者、わが言葉をないがしろにする者を
神々の王たるアッシュール、天と地の偉大なる神々の王は
この者を取り除かれることのない邪悪なる呪いでもって呪いたまえ
この者の王位を簒し、命を奪い、その名を、その子孫を、……全土で滅ぼしたまえ(3)

mu-ni-kir mu-sar-ai da-ai-i-ṣi a-ma-ti-ia
……
$^{d}$Aššur šar ilāni$^{meš}$ u ilāni$^{meš}$ rabûti$^{meš}$ ša šamē u erṣetim
ar-rat [la] nap-šu-ri ma-ru-uš-ti li-ru-ru-šu-ma (< lū īrurū-šu)
šarru-us-su liš-ki-pu ( < lū iškipū) balāṭ-ṣu li-ki-mu-šu (< lū ikimū-šu) šuma-šu zēra-šu … ina napḫar mātāti li-ḫal-

言語の内的な「枠組みづけ」の重要なもう一つの手段として、誇張された曖昧さを有する言葉の用法に言及したい。現在では周知のことであるが、特徴的なことに、すべての時代をとおしていずれの国においても呪術的な文書はあらゆる仕方で用いられた難解な言葉や曖昧な表現に満ちている。聖なる儀式で朗誦される呪文や連禱は、ただ難解で意味をなさず、そのほとんどが日常生活で決して用いられることのない多くの不可解な言葉から成り立っていることは、未開部族のあいだでかなり頻繁にみられる。これらのことが言語を厳かなものへ高めること、さらに言語がより不可思議に、より印象的に響くようにすることに寄与しているのは疑いようもない。表現の曖昧さをその極限にまでもたらすという特別な目的のために、あらゆる種類の擬古文体から単なる無意味な語さえも駆使されるのだ。馴染みのない名が考案され、あるいは必要に応じて異国の言葉から自由に借用される。ここでエジプト呪術パピルス文書の集成から一例のみ引いておこう。これは犬による咬み傷に対して発話される興味深い呪文である。[4]

アメンとトリフィスの呪文はこうである。「……シュラマラ、マレト、／最も不可思議なものにいたりし不可思議なもの〔典拠に付された英訳では「力強きシェテイ、ゲレシェイ」〕、／ゲレシエイ、レントの主、タヘネ、バフネ。／この犬、この黒きもの、／その犬、その不可思議なもの〔その犬、とり憑かれしもの〕、／……汝の牙を放ち／唾を止めよ／……この物語《スピーチ》るのを聞け、／ホルス、灼けつく痛みを治せし者、／底知れぬ深淵に行きし者、／大地を基づけた者。／聞け、おお、ヤホ・サバホよ、／アビアホよ、名でお呼びするなら」。

注目すべきことに、終わりから二行目では、『旧約聖書』における特徴的な名称「万軍の主（YHWH Ṣəḇāōṯ）」

を借用した言い方でイスラエル人の神がはっきりと呼ばれている。そして、さらには、最終行でこの同じ神が今度はヘブライ語で、アビアホ（Abiaho）、つまり「ヤハウェ（iaho）の父（ab）」と呼ばれているが、これは事実、〔エジプト人にとっては〕馴染みのない名である。[7]

呪文や〔呪術的な〕定型文が馴染みのない不可解な言語、あるいは意味がまったく失われた言語で言い表される場合、それらが日常的で理解可能な言葉で成立している場合よりも効果的な印象を生み出しやすいのはごく自然であろう。それゆえ、一般の人がもはやシュメール語を理解しなくなると、バビロニアやアッシリアではシュメール語が、隠れた力をもった聖なる言語として、計り知れない威信を享受したのである。アッカド人の生活にとってとりわけ重要な役割を担っていた典礼文と悔悛の詩篇は、つねにシュメール語で唱えられ、ただシュメール語でこそ効果を発揮しえた。現在でも、仏教の礼拝で用いられるサンスクリットとパーリ語について同じことが言える。[8]この傾向は、専門の呪術師や魔術師の場合にはかなり頻繁にみられるのだが、表現が不可解であるほどその表現はますます力強いのだと考える奇妙な信条へと先鋭化されうるのである。ピーコ・デッラ・ミランドラ[9]はかつてこう述べた。まったく意味の理解できない言葉は悪魔に対して最も影響力を及ぼす、と。実際、完全に理解できない諸音節を呪術的に使用することは、詩の言語において頻繁に見受けられる。未開部族の熱狂的で抒情的な歌では、律動的《リズミカル》に歌うことがしばしば言葉の意味とは独立して進行してゆくように思える。今度はこの問題を詳しくとりあげよう。

詩は、言語の内的で呪術的な「枠組みづけ」の手段として知られるもののすべてのうち、疑いなく最も未開で、紛れもなく、最も普遍的な手段である。はるか昔から、詩は、あらゆるところで卓越した呪術言語であった。以前の章で、古代世界において詩人、呪術師、魔術師、預言者には、もともと同じ人があてられていたことに触れておいた。古代の人々のあいだで――同じことが現代の未開社会の人々にも等しく当てはまる――詩は単なる文学の特定ジャンルとして、生を飾るものではなかった。詩は、真の生き生きとした呪術の力そのものであったのだ。確かに、詩は人の根源体験に属する。つまり、詩として用いられなければ、かなり薄弱で平板に聞こえる言葉でも韻律形式や律動的《リズミカル》な形式に置かれると、驚くべき響きと印象深さを獲得することがよくある。そして、言葉はそのとき日々の生の領域から明確に切り離されてしまう。こうした体験は未開の類いの心にとって衝激的なあまり、詩は物事の自然のなりゆきでさえ統べることのできる超自然的な力を有するとまでしばしば信じられている。ウェルギリウスから有名な詩行を以前に引用した。ここでは理解の助けとなる別の例をもう一つ挙げる。今では失われた『英雄の書』[10]に、イスラエル人の歴史の最初期から保存されてきた詩が記載されていたと言われている。それはヨシュアが[11]ギブオン（ギベオン）で敵を敗走させるのに成功した記念すべき日に即興で歌われた。『旧約聖書』はこれを次のような形で提示する（「ヨシュア記」第一〇章第一二節―一三節）。

おお、日よ、ギブオンの上にとどまれ
おお、月よ、アヤロンの谷の上に（とまれ）
šemeš bᵉḡiḇʿōn dôm
wᵉyārēªḥ bᵉʿēmeq ʾayyālôn

これに続けて「ヨシュア記」の著者はこう述べる。「すると太陽は天頂にとどまり続け、その日一日、暮れゆくことはなかった」と。

同じように、『詩経』への優れた「大序」を書いた著者はこう述べている。「天地を動かし鬼神〔神々や精霊〕を感動させるためには、詩に勝るものはない[12]」と。このように、中国において詩の呪術的な力へのこの種の信仰が太古よりあったことが実証されている。

こうした関連で、古代の戦闘において詩に見いだされていた途方もない重要性に注目することは興味深いであろう。古代人の考えでは、戦争は結局はいつでもある種の霊的な戦いであったから、霊的な武器、すなわち韻律形式で発話された言葉は、石や鉄よりもはるかに重要であった。古代人のあいだでは一編の詩がいかなる時でも、真の、危険な兵器として働くのであるが、この武器がなお一層、恐るべきものであったのは、それが不可視であり、また純粋に霊的な性質のものであったからだ。この武器が敵に対して送り出されたなら、それは必ず犠牲者の心の内なる部分に浸透し、生のエネルギーを弱め、無力化し、最終的には打ち負かし、死に至らしめるのだった。古代人がしばしば、呪文という危険な言葉を「矢」や「槍」として記述したのは、偶然ではない。『旧約聖書』「詩篇」の作者は、このような言葉によって負わされた傷を訴えて、こう歌う（「詩篇」第五七篇第四節）。

人々を餌食とする獅子らのうちにわれは生きる。
獅子らの牙は槍にして矢、舌は鋭き剣《つるぎ》。

これは、無駄に比喩的な誇張表現と解されてはならない。この種の感情が古代人のうちで、いかに迫真的で生き生きとしていたかは、未開の慣習から知ることができよう。例えば、イブン・ヒシャーム[13]は『預言者ムハンマド伝』の中でアラビアの興味深い未開の慣習に言及している（第一巻、六四一頁）。

呪詛がある人に対して向けられるなら、矢が的に当たらないよう、ただちに身を横に投げ伏せねばならないと言われている。

ある時、預言者ムハンマドはお気に入りの詩人、ハッサーン・イブン・サービト[14]について次のように述べたと言われる（*Mustatraf*, Chap. LXVIII)。

あなたの詩は、われわれの敵にとっては、夜の闇のなかで放たれる矢よりもはるかに危険だ。

さらにもう一つ、有益な例をあげよう。『アタルヴァ・ヴェーダ』では、バラモンの〈言葉〉が解き放つ超自然の力を記述するにあたり、それは「鋭い矢」と同じであると記されている。[5]

バラモン（brāhmaṇa）らには鋭い矢、飛び道具がある。
彼らの矢継ぎ早の射撃《コトバ》はあだならず。
激情と激怒で追いかけ回し、
彼方から相手を打ち負かす。

古代世界の至るところで、詩人が戦時に重大な役割を果たしたことを示す証拠がたくさんある。詩人たちだけが、韻文形式あるいは韻律形式の恐ろしい呪詛および呪文を自らの部族に敵対する者たちの魂に的中させることによって、実際に相手を無力化することが可能だった。彼らだけが、言葉のもつ呪術的な力によって、誰であろうと嫌悪する人間に破滅や恥辱をもたらすことが可能だった。アラビア語による風刺文学の前史に関する比類ない研究において、イグナーツ・ゴルトツィーアー[15]は、前イスラーム期のアラブ人たちの戦いが物理的な兵器によるばかりでなく、いかに言葉による戦いでもあったかを驚くべき詳しさで示した。[6] このことに関して最も興味深いことは、彼らのあいだで戦争における事柄を最終的に決したのは、物理的な兵器の強さではなく、むしろ言葉のもつ強さであったことである。特別に「枠組みづけられた」言語によって呪うことや嘲ることは、戦闘における最も重要な要素であり、それなしに戦いに勝つことを望むのは、ほぼ不可能であると考えられていた。戦いでの勝利を達成するために、もっぱらヒジャーア（hijāʾ）形式の詩（「風刺」詩あるいは嘲りの詩）に訴えていた。この形式は、本来、呪術や魔法の言語《スピーチ》に特化した韻文のパターンとして発達してきた。この形式を効果的に使用すれば、それが向けられた人物の霊魂を即座に破壊することができると一般に信じられていた。

戦闘において呪文が用いられるときには韻文形式で表現され、楽器の演奏をあるいは伴い、あるいは伴わずに、歌われ、詠唱される。これは古代世界の至るところに見いだされる現象である。『旧約聖書』「士師記」のよく知られた個所（第五章第一二節）で、女預言者デボラが〔イスラエル人の士師〕バラクとともに歌う場面がある。

立て、立て、おお、デボラ
立て、立て、詩《うた》を歌え
ʿûrî ʿûrî deḇôrāh
ʿûrî ʿûrî dabbᵉrî šîr

シール（šîr）という語が「歌」や「詩」という言葉の日常的な意味で用いられていないことは明らかである。ここでは「強い言葉」、すなわち、ほぼ「呪術的な定型文」のことを意味している。この特別な意味における言葉の使用は、オットー・アイスフェルト[16]が指摘したように、[7]『旧約聖書』に関するかぎり、確かに例外的ではある。日常的な文脈では、この言葉は単に楽器の演奏を伴って詠唱される歌を意味する。しかし、このような言葉の通例でない使用は、さらに昔には「強い言葉」が単に「歌」と呼ばれた時代のあったことを示すように思われる。

これらの事実を考慮すると、預言現象と詩とのあいだにはきわめて密接な関係が存在し続けてきたことが、よく理解できよう。古代人の心にとっては、部族の詩人と部族の予言者もしくは預言者とのあいだに、見いだすべき区別はもちろんなかった。古代人のあいだでは、詩人はつねに超日常的な霊的力をもつ人、不可視の世界と絶えず交流して生きている人であった。言語の詩的な使用の秘密を手にする者には、まさにそのこと自体によって、霊感を与えられた期間をとおして、過去、現在、未来のあらゆる事物事象に関する不可思議な知識が開示される。なぜなら詩は、言葉の十全な意味において何より霊感そのものだったからだ。これは古代アラビア語が提供する証拠ともみごとに一致している。詩人《シャーイル》（shāʿir）という言葉は古代アラビア語では動詞「知る《シャアラ》」（shaʿara）の能動分詞であり、当然ながら「知っている人」「知者」を意味する。では、一体、何の「知者」か。ゴルトツィーアーは、ヒジャーア詩についての先ほど言及した研究で、この言葉が本来、隠秘学的《オカルティック》な物事に関する超常的知識の所有者を意味していたと考えられることをはっきりと提示している。また、前イスラーム期のアラブ人たちのあいだでは、詩人の果たす最も重要な機能は自らの部族の占い師、もしくは予言者として働くことであったことをこの言葉は意味していたのだ。

　詩人が果たす機能をこのように理解することは、預言者バラムをめぐる聖書の物語によっておそらく最も良く例示されるであろう。バラムは霊感を与えられた詩人であった。つまり、これはバラムが彼の同時代人からすると神の代弁者であったことを意味する。事実、その予言の能力ゆえにこの上なく尊敬されていたのである。彼は本物の詩人＝預言者として、未来の出来事の成り行きを予言できた。そして、彼の唇に上り、発される予言の言葉は人間を超えた効力が与えられていると信じられていた。言い換えるならば、彼に霊感で与えられた予言は、場合によって呪詛としても祝福としても振る舞いえたのだ。[17]モアブの王バラクが領地に押し寄せてくるイスラエルの民を恐れて、バラムのもとに使者を送ってこう懇願した（「民数記」第二二章第六節）。

　わがもとへ来て祈ってもらいたい、われのため、この民を呪ってほしい。この民はわれより強い。［そうすれば」おそらく、われはこの民に打ち勝ち、わが国から追い出すことができよう。というのも、そなたが祝福する者は祝福され、そなたが呪う者は呪われると、われは知っているからである。

その結果どうなったかはよく知られている。この詩人預言者が敵めがけて直接に呪詛の毒矢を放つことができるよう、バラクは三度、バラムを丘の上へと連れて行った。しかし、三度ともバラムは呪う代わりに、イスラエルの民を祝福した。すでに正典の預言者を彷彿とさせる仕方で、バラムは神の意志に反する言葉を言うことはできないと認めている（「民数記」第二三章第七―八節）。

アラム（すなわちシリア）からバラクは私を連れてきた。
モアブの王が、東の山々から。
来たれ、わがためにヤコブを呪え、
来たれ、イスラエルの民を貶せよ、と。
されど、われは、神の呪わざる者をいかにして呪えようか。
そして、われは、ヤハウェの貶さざる者をいかにして貶せようか。

バラムの事例は、古代セム人の予言からヘブライ人の正統な預言への移行段階を表す、と一般に考えられている。確かにそうかもしれないが、本書の観点からすると、この出来事に関する最も注目すべき点は、預言者的な神懸かり状態でバラムが発した神託がみな、ヘブライ語の詩にとってみごとな実例となっていることである。詩と預言とのあいだにある本質的な結びつきは、正典の預言者たちが出現するとともにますます顕著にみることができるようになる。周知の通り、彼らの預言は大部分が韻文形式で伝えられた。当時、詩は神的な霊感を示す真の徴候と見なされていたので、韻を踏んだ詩行を発話しない限り、預言者は自らの預言を聴くよう聴衆に要求することはほとんど望めなかったのだ。

　これに関しては事実、あらゆる民族の、あらゆる時代の実例によって類似例を示すことができる。例えば、古代ギリシアでは、デルポイにおけるアポローンの神託が詩の形式で具体化されていた。ギリシア語のomphēが、元来は「声」、特に「調子を付けた歌声」を意味し(8)、神託や預言を言葉にして発するという意味に厳密に適用されて用いられるようになったのは偶然ではない(9)。それはまた古代中国でも同様である。マルセル・グラネ[18]が指摘するように、『春秋左氏伝』や『史記』に記録されている予言はほぼすべてが歌の形式であり、その歌は占術に特有の憑依の発作を起こした人物によって即興で作られたものだった(10)。

　異教時代のアラビアでは、予言のために占い師たちのあいだで、サジュウ（sajʿ）として知られる特定タイプの韻を踏んだ対句がもっぱら用いられていた。サジュウは、ハトが「クークーと鳴くこと」を元来は意味する。占い師は神懸かりの状態になると、閉じた唇から尋常ならざる呟きを漏らす。それによって生み出される印象をこの言葉は生き生きと反映しているのだ。イブン・ヒシャームは、サジュウとザムザマ（zamzamah）が占い師を他から区別する特徴である、と述べている（『預言者ムハンマド伝』一七一頁）。ザムザマは、今言及した低い声で囁く音を表す擬音語に他ならない。ついでながら注意してもらいたいのは、この同じ語がペルシアに伝わって、拝火教徒たち[19]が浄化のあいだに囁くように詠唱する類似した聖歌を意味するようになったことである。ムハンマドが預言者として歩みだした当初は、この形式の表現に訴えるより他に選択肢が何もなく、「詩人」として括られることに対して相当抵抗したことも重要である。

　詩という芸術と予言者の恍惚状態とのあいだに存在する密接な関係に関して、考察すべき重要な点がもう一つ残っている。まず初めに、未開部族における通常の呪術・宗教的な祭祀で、歌や詠唱は、聴衆を活気づかせている強烈な諸感情に捌け口を与えることを目的とするだけでなく、参会者の心のうちにあるこれらの諸感情を興奮させたり刺激するためでもあることに注意すべきであろう。同じように、予言者の場合は、律動あるいは韻律のパターンのある部分は霊感の乗り物であるのに加え、きわめてしばしば占術に特有の憑依の発作を引き起こす強力な手段として働いている。言い換えるなら、詩、もしくは歌は、つねに恍惚の結果であるわけではなく、むしろ多くの事例で恍惚に先立ち、恍惚を引き起こしているのだ。ノラ・K・チャドウィック[20]によれば、古ノルド語文学には女占い師をめぐる非常に興味深い物語がある。この女占い師は神託を求められると、美声を備えた歌い手が必要な呪文を詠唱してくれないかぎり霊感を受けた状態に至ることができない、と主張したという[11]。詩の詠唱が恍惚を人為的に調整するときに使用される最も普遍的な手段に属することは、古代の記録からも現代の観察からも明白である。今日の世界においても、未開の地域の至るところで、シャーマンや呪術医〔例えば古代、薬師《くすし》の一角をなした呪い医師、呪医〕が、音声によろうと他の仕方であろうと、音楽を聴く行為に最高度の重要性がある、と考えているのを見いだすことができる。

　持続する律動的な動きや音には感情を高揚させたり、高揚を解く効果があるのは、よく知られている。使用された言葉が理解可能な意味を完全に欠いていたとしても、特定の律動や韻律、および声の速さや音量における一定の変調が効果を和らげたり引き起こしたりすることは、詩人のあいだだけでなく、一般の人々のあいだでさえも、ごく普通に起こる。意味をなさない絶叫ですら、韻文形式で発したり調子さえ整っていれば、聴衆にも歌い手にも催眠的な興奮状態を生み出すことができる。律動的な音に反応するというこの能力は現代人も依然として保持し続けているが、古代人においてははるかに傑出していたはずである。未開の人々は、周知の通り、音楽や歌を歌うことがもつ感情を刺激する効果に対して極端に敏感である。律動的な音を聴くことをとおして、単純な諸感情から情熱的な歓喜や恍惚に至るまで、驚くほど変化に富んだもろもろの「態度」がたやすく未開の人々のうちに生じるのである。それゆえ、詩のもつ感情的な効果は、まさしく心理学的・生理学的な基礎を備えており、そこにこそ言語の内的な「枠組みづけ」の手段としての律動と韻律がもつ大いなる価値があるのだ。明らかに、詩のもつ呪術的な力は単純に未開の空想や迷信に帰されうるものではない。このことは、詩がつねに人類のあいだで、個人および社会のきわめて重要な問題において、かくも本質的な役割を果たしてきた究極的な理由をわれわれに理解させてくれるのである。

## 注

（1）Ward-Sin 22 (plates 45–46), *Cuneiform Texts from Badylonian Tablets*, Vol. I, British Museum〔Cyrill John Gadd, *Sumerian Reading-Book*, Oxford: The Clarendon Press, 1924, pp. 55–57〕.

（2）Cf. G. R. Driver, *Problems of the Hebrew Verbal System*, p. 32.

（3）"The Temple of the New Year's Feast," in *The Annals of Sennacherib*, ed. Luckenbill, VIII, Col. II, ll. 66–72〔rep., Daniel David Luckenbill, *The Annals of Sennacherib*, New Bibliography by K. C. Hanson, Oregon: Wipf & Stock Publishers, 2005, p. 147. 原典では第一文冒頭に省略なし、読点から改行、全五節。最終節「全土」は「人々の口のなか」の意あり〕.

（4）*The Demotic Magical Papyrus of London and Leiden*, ed. and trans. by Griffith and Thompson, 1904, Plate XIX.

（5）*AV*, V, 18, tr. B. K. Ghosh.

（6）*Abhandlungen zur arabischen Philologie*, Erster Teil, I.

（7）*Einleitung in das Alte Testament*, §10.

（8）Cf. ピンダロス「断片」五三。

（9）例えば、ソポクレースの『コローノスのオイディプース』（第一〇一行—一〇三行）には、盲目のオイディプースが青年時代にデルポイで告げられた「アポローンの神託」（omphās tās Appolōnos）に従って、自分の疲れ切った人生をついに閉じるのを叶えてくれるようエリーニュエス〔Erinyes ギリシア神話の復讐の女神たち〕に哀願する場面がある。

（10）Cf. *Festivals and Songs of Ancient China*, Eng. tr., p. 208, n. 1.

（11）*Poetry and Prophecy*, Chap. I.

## 訳注

〔1〕文法の「未完了強勢形」（『井筒俊彦全集』第一二巻、三〇七頁以下）だが、強勢アクセントではない。要求法や接続法にならい法とする。強調法には長形（井筒は基形と訳す）と短形とがあり、さらに強調の接辞が付加される場合もある。

〔2〕Godfrey Rolles Driver, 1892–1975. イギリスのセム語学、アッシリア学、旧約学を専門とした東洋学者。『旧約聖書』の英訳に携わる。

〔3〕楊伯峻（1909–1992）。楊徳崇。中国の言語学者、古典学者、北京大学教授。古典中国語研究のほか、列子、論語、孟子、左史伝研究で高名。

〔4〕サンスクリットに先行する言語でヴェーダ文献に用いられ、アヴェスター語に近い。

〔5〕古典サンスクリットで用いられるアオリスト（特定される完了や継続していない動作で、不定過去と訳される）は一般に過去時制の一種で近過去の経験（動作の非継続）を断言するのに対して、それ以前の過去や物語の叙述には過去（未完了形で表す）や完了が用いられる。アオリストは加増音（語幹に付加される接頭母音 a-）と未完了過去の語尾で示されるが、加増音なしアオリストは否定辞 mā をともなうと禁止を意味する。井筒はこれを指している。

〔6〕古典サンスクリットで用いられるアオリストに相当（訳注5参照）。継続相（durative aspect）も、また非継続相すなわち瞬時相（punctual aspect）も、どちらも動詞の相《アスペクト》として知られており、この点を井筒は古典サンスクリットから例示する。

〔7〕ヘブライ語の ʾab は父を意味し、ヤホ（Yaho）およびイアホ（Iaho）はパピルス文書では yʾh-ʿo および yʾh-ʿo と書かれており、ともにヘブライ語の YHWH にあたる。セム語の文字をラテン文字にする場合、o と w は互換性があり、パピルス文書の音写はヘブライ語表記に対応している。

〔8〕古典や学問の言葉であるサンスクリットに対して、パーリ語は同時代の民衆が話したかそれに近い口語という位置づけ。

〔9〕Giovanni Pico della Mirandola, 1463–1494. イタリア・ルネサンス期の哲学者、キリスト教カバラーを基礎づけ、近世以降の西洋神秘思想の源流の一つを成している。

〔10〕*Sēper ha-yyāšār* は「ヤシャルの書」と一般に呼ぶが、「英雄《ヤシャル》」の部分は実直・高潔・まっすぐな人に当たる。

〔11〕モーセの後継者でイスラエルの民を導いてカナンに侵攻、ギブオンの住民は奴隷化された。

〔12〕「動天地、感鬼神、莫近於詩（天地を動かし、鬼神を感ぜしむるは、詩より近きは莫し）」。これを含むこの「大序」（「毛詩大序」）は『古今和歌集』の「仮名序」「真名序」の元になっている。

〔13〕Ibn Hishām, ?–833. アラブ人歴史家、文法家。イブン・イスハーク（Ibn Isḥāq, ca. 704–767）による膨大な伝承集成を取捨・編集した『預言者ムハンマド伝』は最古のムハンマド伝。

〔14〕Ḥassān ibn Thābit, ca. 563–ca. 674. マディーナ出身のアラブの詩人で、ムハンマドがマディーナに来た際に改宗、ムハンマドおよびイスラームを擁護する詩、クルアーンを引用する最初の詩によって名高い。

〔15〕Ignaz Goldziher, 1850–1921. ハンガリー出身、イスラーム学の創設者の一人。

〔16〕Otto Eissfeldt, 1887–1973. ドイツのプロテスタント神学者。旧約聖書学と中東の宗教史研究で知られる。

〔17〕古代イスラエルの東、現在のヨルダン西部に位置。モアブ人は古代イスラエル人から区別されるが通婚も頻繁であったと考えられる。

〔18〕Marcel Granet, 1884–1940. フランスの社会学者、人類学者、中国学者。デュルケームの弟子で、中国学はシャヴァンヌに師事。博論審査にはジェームズ・フレイザーも加わっている。ユベール、レヴィ＝ブリュール、モースとともにデュルケーム学派を代表する。

〔19〕ゾロアスター教徒を指すが、本来、ゾロアスター教で火は崇拝の対象ではなく、不浄を浄化する神の現れとされる。

〔20〕Nora Kershaw Chadwick, 1891–1972. イギリスの中世史家。古英語、ケルト文化、口承文学の研究で著名。

解説

# 井筒俊彦の隠された起源

安藤礼二

本書は、井筒俊彦（一九一四―一九九三）が一九五六年に、慶應義塾大学語学研究所から刊行したはじめての英文著作、*Language and Magic: Studies in the Magical Function of Speech* の全訳である。ただし、底本としては、二〇一一年に、慶應義塾大学出版会から再刊されたものを用いている。この再刊刊行の際、第一線で活躍する研究者たちによって綿密な本文および注の校訂が行われ、生前の井筒が大きな不満を抱いていた誤記や誤植の類いが訂正された――一九五六年当時の印刷技術および校正技術では井筒の英文を正確に活字化することは難しかったし、なによりも井筒が駆使する世界の諸言語を英文として表記する方法自体が十全には確立されていなかった。また、原著に付されていたサブタイトルはメインタイトルと内容的に重複するため、本邦訳では省略した。

＊

井筒俊彦は、一九四一年、二七歳の時に『アラビア思想史』を刊行している。さらには、一九五七年から翌年にかけて、極東の列島に生まれた日本人としてはじめて、アラビア語から『コーラン』の全篇――本書および井筒俊彦英文著作翻訳コレクションでは『クルアーン』を採用しているが、以下、井筒の著作からの引用では井筒が用いている表記に従う、マホメットも同様――の邦訳を成し遂げたため、一般には、イスラーム研究者として知られている。もちろん、実際に井筒が執筆し刊行した著作のなかには、イスラーム思想全般にわたる優れた啓蒙書も多い。しかし、当然のことながら、井筒が関心を抱いていたのはイスラームのすべてではない。そこには探究のはじまりから終わりまでを貫く一つの核が存在している。

すなわち、神と預言者の関係である。神と預言者の関係によって成り立った宗教であったが故、あるいは、その関係をより純粋化していった宗教であったが故、井筒にとってイスラームは生涯をかけて取り組む課題となったのだ。

預言者は未来を予言する者ではなく、神の言葉を預かる者である。神、この世界を超越した無限で唯一の存在が、人間、この世界に内在する有限で多様な存在に向けて、聖なる言葉を下し、警告を発する。人間たちのなかから神によって選ばれたのが預言者である。神から預言者に向けて下された聖なる言葉の集成が「聖典」となる。歴史時代に成立した『コーラン』は、預言者以外の夾雑物を交えることがなく、つまりは旧約や新約の聖書のなかに間接的に記録された神話的な神の言葉ではなく、現在の生きた、アクチュアル（現働的）な神の言葉が、預言者を介してそのまま直接に記録された唯一無二の「聖典」だった。井筒は、『言語と呪術』が刊行される数年前である一九五二年――このときすでに『言語と呪術』のもとになる慶應義塾大学での講義、「言語学概論」ははじめられていた――に、預言者の生涯の軌跡を破格の構成で論じた『マホメット』を刊行した。『コーラン』邦訳の刊行を開始するのは、『言語と呪術』刊行の翌年からである。井筒にとって、預言者の生涯と「聖典」の解釈は、「言語と呪術」という主題を介して一つに重なり合うものだった。

神の聖なる言葉を自らのうちに預かる預言者（マホメットすなわちムハンマド）と、その預言者を介して発せられた神の聖なる言葉の集大成である聖典（『コーラン』）と。両者が重なり合う地点には、現実を乗り越え、現実を根底から覆してしまう神の言語、あるいは神という超現実の存在が語りかける「超越のことば」――井筒が生前最後に発表した著作に付したタイトルでもある――が位置づけられる。井筒は、生涯を通じて、そうした超現実の言語、「超越のことば」しか探究しなかった。『言語と呪術』は、「超越のことば」の発生と構造を、あるときは詩的かつ神話的に、あるときは論理的かつ科学的に解き明かしていこうとする野心的な著作であった。

『言語と呪術』は、イスラーム研究者としての井筒俊彦が生涯をかけて探究した、神と預言者、両者を一つにむすび合わせる神の聖なる言葉の在り方とその条件を明らかにする。しかしながら、ただそれだけには限定されない。『言語と呪術』で預言者ムハンマドが正面から論じられるのは、ようやく最終章（第十一章）、しかもその後半に至ってからである。『言語と呪術』は、結論としては神と預言者の関係に集約されるが、しかしその全体としては、井筒のイスラーム研究を大きくはみ出す――拡大する――ものだった。『言語と呪術』には、最晩年の井筒が取り組んでいた東洋哲学全体を「共時論的」に「構造化」していくための一つの重要な鍵として位置づけられた「言語アラヤ識」の正真正銘の原型と称することも充分に可能な考え方がすでに提示されていた。『言語と呪術』は、井筒俊彦のイスラーム探究の原型にして母胎であるばかりでなく、井筒俊彦が成し遂げようとした学問的かつ詩的な探究すべての原型にして母胎となるものであった。井筒にとって、イスラーム研究と東洋哲学研究、詩学研究は別個のものではなく、そのいずれにおいても、「超越のことば」の発生の条件およびその構造を問うものであった。

　言語は論理《ロジック》であるとともに呪術《マジック》である。

『言語と呪術』は、その冒頭（第一章）で、高らかにそう宣言する。言語は、世界を論理的に秩序づける力とともに世界を呪術的、すなわち魔術的に転覆してしまう力をもっている。井筒は、言語のもつ両義性にして二面性を、さらに「外延」（デノテーション）と「内包」（コノテーション）という術語を用いて言い換えてゆく。それこそが『言語と呪術』を成り立たせている基本構造であり、著作全体を貫く中心課題であった。「外延」とは、言葉の意味を明示的、一義的に指示する外的な機能であり、「内包」とは、言葉の意味を暗示的、多義的に包括する内的な機能である。「外延」が有限者と有限者（人間と人間）のあいだにむすばれる水平的かつ間接的なコミュニケーションを可能にするならば、「内包」は無限者と有限者（神と人間）のあいだにむすばれる垂直的かつ直接的な啓示を可能にする。「外延」は秩序を構築し、「内包」は秩序を解体し再構築する、すなわち「脱構築」する——のちに言語、あるいは意味の「脱構築」(解体＝構築)を提唱するジャック・デリダと井筒俊彦が親密な対話を交わしていくのは偶然ではなく必然であった。

言語は、論理にして「外延」、呪術にして「内包」である。井筒は、『言語と呪術』全体を通して、さらにはのちのイスラーム研究、東洋哲学研究全体を通して、言語のもつ両義性にして二面性という立場を保持し続ける。しかし、井筒がそもそも最初から、つまりはこの『言語と呪術』の段階ですでに、より重視していたのは、明らかに言語の論理ではなく言語の呪術、言語の「外延」ではなく言語の「内包」の方であった。言語の呪術にして言語の「内包」。晩年の井筒は、それを言語の表層構造に対する深層構造、その深層構造自体としてうごめく「言語アラヤ識」として定位する。一九八四年に発表され、翌年、単行本『意味の深みへ』に収録された「文化と言語アラヤ識」のなかで、井筒は「言語アラヤ識」の在り方を、こう描写している——。

だが、実は、言語は、従って文化は、こうした社会制度的固定性によって特徴づけられる表層次元の下に、隠れた深層構造をもっている。そこでは、言語的意味は、流動的、浮動的な未定形性を示す。本源的な意味遊動の世界。何ものも、ここでは本質的に固定されてはいない。すべてが流れ、揺れている。固定された意味というものが、まだ出来上っていないからだ。勿論、かつ消えかつ現われるこれらの意味のあいだにも区別はある。だが、その区別は、表層次元に見られるような固定性をもっていない。「意味」というよりは、むしろ「意味可能体」である。縺れ合い、絡み合う無数の「意味可能体」が、表層的「意味」の明るみに出ようとして、言語意識の薄暮のなかに相鬩ぎ、相戯れる。「無名」が、いままさに「有名」に転じようとする微妙な中間地帯。無と有のあいだ、無分節と有分節との狭間に、何かさだかならぬものの面影が仄かに揺らぐ。(『井筒俊彦全集』第八巻、一七二頁)

井筒がここで説く「意味」の源泉、縺れ合い絡み合う無数の「意味可能体」を包括するもの、その原型となったものこそが、英文著作の『言語と呪術』で説かれた言語のもつ呪術的な側面、言語のもつ「内包」であった。この論考に先立ってまとめられ、井筒の「東洋哲学」を代表する書物として知られる『意識と本質』(一九八三年)の大部分を費やして論じられる「根源的なイマージュ」が生じる「意識と存在の深層」もまた、「内包」としての「言語アラヤ識」そのもののことである。

井筒は、同じくこの論考に続く部分で、「意味」が生成してくる「幽邃な深層風景」、「無と有のあいだ、無分節と有分節との狭間」そのものを描き出すことに成功した例として『老子』が説く「道」をあげている。老荘思想が説く「道」にして「無」、そこから森羅万象あらゆるものが産出され、そこに森羅万象あらゆるものが帰還していく場とは、一神教の極限、アラビア(スンナ派)ではなくアジア(シーア派)のイスラーム、イランのイスラームに育まれた存在一性論がいう「存在」としての神、「無」としての神と等しい。あらゆるものを産出する根源的な存在は、ただ「無」と名づけることしかできないのだ。それが、英文著作の到達点である『スーフィズムと老荘思想』(*Sufism and Taoism*, 1966–67)で井筒が下した結論である。井筒の言語学的な探究は、井筒の宗教学的な探究、哲学的な探究と一つに重なり合う。

さらには、死の直前に見事に全体を完結し、単行本としては遺著として刊行された『東洋哲学覚書　意識の形而上学――『大乗起信論』の哲学』(一九九三年)において、井筒は、無限の如来と有限の衆生、永遠の真如と刹那の生滅、覚と不覚を相異なりながらも一つにむすび合わせる「如来蔵」としてのアラヤ識を提唱した『大乗起信論』を、「東洋哲学全体に通底する共時論的構造」を把握することを可能にする一つの重要な例として抽出する。『大乗起信論』が主張するのは、まさに「無と有」、「無分節と有分節」のあいだに位置し、両者をつなぐアラヤ識の特異な在り方であった。井筒は、この遺著のはじまりの章(第一部)で、大乗仏教のアラヤ識たる「真如」

を、老荘思想の無としての「道」、存在一性論の無としての「存在」のみならず、プラトンのイデア論を突き詰めて新プラトン主義の哲学体系を完成したプロティノスのいう万物の源泉としての「一者」、インドのヴェーダーンタ哲学、不二一元論哲学にいう真の我（アートマン）と合一する宇宙原理たる「梵」（ブラフマン）などと、次々に重ね合わせていく。

井筒にとって超越と内在を矛盾するがまま一つにつなぎ合わせるものが「神」であった。預言者とは、こうした「神」の領域、言語の「内包」にして言語の「アラヤ識」に直接触れることができ、そうした未曾有の体験をもとに、言語の「意味」そのものがもつ体制を変革し、同時に「社会」そのものがもつ体制を変革することができる人間のことだった。しかしながら、そうした預言者のもつ特別な能力は、「呪術」の時代をいまだに生きている「未開」の人々が、「幼児」たちが、詩人たちが、日々行っていることでもあった。われわれはみな預言者であり、詩人であり、未開人であり、幼児である。それが、『言語と呪術』が導き出すラディカルな結論であった。

『言語と呪術』は、文字通り、井筒俊彦の学問にして表現の隠された起源として存在している。若き井筒俊彦は、当時の人文諸科学の最新の成果、考古学、人類学、宗教学、心理学、詩学などの成果を貪欲に消化吸収し、大胆に活用することで、「意味」の始原を探究していった。『言語と呪術』には、井筒の他の著作には一切登場しない固有名も多い。この後、多様な方向へと展開される井筒俊彦の学問にして表現のすべての萌芽もまた、この書物のなかに秘められている。特に、井筒が中国語の文法に関してこれほどの情熱をもって取り組んでいたことは驚きであろう。それが「東洋哲学」の基盤となっている。

『言語と呪術』は、そういった意味で、井筒俊彦が大成する「哲学的意味論」の、まさにアルファにしてオメガとしてある。「哲学的意味論」（Philosophical Semantics）とは、井筒が同名エッセイで明かすとおり、ユングとオットーによって創設されたエラノス会議に招待されるにあたって、主催者の側から打診された専門領域の名称である。井筒は、まさにその瞬間に抱いた驚きと納得を、印象深く、こう記している（一九六七年）。「哲学的意味論――それは私が最近胸にいだいてきたイデーを他のどんな名称にもましてよく表現しているように思われた」、と（『全集』第四巻、一三二頁）。

本解説では、まずは『マホメット』と『コーラン』の邦訳（岩波文庫版全三巻）に付された井筒の「解説」をもとに、井筒にとって「哲学的意味論」の起源である『言語と呪術』が、井筒のイスラーム研究と創造的に交わる地点を確定する。次いで、『言語と呪術』の構成自体を検討し、論理と呪術、「外延」と「内包」という二つの側面から理解される表現言語という観点が、決して井筒一人に閉じられたものではなく、井筒の二人の師である西脇順三郎と折口信夫にも共有され、さらには『言語と呪術』を高く評価したといわれるロシア生まれの言語学者ロマン・ヤコブソンの失語症論にも共有されていることを明らかにする。『言語と呪術』は、列島に固有の詩的言語論と世界に普遍の科学的言語論の交点に位置していた。

＊

『言語と呪術』の結論である最終章（第十一章）で、井筒俊彦は、預言者ムハンマドを、いまだ呪術が生きている社会、世界を呪術的に捉え、世界を呪術的に表現する人々のもとへと、あらためて生まれ直させる。預言者ムハンマドは、アラビア砂漠に固有の呪術を超越にまで高め、そのことによって世界に普遍の宗教をひらいた一人の「異常」な人間であった。『コーラン』は、その軌跡をダイレクトに跡づけてくれるのだ。言語のもつ呪術的な機能、言語の「内包」をその手に直接掴みとり、「内包」をもとにして言語のもつ意味を根底から変革し、そのことによって同時に社会のもつ意味を根底から変革してしまった一人の人間。その生涯の歩み、その理論にして実践を、具体的に検証していける特権的なテクストこそが『コーラン』であった。

だからこそ、井筒は、『言語と呪術』に取りかかる以前に、ムハンマドの詩的な評伝である『マホメット』をまとめ、『言語と呪術』を完成して以降、その成果として、『コーラン』を日本語へと翻訳し、さらに英語を用いて『コーラン』のもつ意味の分析を続けていかなければならなかったのだ。翻訳は解釈である。解釈を十全に果たすためには、その書物に張り巡らされた意味の構造を十全に理解していなければならない。そして「意味」は必ず一つの体系をなしているのだ。

預言者ムハンマドは、預言という日常のものとは異なる言語によって、その意味の「内包」をゼロにしてしまった訳ではない。「内包」をゼロにしてしまうことは、言語を廃絶してしまうことと等しい。「内包」として包括されている意味の束がもつ方向を百八十度変え、砂漠の部族社会を統べていた「意味」の体系を解体し、部族社会を乗り越えようとした。そして、部族社会を成り立たせていた「意味」の体系を、『コーラン』によって世界宗教がもつ「意味」の体系へと再構築したのだ。『コーラン』には、『コーラン』以前と以後の二つの「意味」体系の闘争、さらには、預言者を介した、二つの「意味」の体系の変換の瞬間が刻み込まれていた。二つの「意味」の体系の相克と転換を意味論的に分析していくことが、『言語と呪術』を書き上げた井筒俊彦が取り組まなければならない次の課題となった。

それ故に、井筒の『マホメット』は、ムハンマド以前のアラビア砂漠の「部族中心主義」にして「部族絶対主義」が徹底された社会の記述が書物の半ば近くを占めるという破格の構成をもたなければならなかった。井筒の関心は、預言者ムハンマドがいかにして自らが出現する以前の社会、「部族」中心の社会を、自らが出現して以降の社会、「神」中心の社会へと変革することができたのかにあった。ムハンマドは、なによりも「意味」の革命を引き起こしたのである。また、だからこそ、『言語と呪術』に続いて英語で書かれた『コーラン』論のすべても、基本的には、ムハンマド以前の「無道時代」(ジャーヒリーヤ)から説きはじめられなければならなかったのだ。

ソシュールは、言語のもつ意味の体系は「共時的」であると喝破した。言語のもつ意味は、それを構成するすべての要素が互いに密接な関係をもち、完成された体系をもっている。しかし、言語の体系それ自体は変化してやまない。その変化の軌跡を追うのが言語の「通時的」な研究である。言語は「共時的」に完成しており、しかも「通時的」に変化している。通常であれば、その「通時的」な変化は自然であるため、一つの言語の体系に生きている者にとっては、いつの間にか「共時的」にもう一つの言語の体系へと移ってしまっている。預言者は、そうした意味の体系の変化を、意識的にせよ無意識的にせよ、いまここで、人為的に引き起こすことができる特権的な存在だった。二つの「共時的」な意味の体系の間に立つことができる存在だった。だからこそ、井筒は預言者という存在を問うことを、生涯にわたって、やめることができなかったのだ。

『言語と呪術』の最終章と、『コーラン』の邦訳、その上巻に付された「解説」は通底している。ムハンマドを生んだアラビア砂漠の「呪術時代」を、井筒は、こう描き出している。そこでは詩人たちと戦士たちを区別することができなかった。原初の「詩」そのものである呪術としての言語は、それ自体で天地を揺り動かし、実際の武器よりも強い力をもっていた。古代の社会において、闘いとは、このような呪術としての言語を駆使した精神的なものでもあり、それ故、詩人は同時に戦士となる。ムハンマドは、このような砂漠の詩人にして戦士たち、砂漠の呪術師たる「カーヒン」たちの間から生まれ、その力を超越にまで高め、神の預言者となったのである。

古代のアラビア砂漠は、森羅万象あらゆるものに霊的な力が宿る呪術的な世界であった。そうした呪術的な世界を統べる呪術師、詩人にして戦士たちは、「サジュウ」体という独特な言い回しとリズムをもった詩的言語を用いて世界に働きかけていた。預言者ムハンマドは、そのような環境に生を享け、神の言葉を聞き、その神の言葉を、やはり詩人にして戦士たち、呪術師たる「カーヒン」たちのようにして語った。しかしながら、ムハンマドは「詩人」と呼ばれることを断固として拒否した。その点にこそ、神の聖なる言葉を媒介として、呪術的な内在の原理ではなく、宗教的な超越の原理へと至る、ムハンマドによる革命、意味の革命にして社会の革命を可能にする契機が孕まれていた。

井筒は、『コーラン』の邦訳、その上巻に付された「解説」で、アラビア砂漠の「カーヒン」たち、詩人にして戦士でもある呪術師たちが用いていた「サジュウ」体について詳しく説明してくれている(『言語と呪術』の最終章で検討される一つの重要な主題でもある)。「カーヒン」たちが用いる「サジュウ」体とは——。

まず散文と詩の中間のようなもので、長短さまざまの句を一定の詩的律動なしに、次々にたたみかけるように積み重ね、句末の韻だけできりっとしめくくって行く実に珍しい発想技術である。これがまた、凛冽たる響きに満ちたアラビア語という言葉にぴったりと合うのだ。著しく調べの高い語句の大小が打ち寄せる大波小波のようにたたみかけ、それを繰り返し繰り返し同じ響きの脚韻で区切って行くと、言葉の流れには異常な緊張感が漲って、これはもう言葉そのものが一種の陶酔である。語る人も聴く人も、共に妖しい恍惚状態にひきずり込まれるのだ。(『全集』第四巻、七〇頁)

神の預言者たるムハンマドが生まれたのは、このような原初の呪術的な世界の直中だった。ムハンマドもやはり、こうした「サジュウ」体を用いながら、神が自らに下してくれた聖なる言葉を、人々に向けて語ったのである。それではムハンマドと「カーヒン」たち、砂漠の預言者と砂漠の詩人にして戦士たちの違いはどこにあったのか。井筒は、『コーラン』の邦訳の段階では、意味の革命をムハンマドに成し遂げさせた契機を、自他の区別、主観と客観、精神と身体(物質)の区別が消滅してしまう「憑依」(神憑り)として言及するのみだった。実は、「憑依」(神憑り)という主題は、それ以前、一九四九年に刊行された大部の書物、井筒自身が「私の無垢なる原点」と評する『神秘哲学』で十全に論じ尽くされていたのだ。『神秘哲学』で描き出された「憑依」は、『言語と呪術』で提出された「内包」を可能にする前提条件であった。

『神秘哲学』は、ギリシアにおける哲学の発生の起源に、ディオニュソスの「憑依」を据えていた——その哲学の完成は、プラトンのイデア論とアリストテレスの質料形相論を一つに総合したプロティノスの「一者」論におかれている（つまり井筒は、ディオニュソスの「憑依」にはじまりプロティノスの「一者」に終わるギリシア神秘哲学史を構想していたわけである）。ディオニュソスに憑依された女性たちは、ディオニュソスの化身である聖なる獣（牡牛あるいは仔山羊）に集団で襲いかかり、その聖なる身体を引き裂き、生肉のまま喰らう。井筒は、そうした凄惨な現場に、哲学の発生を幻視する――。

この祭礼の情景はあまりにも有名であって、もはや子細に描写する必要もないであろう。まことに、それは狂燥の限りを尽したものであり、その野性の憑気は想像するだに戦慄を禁じ得ない光景であった。蕭索たる深夜、あやめもわかぬ漆黒の闇の中を、手に手に炎々と燃えさかる炬火をふりかざした女達が、髪をおどろに振りみだし、狂乱の姿ものすごく、異様な叫声を発しながら騒擾の音楽に合わせ、嵐のごとく舞いくるう。彼女らの踏みしめる足音と、夜のしじまをつんざいて飛響する恐ろしい狂憑の叫喚に、山野は鳴動し、木々も不思議な法悦の共感に包まれておののき慄える。かくて信徒の狂乱陶酔はいよいよ激しく、いよいよ凄じく、その熱情の奔流はあらゆるものを異常な緊張の渦中に熔融させなければやまなかった。そしてこの興奮の極、彼らは神に捧げられた犠牲の聖獣めがけて一せいに跳りかかり、生きながらその四肢を引き裂き引きちぎり、鮮血したたる生肉を啖う。ここに忘我荒乱は極限に達し、信徒らは人でありながら人であることをやめ、「自分自身の外に出て」（エクスタシス）神のうちに還滅するのである。（『全集』第二巻、一三六頁）

祭礼のクライマックスで、ディオニュソスに憑依された女性たちは、神に捧げられた聖なる獣を、神そのものとして喰らう。そのとき、その場で、神と人と獣との区別は消滅してしまう。あらゆるものが一つに融け合う。人間の魂は、自らの外へと抜け出てしまい（脱自＝エクスタシス）、そこでは、森羅万象あらゆるものが一つに入り混じる。その結果として、森羅万象あらゆるものが神的な様相を呈し、神となる（神充＝エントゥシアスモス）。

ムハンマドもまた、そのような体験をしたのだ。神に取り憑かれ、人間的な自己があとかたもなく消滅してしまう。そのとき、その場で、人間ムハンマドではなく、神そのものが聖なる言葉を語り出すのだ。井筒は、こうまとめている――「神憑りの言葉。そうだ、『コーラン』は神憑りの状態に入った一人の霊的な人間が、恍惚状態において口走った言葉の集大成なのである。だからそこに説かれているのはマホメットの教説ではない。マホメットではなくて、マホメットに憑りうつった何者かの語る言葉なのである。その「何者か」の名前をアッラー Allāh という。唯一にして至高なる神の謂いである」（『全集』第四巻、七一頁）。

憑依が哲学を生み、憑依が宗教を生む。井筒は、そうした未曾有の事態を客観的に記録するだけでなく、主観的に表現しようとする。人間的な自己が消滅したときに顕現する神、すなわち言語の「内包」が解放する力によって可能になった光景を、自らの手で描き尽くそうとする。ムハンマドは神に招命され、神から啓示を下されたとき、現実世界には存在しない「異象」を見て、「異音」を聴いた。言語の「内包」が解放される瞬間には、人間にとって、単に言語的な変容だけでなく全身体的な変容がもたらされる。井筒は、ムハンマドが体験したヴィジョンを、『マホメット』のなかで、自らムハンマドに成り代わるようにして、語ってくれている。井筒が『神秘哲学』に残したディオニュソスの憑依と双璧をなす、井筒による日本語表現の極致、世界最後の日にあらわれる黙示録的なヴィジョンである――。

世界の時間的秩序が根抵からくつがえされて万物が終末に達する宿命の日は、先ず喇叭と天地に響き渡る喇叭の音に始まる。耳を聾するばかりの霹靂が天を揺がし、何ものとも知れぬ崩潰と衝撃の凄じい音響が起る。大地は恐ろしい地震に裂けひろがって、地底深く埋蔵されていたものを悉く吐き出してしまう。天蓋はぐらぐらとよろめき、不気味な亀裂が縦横に走って遂には下から巻き上る。山々は動き互に衝突して轟然たる大音響と共に粉々に飛び散り、諸海洋は互に混流し、太陽は折れ曲り、月は裂け、星々は光もなく地上に雨と降って来る。天は火焔を吹き出して、噴煙濛々と世界を覆ううち墳墓は口を開いて死者はことごとく甦り、審きの場に曳かれて行く。(『全集』第三巻、二二二頁)

ムハンマドは、自らが見て、自らが聴いた世界最後の光景をもとに、一体何をしたのか。部族に向けられていた忠誠を、世界の審判をつかさどる神に向けさせ直したのである。より正確に言えばこうなる。部族に向けられていた砂漠の遊牧民たちの道徳の「意味」を、神に向けさせ直したのである。『意味の構造』──『言語と呪術』に次いで英文で書かれた第二の著作、『「コーラン」における倫理的な術語の構造』(*The Structure of the Ethical Terms in the Koran*, 1959) を原型とする──で、井筒は、そうした経緯を、こうまとめている。ムハンマドは、砂漠の遊牧民がもっていた「古い美徳を一神教的信仰のチャンネルに流し込み、これを独特な仕方で発展させたので」ある(『全集』第十一巻、一一二頁)。その結果、『コーラン』は、「異教の美徳の多くのものを一神教の要求に適合した新しい形で採用し、復活させた」(九二頁)、一冊の究極の書物となった。『コーラン』とは、ムハンマドによって現実の世界に打ち立てられた、宇宙の消滅と生成、すなわち宇宙のすべてをそのなかに封じ込めた唯一無二の書物となったのである。

『マホメット』の最終章、井筒は、ムハンマドの「意味」の革命にして現実の革命の帰結である「政治と宗教とが渾然一体をなす新しい共同体」創出にあたって、ムハンマド自身が宣言したという印象的な言葉を、こう記してくれている──。

「今や異教時代は完全に終りを告げた」と。「従って、異教時代の一切の『血』の負目も貸借関係も、その他諸般の権利義務も今や全く精算されてしまったのである。また同様に、一切の階級的特権も消滅した。地位と血筋を誇ることはもはや何人にも許されない。諸君は全てアダムの後裔として平等であって、若し諸君の間に優劣の差があるとすれば、それは敬神の念の深さにのみ依って決まるのである」と。（『全集』第三巻、二四七頁）

言語によって、社会の、あるいは世界の新たな可能性が生起する。未開社会の呪術師にして詩人たちから、遠い過去のみならず、今この現在においても世界を揺るがし続ける宗教的かつ政治的な指導者が生み落とされたのである。それが『言語と呪術』の帰結であり、井筒の「哲学的意味論」と、神と預言者の関係を中核に据えた、井筒のイスラーム研究が交わる地点である。

＊

『言語と呪術』は、『神秘哲学』の主題である「憑依」を受け継ぎ、その「憑依」が明らかにしてくれた主客未分、「脱自」と「神充」が一つに重なり合った地平に、「意味」の発生にして「言語」の発生を見出すものであった。

井筒は、一九四九年、『神秘哲学』を刊行した。同じこの年、井筒は、西脇順三郎の後任として、慶應義塾大学における伝説的な講義、「言語学概論」を開始する。この「言語学講義」が、『言語と呪術』としてまとまる井筒の「哲学的意味論」の母胎となる。井筒の「言語学概論」は一年間の休講の後、一九五一年に再開され、一九五六年まで継続される。この間、井筒は、一九五一年には慶應義塾大学の通信教育部のテキストとして『露西亜文学Ⅰ』『露西亜文学Ⅱ』を刊行し、一九五二年には『マホメット』を、一九五三年には先述した二冊の『露西亜文学』をもとに増補された『ロシア的人間』を刊行する。すでに述べたように「言語学概論」が終了した一九五六年には、その成果をまとめた『言語と呪術』を世に問う。そして、その翌年の一九五七年から、岩波文庫で全三巻からなる『コーラン』の邦訳の刊行を開始するのである。

驚くべき密度と、豊かな多様性をもった数年間である。井筒の学問と表現のもつ可能性のすべてが出揃った時期でもあった。井筒は、『神秘哲学』で哲学の発生を論じ、『露西亜文学』で文学の発生を論じ、『マホメット』で宗教の発生を論じた。井筒にとって、哲学、文学、そして宗教は、まさに同一の源泉から発生してくるものだった。その源泉にたどり着くために、井筒はまず、『神秘哲学』において、舞踏神ディオニュソスの「憑依」を徹底して論じなければならなかった。『ロシア的人間』においても、ロシアの文学を生み出した特異な人々がもつ「ディオニュソス的」な性格が強調されていた。井筒はディオニュソスとともにあった。

井筒俊彦は、哲学、文学、宗教の発生の基盤に「憑依」を据えたのだ。憑依によって人間は、言葉では決して表現できないような「神秘」、森羅万象あらゆるものが一つに入り混じり、一つに融け合うような状態にまで到達することができる。そうした「神秘」のなかからこそ、原初の「意味」、原初の「言語」が発生してくるのだ。井筒は、哲学の発生を論じ、文学の発生を論じ、宗教の発生を論じながら、言葉が発生してくる始原の場所を探究していったのである。その結果として、井筒は、「呪術」の発生とまったく見分けのつかない「意味」の発生にして「言語」の発生にまでたどり着く。井筒にとって、哲学、文学、宗教が発生してくる「神秘」の源泉には、発生状態にある言語そのものが存在していた。

『言語と呪術』は、そのような井筒の探究の過程を、そのまま一冊の書物としてまとめたものである。書物の主旨は明確であり、その構成全体がもつバランスはきわめて良く整えられている。井筒が『言語と呪術』で全面的に依拠しているのは、オグデンとリチャーズによってまとめられた『意味の意味』（原語初版一九二三年、日本語初版一九三六年）である。この書物の巻末にはオグデンとリチャーズによる「意味」の探究に大きな刺激を受け、その理論をもとにして「未開」（primitive）の言語がもつ「意味」の諸相を論じた民族学者にして人類学者であるマリノフスキーの論考、「未開言語における意味の問題」が収められていた。井筒にとっても、オグデンとリチャーズ、さらにはマリノフスキーが推し進めていった「未開」の言語のもつ「意味」の構造の探究こそが、その「哲学的意味論」の骨格をなすこととなった。マリノフスキーが「未開」という言葉であらわそうとしているのは、いまだ文明化されていない「始原」の社会のことであると同時に、いまだ大人になっていない「始原」の人間（つまりは幼児）のことであった。マリノフスキーは、「始原」の社会、人間集団にとって原型的な社会で用いられている言語と、「始原」の人間、人間個人にとって原型的な存在が用いることができる言語の構造は等しい、と主張していたのである。

オグデンとリチャーズが「言語」の根底、「意味」の根底に見出した基本構造は、二つの機能、外的な事物を指示する機能と内的な感情を喚起する機能からなっていた。指示と喚起、それが「未開」の言語、「始原」の言語のもつ基本構造でもあった。井筒は、そのような「意味」の理解にもとづいて、「始原」の言語がもつ二つの機能を、論理と呪術、「外延《デノテーション》」と「内包《コノテーション》」と読み替えていったのだ。

『言語と呪術』が全体としてもつ構成を、大きく分けて考えるならば、三部からなる。すなわち、「呪術」として成立した原初の言語、その言語がもつ原初の「意味」を十全に理解するための導入編、理論編、実践編という三部構成である。

まず、第一章「呪術と論理のあいだ——予備的考察」から第四章「近代文明のさなかの言語呪術」までが導入編である。ここでは、この後に展開される議論の中心となる原初の「言語」にして原初の「意味」がもつ二つの側面にして二つの機能、論理と呪術が、古代社会から近代社会に至るまで生き延びており、「法」と「詩」という一見すると相反する言語表現もまた、ともに、言語のもつ呪術的な側面から生まれ出てきたことが説かれている。

次いで、第五章「「意味」という根源的な呪術」から第八章「構造的な喚起」までが理論編である。まずは言語の「意味」そのものが根源的には呪術的な性格をもつこと、その根源的な「意味」が「外延」と「内包」という二つの側面にして二つの機能からなることが示される。次いで言語の呪術的な側面を代表する「内包」はさらに四つの性質――指示的、直観的、感情的、構造的（本書一一一頁）――をもちながら実体化されること、さらには「内包」がもつ四つの性質の詳しい説明がなされ、そのなかでも特に「内包」のもつ構造的な性質とは始原の「文法」であること（のちに井筒は、言語の「内包」がもつこの側面を「言語アラヤ識」、言語のもつ根源的な文法構造として深めていくことになる）等々が、きわめて客観的かつ論理的に述べられている。

最後に、第九章「自発的な儀礼と言語の起源」から最終章である第十一章「高められた言語」までが実践編である。原初の呪術的な言語の発生を聖なる世界と俗なる世界のあいだで苦闘する人間たちが編み出した「自発的な儀礼」（マリノフスキー）に見出し、そうした「自発的な儀礼」が成り立つためには外的（環境的）な「枠組みづけ」と内的（精神的）な「枠組みづけ」が協働することが必要であること、さらにはそうした協働によって言語こそが世界を変える力をもつに至ること等々が、きわめて主観的かつ感情的に述べられている。

「呪術」としての言語には、理論と実践、客観的な指示をあらわす機能と主観的な感情をあらわす機能が兼ね備えられている。『言語と呪術』の全体が、井筒の「哲学的意味論」がもつ骨格およびその全貌を、過不足なく解き明かしていく構造となっている。

『言語と呪術』を書き進めている井筒俊彦は、言語学者であるとともに、それ以上に、民族学者であり文化人類学者であった。井筒が幻視している「始原」の社会とは、フレイザーが『金枝篇』のなかで描き出した「呪術時代」に該当する、人類の黎明期にあたる部族的な狩猟採集社会と、そのなかから近代を生み落とした大規模な農耕社会のあいだにひらかれる、狩猟採集を行いながらも定住することで安定を得た社会である。昨今、「持続可能な社会」として論じられることが多い、生態学的な知、エコシステムにもとづいた縄文の社会やアイヌの社会をイメージしてもらえればよい。定住し、動物の狩猟と植物の採集によって生業が成り立ち、社会が安定することによってはじめて「アニミズム」、すなわち森羅万象あらゆるものが霊的な力に満ち、不可視の力でむすばれ合った世界観が生じてくる。こうした世界観、「アニミズム」的な世界観をもった社会の下限に、井筒は『旧約聖書』を生み出した古代ヘブライ社会と『万葉集』を生み出した古代日本社会を位置づけている。旧約的世界と万葉的世界が、井筒にとって「呪術時代」を最後に代表するもの、その痕跡を残すものであった。

「アニミズム」的な世界観をもち、「始原」の社会を生きる人々は、デュルケームが原初の宗教的な社会の条件として抽出してきた、霊的な「力」の発生してくる聖なる世界と物理的な「もの」に満ちた俗なる世界という、二つの相反する世界を生きている。この二つの世界を一つにむすび合わせるのが、マリノフスキーいうところの「自発的な儀礼」であり、そこから原初の言葉にして原初の意味が生まれてきた。フレイザー、デュルケーム、マリノフスキー。英語著作においても、日本語著作においても、本書以外で、井筒の書くもののなかにはまったく見出すことのできない人々の名である。それだけではない。井筒は、言語のもつ呪術的な側面、「内包」の機能を論理的に定義づけるために当時の意味論学者たちが刊行した最新の著作を網羅的に参照し、同じく哲学的に定義づけるためにヒュームやバークリーなどイギリス経験論者たちの著作も、これもまた網羅的に参照している。これらの人々の名もまた、本書以外で見出すことはできない。それに反して、言語のもつ呪術的な側面、「内包」の機能と直結した「詩」を論じるために井筒が参照したリルケ、マラルメ、ヴァレリー、さらに屈原（『楚辞』）は、のちに『意識と本質』のなかで、あらためて大きく取り上げ直される。そういった意味で、『意識と本質』は、『言語と呪術』を創造的に反復した著作であると言うことも可能である。

『言語と呪術』は、井筒俊彦の他の著作と連続しながらも、その連続を根底から断ち切ってしまうという側面をもっている。井筒の学問と表現における連続と非連続、それを最も印象的かつ最も象徴的にあらわすのが、本書で繰り返し言及される『鏡の国のアリス』であり、その重要な登場人物であるハンプティ・ダンプティであろう。井筒は、この虚構の登場人物がなす発言に、現実の詩人たちがなした発言と同等の力、あるいはそれ以上の力を見出している。第六章「内包の実体化」で、井筒は高らかに、こう宣言する。『鏡の国のアリス』に登場するハンプティ・ダンプティが主張していることは根本的に正しい。ハンプティ・ダンプティは言う。私が言葉を語るときは、その言葉に私がもたせたい通りの意味をもたせる。「意味」によって現実が、存在が生起する。それ故、私こそが言葉の主なのだ。意味の主にして世界の主なのだ。井筒にとって、言語遊戯によって虚構の存在を生み出し続ける『鏡の国のアリス』は、『旧約聖書』の創世記を反復し、呪術的世界の真実を描き出す究極の書物だった。虚構のハンプティ・ダンプティは、現実のムハンマドのように、「意味」（「内包」）をもとにして現実を変革してしまった。井筒が生涯をかけて論じ続けた現実の預言者ムハンマドと、井筒がこの『言語と呪術』のみで論じた虚構の「言葉の主」ハンプティ・ダンプティと。両者は互いの分身であり、互いの鏡像である。それは井筒の他のすべての著作と、この『言語と呪術』という唯一無二の著作がむすび合う関係そのものを象徴してもいよう。

＊

『言語と呪術』では、一貫して、言語のもつ呪術的な側面、言語の「内包」は、詩の発生と密接な関係をもつと説かれていた。『神秘哲学』や『マホメット』を読んできたわれわれは、井筒自身が、客観的な論理だけでなく、主観的な感情とともに哲学の発生、宗教の発生を論じようとしてきたことをよく理解している。論理だけでは、表現が発生してくる「意味」の深みにまで到底達することができないのだ。『神秘哲学』や『マホメット』のある箇所は、そのまま井筒による散文詩と捉えてもなんの違和感もないはずだ。詩の発生を論じるためには、自ら詩人――呪術的言語の使い手――となる必要があった。それが、井筒が選び取った、書くためのスタイルであった。

詩人であるとともに、言語の論理的かつ科学的な研究者であること。しかも、言語の発生、意味の発生を徹底的に論じるためには、人文諸科学のあらゆるジャンルを横断し、そこに一つの総合を打ち立てなければならない。そのような井筒の立ち位置は、日本の、あるいは世界のアカデミズムのなかではきわめて異例なものであったはずだ。しかし、決して孤立していたわけではないのだ。井筒の「哲学的意味論」には世界的な同伴者がおり、また、この列島には、まさに詩人であることと同時に言語の研究者であることを貫いた二人の師がいた。井筒の『言語と呪術』は、世界的な同伴者、そして日本の師たちがかたちにした詩的言語論と、その基本構造を共有している。井筒の「哲学的」にして「詩的」な意味論の系譜を世界に、そしてこの極東の列島に、ひらかなければならない。

井筒俊彦が『言語と呪術』で試みたのは、原初の共同体、古代的で「未開」な社会、すなわち呪術的な社会を生きる人々が使っている呪術的な言語のなかに、言語の根源的な機能を見出す、ということであった。井筒は、言語の発生と呪術の発生は等しいとさえ述べていた。あるいは、人類の言語の起源は呪術的な思考方法の発生と同時であるとさえも。もちろん言語には、数学を生み出すようなきわめて論理的な働きも存在する。しかし、論理の基盤、論理に潜在しているものは、なによりも呪術なのである。

言語には「呪術」と「論理」が、あたかも闇と光のように存在している。しかしながら、光を生むのは闇であり、論理を生むのは呪術なのである。呪術は、原初の共同体にのみ見出される現象ではない。原初の共同体とパラレルである原初の人間、つまり幼児の言語獲得のプロセスこそ、呪術的な思考発生のプロセスそのものなのだ。井筒は文化人類学（および民族学）と発達心理学を、「呪術」を介して一つに結び合わせようとする。そのような試みは荒唐無稽なものだったのであろうか。おそらく、そうではあるまい。

「呪術」の原理を探究したフレイザーの『金枝篇』（一九一一―一五年、第三版）と「言語」の原理を探究したソシュールの『一般言語学講義』（一九一六年、没後講義ノートを編集）を二つの源泉として成立した、フランスの文化人類学者クロード・レヴィ＝ストロースによる『野生の思考』（一九六二年）を知っているわれわれから見れば、「言語」と「呪術」を二つの極として人間の思考の原初形態――未開の思考にして「野生」の思考――を探ることは至極当然のことなのだ。『言語と呪術』が『野生の思考』よりも以前に世に問われていたことにわれわれはもっと驚いた方がよい。

フレイザーは、「呪術」の原理として、「類似の法則」と「接触または感染の法則」を抽出する。似ているものは似ているものによって置き換えることが可能である（「類似の法則」）、あるいは、部分によって全体を置き換えることが可能である（「接触または感染の法則」）。呪術師は、そうした二つの方法を用いて呪術を組織している。ソシュールは、「言語」の原理として、「範例的な関係」と「連接的な関係」を抽出する。パラディグマティック、すなわち「パラダイム」の関係と、サンタグマティック、すなわち「シンタックス」の関係である。言語は類似をもった無数の語の「範例」の束からなり、そこから一つの語が選ばれて部分から全体へと線状に「連接」されていく。人間は、そうした二つの方法を用いて言語を組み立てている（ソシュールに関しては、井筒と相互に影響を与え合う関係にあった丸山圭三郎による術語を借りている）。

呪術の「類似の法則」と言語の「範例的な関係」が思考の垂直軸を構成するとするならば、呪術の「接触または感染の法則」と言語の「連接的な関係」は思考の水平軸を構成する。人間は、思考の垂直軸から一つの「もの」（呪物）あるいは語を選び、それを水平軸に沿って――意味を成すように――配列していかなければならない。レヴィ＝ストロースの「構造」の起源は、フレイザーとソシュール、すなわち「呪術」の原理と「言語」の原理の統合にある。しかも、レヴィ＝ストロースは独力で、そのような「構造」の概念を把握できたわけではないのだ。レヴィ＝ストロースより先に、「呪術」の原理と「言語」の原理を一つにむすび合わせ、「構造」という概念そのものをレヴィ＝ストロースに教授した人物がいる。ロシアに生まれ、「構造主義」の言語学を提唱したロマン・ヤコブソンである。

ヤコブソンは、人間の言語の構造は「範例」と「連接」、パラダイムとシンタックスからなり、しかもその構造は人間の言語獲得そのものと密接な関係があると説いていた。ヤコブソンは失語症患者の言語喪失の過程を例にとる。ヤコブソンによれば、失語症患者には、言語能力として「範例的な関係」が失われる場合と「連接的な関係」の失われる場合の二つのパターンが見出される。ヤコブソンは、その二つのパターンを、言語学的に「隠喩」(メタファー)の関係と「換喩」(メトニミー)の関係と言い換える。失語症患者は、似ているものを似ているものに置き換えられなくなってしまうか、部分と全体の関係を正確に把握できなくなってしまうか、そのどちらかの症例を発症するのである。

言語の喪失と言語の獲得とは表裏一体の関係にある。人間は、あるいは呪術師は、思考能力の「範例的な関係」(隠喩《メタファー》)からなる垂直軸と「連接的な関係」(換喩《メトニミー》)からなる水平軸をもとにして言語を、あるいは呪術を、学習していくのである。世界は言語として、あるいは呪術として、構築されていたのだ。ヤコブソンの論考、「言語のもつ二つの側面と失語症のもつ二つのタイプ」は、『言語と呪術』と同じく一九五六年に発表されている。その末尾で、ヤコブソンは、フレイザーによる「呪術」の原理と、自身が構築しようとしている構造主義的な言語学の原理との類似性について正確に言及している。もう一つ、ヤコブソンが言及しているのが、フロイトによって抽出された「夢」の原理との類似性である——井筒もまた、言語の「内包」をフロイトの「無意識」と言い換えている(本書八三頁)。

そうしたヤコブソンからの強い推薦があり、井筒にはロックフェラー財団からの奨学金が授けられ、二年間におよぶ海外での研究が可能になったという。ヤコブソンが『言語と呪術』にきわめて高い評価を与えたというのは上述した彼らの思考方法の類似性をみると納得できる。ヤコブソンは井筒を自らの研究の同志と考えていたのかもしれない——「ロックフェラー財団では分野別に審査員が構成されていて、そのころ、ローマン・ヤコブソンという有名な言語哲学者がその一人でした。この方から大変な推薦をいただいたそうです。今はもうそんなことはなくなったようですが、そのころの言語学では人間言語の発生起源を論じることは学問的タブーとされていました」（井筒豊子『井筒俊彦の学問遍歴――同行二人半』慶應義塾大学出版会、二〇一七年、六頁、人名の原語表記は省略）。ヤコブソンも井筒も、そしてレヴィ＝ストロースも、言語の発生と呪術の発生を一つに重ね合わせていた。そのような起源の場を、客観的に研究するのではなく、主観的に表現する。井筒にそう教え諭し、自らそのモデル、詩人にして言語の研究者として生きたのが、井筒の二人の師であった。

若き井筒俊彦は、慶應義塾大学で、その生涯を決定づけるような二人の巨人と出逢う。井筒はそのうちの一人を生涯の師に選ぶ。英文学者にして「モダニズム」の詩人、西脇順三郎である。井筒は、西脇との出会いについて、こう記している（「西脇先生と言語学と私」）――「西脇順三郎という名前には、実は私は、大学予科に入る以前から親しみがあった。当時、前衛文学理論の牙城だった『詩と詩論』を、私は愛読していたのだ。勿論、大半はおぼろげにしか理解できなかったけれど、それはそれなりに魅惑的だった。わけても西脇順三郎のシュルレアリスム的詩論が、私を妙に惹きつけた。「純粋詩《ポエジー・ピュール》」などという、その頃としては斬新な感覚にみちた用語を初めて習い覚えた」（『全集』第八巻、七一頁）。

井筒俊彦の学問と表現の起源には、西脇順三郎のシュルレアリスム、「超現実」の詩と詩論が存在していた。だが、それだけではない。「西脇先生と言語学と私」のなかには西脇と並んでもう一人の人物の名前が記されている。「それからもう一人、国文学の折口信夫」、と。西脇順三郎と折口信夫。英文学者にして「モダニズム」の詩人と、国文学者にして「古代」の歌人。井筒は西脇を選び、折口を選ばなかった。井筒は、別の随想（「師と朋友」）のなかで、こう語っている――「どことなく妖気漂う折口信夫という人間そのものに、私は言い知れぬ魅惑と恐怖とを感じていたのだった。危険だ、と私は思った。この「魔法の輪」の中に曳きずりこまれたら、もう二度と出られなくなってしまうぞ、と」（『全集』第五巻、五七八頁）。

しかしながら、井筒は西脇に師事しながら、西脇の命を受けて折口の「妖気漂う」講義へと毎回出席し、その成果を西脇に伝えていた。折口の講義は、西脇のみならず井筒にも大きな影響を与えたはずである。井筒は、西脇順三郎と折口信夫の学問と表現を、一つに総合することを可能にする立場にいたのである。それでは、その学問と表現の核心とは何か。井筒は、西脇の学問と表現の本質（エッセンス）について、同じく「西脇先生と言語学と私」において、こう記録してくれている。西脇が担当した言語学講義（後に井筒自身も担当することとなる「言語学概論」）でソシュールとともに強いこだわりと愛着をもって取り上げた哲学者フレデリック・ポーラン（Frederic Paulhan, 1856–1931）――二〇世紀前半のフランス文学界を『新フランス評論』（*NRF*）の編集長としてリードしたジャン・ポーランの実の父親――の著作、『言語の二重機能』（*La double function du langage*, 1929）に言及しながら――「ポーランの『言語の二重機能』も、先生はかなり気に入っておられたようだった。言語の二重機能、つまり事物、事象を、コトバが概念化して、それによって存在世界を一つの普遍妥当的な思考の場《フィールド》に転成させる知性的機能と、もうひとつ、語の意味が心中に様々なイマージュを喚び起す、心象喚起の感性的機能との鋭角的対立を説く。今ではほとんど読む人もなくなってしまったようだが、読み方次第では、現代的記号論の見地からしても、なかなか示唆に富む小冊子である」（『全集』第八巻、七一―七二頁）。

この一節に、西脇順三郎の詩学の核心が示されている。西脇の講義する言語学は、自らのシュルレアリスム的な詩論、なによりも『超現実主義詩論』に集約された、言葉がもつ重なり合った二つの側面、現実（自然）と超現実（超自然）の相克と、超現実による現実の乗り越え、つまり超現実が現実を破壊する瞬間に「ポエジイ」が生まれるという理論にもとづき、それを発展させたものとしてあった。西脇は、ソシュールやポーランの言語理論をもとに、詩的言語のみならず言語自体を二重の機能をもつものとして捉えていた。言語のもつ一つの機能は「知性的機能」である。この機能によって人間は言葉を概念化し、そのことによって世界を秩序づける。しかし、言語にはそれとはまったく異なった、それとは相反するようなもう一つの機能が存在している。それが言語のもつ「感性的機能」である。

言語のもつ「感性的機能」によって、人間は自らの内に、一つの概念には収まりきらない、あるいは概念化を拒みそれを超え出てしまうような、さまざまな心象、すなわちさまざまなイマージュを同時に喚起する多極多層構造をもった意味のかたまりのようなものをもつことができる。西脇が重視していたのは言うまでもなく後者、言語の「感性的機能」であり、それは自らの詩論の中心に位置づけた言語の超現実的な側面の探究と重ね合わせることが可能な理念だった。井筒は、ポーランの『言語の二重機能』の内容を概説した後、こう続けている。「詩人、西脇順三郎は、コトバのこの心象喚起機能の理論に、シュルレアリストとしてのご自分の内的幻想風景の根拠付けの可能性を見ておられるようだった」と（七二頁）。そして西脇のこのような講義にして実践を前にし、深い感銘を受けた井筒は、「言語学こそ、わが行くべき道、と思い定めるに至った」（七一頁）のである。

井筒俊彦が、ポーランの『言語の二重機能』をもとにして語っているのは、西脇順三郎の詩的言語学の核心であるばかりでなく、折口信夫の詩的言語学の核心でもあった。そして自身がまとめた『言語と呪術』の骨格となる論理と呪術、外延と内包の対立そのもののことでもあった。折口信夫の大学卒業論文である『言語情調論』もまた、西脇順三郎の詩論にして言語論である『超現実主義詩論』と同様に、言語がもつ二つの側面、二つの機能を論じたものであった。言語のもつ直接性と間接性という主題である。

折口信夫もまた、西脇順三郎そして井筒俊彦と同じように、その若書きの論考、大学の卒業論文である『言語情調論』のなかで、言語の直接性（言語のもつ超現実的かつ表現的な「感性的機能」）によって言語の間接性（言語のもつ現実的かつ交換的な「知性的機能」）が打ち破られたときに、ポエジイが生まれ出ることを確信していた。折口によれば、直接性の言語とは、「包括的―→仮絶対―→曖昧―→無意義―→暗示的―→象徴的」といった一連の内容をもった感性的な――「情調」を周囲に発散させる――言語であった。包括的で、なおかつ曖昧で音楽的な言語。それは詩の言葉であり、なおかつ神の発する聖なる言葉（「神仏の示現」もしくは「神仏の託宣」）に近いものであった。『言語情調論』のなかで、すでに折口は、こう記していた。「託宣の言語は自然に象徴言語となっている」（引用は中公文庫版より）。

折口信夫が確立することを目指した言語論は、超越的――超現実的――な神の聖なる言葉とともに完成を迎える。西脇順三郎もまた『超現実主義詩論』のなかで、こう述べていた。超現実とは、自我を超え出た客観的意志がそれ自身を表現の対象に置くことであり、「客観的の意志」とは「人間の意志が主観の世界（即ち現実）を破り完全になろうとする力」である、だからこそ、その力は「神の形態をとる様なもの」となるのだ（引用は講談社文芸文庫版『ボードレールと私』より）。両者はまったく同じ事態をその眼にしている。神の聖なる言葉、すなわち超現実の言語、あるいは、直接性の言語が発生してくる場所に、西脇は前人未踏の詩的世界を作り上げ、折口は共同社会の発生と文学の発生が重なり合う「古代」を幻視した。そこに井筒俊彦による「哲学的意味論」にして詩的意味論の一つの起源が確実に存在している。

そしてもう一人、井筒が『言語と呪術』をまとめる上で理論的な柱としたオグデンとリチャーズの『意味の意味』からの大きな刺激を受け、独自の言語論を練り上げていった人物がいる。吉本隆明である。吉本がまとめ上げた全二巻からなる『言語にとって美とはなにか』（一九六五年）、特にその理論篇である第I巻の冒頭で展開される、きわめて詩的であると同時にきわめて理論的な考察は、ある意味で、『言語と呪術』と瓜二つである。そこで吉本は、やはり言語がもつ二つの側面、自己表出性と指示表出性を厳密に区別する。その区別は、西脇＝ポーランによる言語の感性的機能と知性的機能という区別と完全に等しい。オグデンとリチャーズとともに、吉本が第I巻の冒頭で参照するカッシーラー、ランガー、そしてマリノフスキーは、そのすべてが井筒の『言語と呪術』でも参照されている。また第II巻全体を通して、詩から物語、さらには劇へと至る吉本による言語芸術の発生史において理論的な支柱になっているのは、一貫して折口信夫の営為なのである。折口信夫と西脇順三郎、井筒俊彦と吉本隆明。近代の列島に生まれた日本人の手になる独創的な言語理論は、ほぼすべて同一の系譜の上に成り立ち、またそれ故、同一の構造をもつものだった。

その起源においては、やはり「文学的内容の形式」を「認識的要素（F）と情緒的要素（f）との結合」から論じ尽そうとした夏目漱石による『文学論』の試みもまた共振している。

＊

解説の最後に、ここにまでいたる翻訳の経緯と、この翻訳を読み進めていただく際に注意していただきたいことについて簡単に触れておきたい。監訳者はこれまで、折口信夫の研究を進めながら、折口から井筒俊彦へと受け渡されていったもの、つまりはその詩的言語論の系譜に大きな興味と関心を抱いてきた。そして、その内実を明らかにしてくれる特権的な書物として本書、『言語と呪術』を取り上げ、何度か講演を行う機会をもった。そのことが契機となって、本書の翻訳者として起用されたのであるが、なかなか仕事を進めることができなかった。

『言語と呪術』は、その概要を知るだけであるならば、きわめて明解な書物である。しかし、それを一字一句、英語から日本語に訳すとなると、途端に困難をきわめる。井筒俊彦にとってはじめての英文著作であるが故、その一文一文が非常に長く、しかも内容が凝縮されていること、また事例としてあげられる諸言語がきわめて多岐にわたる上に専門的な検討を必要とすることなどが、その主な理由である。そのようななかで、ともに井筒俊彦を研究する会の参加者として小野純一さんと出逢った。小野さんは「訳者あとがき」に記されているように、アラビア語をはじめとするさまざまな言語をマスターしているとともに、井筒をめぐるさまざまな人間関係の交点にも位置するような方であった。

そこで、本書の翻訳を小野さんにお願いし、私は監訳をつとめることとなった。小野さんにまずは字義通りに日本語訳を作成してもらい、そこに手を入れるかたちをとった。その際、日本語としての読みやすさを考慮して、原文として長いものは区切り、順序を入れ換え、しかもその上、かなりの語句を補って訳出することとした。術語の選択については議論を重ねたが、いずれも現在の諸分野で使われているものを採用した。primitive に対し「未開」を用いることにはやや抵抗があったが、下手に意訳してしまうと井筒の本意を損ねてしまう恐れもあり、現行のままとした。savage は「野生」とした。

あらためて、きわめて短期間で翻訳を仕上げていただいた小野純一さん、原文とのチェックをはじめ綿密な校正をして下さった中村鐵太郎さん、編集を担当していただいた片原良子さん、小野さんを介してさまざまな疑問にお答えいただいた諸先生方に、深い感謝を申し上げたい。

なお、本解説は先に発表した拙稿「言語と呪術――折口信夫と井筒俊彦」(『折口信夫』講談社、二〇一四年所収)に一部もとづきながら、全面的に書き直し、増補改訂したものであることを記しておきたい。

# 訳者あとがき

活字に触れるようになって折りあるごとに、また勉学や研究のために、井筒俊彦の著作、そして彼の意味論に色々な形で向かうことはあったが、今回ほど濃密な取り組みはなかった。それはこの類稀な人物との対話に留まらず、その思索を辿る道行きでもあった。手渡された原著という地図を見ながら原著者の見た風景を追想しつつも、同じ旅程を経るというより、実地調査して復元し立体化してゆく行為に似ていた。とはいえ、過去の詩人の旅路を薔薇の蔓に、その旅から生まれた詩歌を薔薇の花に喩え、同じ道を歩んだ自分は、たかだか棘を得たに過ぎないと述懐する詩人の文章を想い起こすこと、少なくなかったのは確かである。

本書が書物の形をとるに至るには多くの方々の協力があった。この作業の所有代名詞が一人称単数で指示されるのが憚り多いほど、根底には複数の専門家の協力がある。間接的にご協力下さった方々には口頭で改めて感謝を伝えることにし、実際に文章化する工程で直接に関わりのあった方々のお名前のみ明記させて頂き、謝意を表したい。

鎌田繁先生（東京大学名誉教授）には日頃よりご恩を受けているが、今回もまた些細な質問にも丁寧なご回答、ご教示を頂いた。先生のご指導がなければ、そもそもこのように多くを学ぶ機会は得られなかった。平素より井筒研究を通して澤井義次先生（天理大学教授）の謦咳に接し、本書ではインド思想・サンスクリットのご確認を頂いた。お二方のご好意と見識に適う出来となったかは祈るよりない。碩学に師事してなお瑕疵の目立つのは、ひとえに学ぶ側の問題である。

もしこの訳文が容認の範囲にあるなら、何よりも監訳者の安藤礼二先生と編集者の片原良子さんのご尽力による。原著を読み込まれておられた安藤先生は、お忙しいなか貴重な時間を割いて数多くの助言を下さった。先生と何度も打ち合わせを行い作業を進めることができたのは得難い経験であった。片原さんは常に親切に冷静に随所で適切な判断と指示を下さった。原著を私の存在的怠惰と言語的粗忽（ここでは確かに存在と言語とは一致している）から遠ざけ生成へと至らしめたのは、片原さんに他ならない。訳文が読めるものであるなら、美点はお二方に起因する。この言及・形式が礼儀に属すとしても、内容は事実に即する。

シュメール語・アッカド語に関し細かな質問で髙井啓介先生（関東学院大学）を煩わせたにもかかわらず、そのつどご丁寧に対応頂き多くを教えられた。改めて感謝の言葉を述べたい。土屋昌明先生（専修大学）には大変お世話になった。また、森瑞枝先生（立教大学）、佐藤壮広先生（明治大学）には、専門の立場から用語や文献に関して意見を頂戴した。校閲者の中村鐵太郎氏は、訳文を原文と入念かつ緻密に照合して検討下さっただけでなく、入手し難かった典拠を探して下さった。確かな水準が本書に維持されているなら、中村氏のお力添えのお陰である。深謝申し上げたい。中西悠喜氏（テュービンゲン大学）と大渕久志氏（東京大学）は最終段階で急遽依頼したにもかかわらず、部分的ながらも訳文に目を通し、訳者の不備と疎略を冷静な専門性と友情をもって補ってくれた。とくに大渕君には無理をお願いした。心から感謝している。相樂悠太氏（東京大学）には、参考文献を一覧にする作業を引き受けて頂いた。河村久仁子さん（華厳学研究所）は、参照のため必要とする文献を即座に用意して下さった。厚情に感謝する。

原著は井筒初の英文著作にして唯一の纏まった言語論である。それを和訳する機会を頂戴したことは、本来なら願っても叶わない幸運であろう。ただ、訳者への僥倖が原著者、原著にとっての幸いであったか心許ない。井筒でも自身の仕事の欠点には盲目になりがちであると述懐した。作業中、原著を歪めていないか苦慮したのは当然ながら、頂いた識者の教示も真に活かしえたか、いまだ懸念は消えない。なおご教示願う次第である。卓越せるものはすべて稀なほどに困難であるというのは、ここでも、少なくとも私にとって確かと思われる。

小野純一

著者
井筒俊彦（いづつ　としひこ）
1914年、東京都生まれ。1949年、慶應義塾大学文学部で講義「言語学概論」を開始、他にもギリシャ語、ギリシャ哲学、ロシア文学などの授業を担当した。『アラビア思想史』『神秘哲学』や『コーラン』の翻訳、英文処女著作 *Language and Magic* などを発表。
1959年から海外に拠点を移しマギル大学やイラン王立哲学アカデミーで研究に従事、エラノス会議などで精力的に講演活動も行った。この時期は英文で研究書の執筆に専念し、*God and Man in the Koran, The Concept of Belief in Islamic Theology, Sufism and Taoism* などを刊行。
1979年、日本に帰国してからは、日本語による著作や論文の執筆に勤しみ、『イスラーム文化』『意識と本質』などの代表作を発表した。93年、死去。『井筒俊彦全集』（全12巻、別巻1、2013年–2016年）。

監訳者
安藤礼二（あんどう　れいじ）
文芸評論。多摩美術大学美術学部教授。

訳者
小野純一（おの　じゅんいち）
イスラーム思想・哲学。自治医科大学医学部助教。

井筒俊彦英文著作翻訳コレクション
言語と呪術

2018年9月15日　初版第1刷発行
2025年7月 1 日　初版第4刷発行

著　者――――井筒俊彦
監訳者――――安藤礼二
訳　者――――小野純一
発行者――――大野友寛
発行所――――慶應義塾大学出版会株式会社
〒108-8346　東京都港区三田2-19-30
TEL〔編集部〕03-3451-0931
〔営業部〕03-3451-3584〈ご注文〉
〔　〃　〕03-3451-6926
FAX〔営業部〕03-3451-3122
振替　00190-8-155497
https://www.keio-up.co.jp/
装　丁――――中垣信夫＋中垣　呉［中垣デザイン事務所］
印刷・製本――萩原印刷株式会社
カバー印刷――株式会社太平印刷社


Printed in Japan ISBN978-4-7664-2457-7

# 事項索引

# 人名・著作名索引

※ア行
アイスフェルト，オットー Otto Eissfeldt 217
アキレス 137
『アタルヴァ・ヴェーダ』 216
アナクシメネース 57
アーバン，ウィルバー・M. Wilbur Marshall Urban 129–130
*Language and Reality* 145n1
アポローン 220, 222n9
アリストテレス 115, 119, 141, 148–149, 155, 158
『形而上学』 127n2
『範疇論』 155
『分析論後書』 127n8
『命題論』 127n8
アーロン，リチャード・I. Richard Ithamar Aaron 105–106
『普遍者論』*The Theory of Universals* 105
アンジェ，ピエール Pierre Angers 90
アンダーソン，ジェイムズ・F. James F. Anderson 136–137
『存在の絆』*The Bond of Being* 136
アンマン，ヘルマン Hermann Ammann 76, 121
『人間の発話』*Die menschliche Rede* 76
イェスペルセン，オットー Otto Jespersen 187
イーサー（イエス・キリスト） 58
イブン・アスィール Ibn al-Athīr 36
イブン・サービト，ハッサーン Ḥassān ibn Thābit 215
イブン・ヒシャーム Ibn Hishām 215, 220
『預言者ムハンマド伝』*Sīrat rasūl Allāh* 215, 220
禹 194–195
ヴァイスゲルバー，レオ Leo Weisgerber 154
ヴァレリー，ポール Paul Valéry 71, 73–74
『ヴァリエテ III』*Variété III* 73, 84n6
ヴァンドリエス，ジョゼフ Joseph Vendryes 75, 84n8
*Le Language* 84n8
ウィールライト，フィリップ Philip Wheelwright 130, 132
*The Burning Fountain* 145n2
ウェイリー，アーサー Arthur Waley 77
『道徳経』〔翻訳〕*The Way and its Power* 77
ウェルギリウス 70, 214
ウォーフ，ベンジャミン・L. Benjamin Lee Whorf 156
『英雄の書』*Sēper ha-yyāšār* 214
エリーニュエス 222n9
エルトマン，K. O. Karl Otto Erdmann 129
オイディプース 222n9
大伴坂上郎女 192 →『万葉集』
王力 77
「中國文法中的繫詞」 84n10
オグデン，チャールズ，K. Charles Kay Ogden 16, 20, 94, 96, 132
『意味の意味』*The Meaning of Meaning* 16
折口信夫 45n10
『最古日本の女性生活の根柢』 45n10
オルデンベルク，ヘルマン Hermann Oldenberg, *Die Religion des Veda* 45n4
オルドリッチ，チャールズ・ロバーツ Charles Roberts Aldrich 64
オルフェウス 57, 71–72

※カ行
カッシーラー，エルンスト Ernst Cassirer 9, 12, 157, 167n11, 173, 177
『象徴形式の哲学』*Philosophie der symbolischen Formen* 9, 157, 167n11
ガーディナー，アラン Alan H. Gardiner 160
ガリレオ 81–82
カルナップ，ルドルフ Rudolf Carnap 21, 69, 127n3
川村多実二 184, 188n3

※タ行
太姒　198
タイラー，エドワード・B. Edward Burnett Tylor, *Primitive Culture*　61n2
ダシャラタ王　200
ダルマキールティ　119
チェイス，スチュアート Stuart Chase　19, 156–158
チャドウィック，ノラ・K. Nora K. Chadwick　221
ツウェマー，サミュエル・M. Samuel Marinus Zwemer, *Studies in Popular Islam*　61n5
ディオニュソス　43, 72
鄭玄
『毛詩鄭箋』　204n3
ティンベルヘン，ニーコーラース Nikolaas Tinbergen　186
*Social Behaviour in Animals*　188n4
デカルト　64
『方法序説』　64
デボラ（女預言者）　217
ドノヴァン，J. J. Donovan　178
トマス・アクィナス　136, 138
ドライヴァー，G. R. Godfrey Rolles Driver　210, 222n2
ドライデン J. Dryden　71

※ナ行
西脇順三郎　3

※ハ行
バイイ，シャルル Charles Bally　81
ハイデガー，マルティン Martin Heiddegger　116
「形而上学とは何か」“Was ist Metaphysik?”　116
パウル，ヘルマン Hermann Paul　89
『言語史原理』*Prinzipien der Sprachgeschichte*　89
バークリー，ジョージ George Berkeley　140–142
『人知原理論』*Principles of Human Knowledge*　140
バッコス　72
ハロウェイ，ジョン John Holloway　126n1
ハワード，レン Len Howard　186
ハーン，アデレイド Emma Adelaide Hahn　201, 210
『仮定法と希求法』*Subjunctive and Optative*　204n4, 210
ハンムラビ法典　67
ピアジェ，ジャン Jean Piaget　173
*Language and Thought of the Child*　188n2
ピーコ・デッラ・ミランドラ Pico della Mirandola　213
ビッケル，E. Ernst Bickel　51
ヒューム，デイヴィッド David Hume　17, 106
ビューラー，カール Karl Bühler　9, 78, 134, 151, 173–174, 181
『言語理論』*Sprachtheorie*　9
ピンダロス「断片」53　222n8
フォスラー，カール Karl Vossler　77
*The Spirit of Language in Civilization*　84n9
フライズ，C. C. Charles C. Fries　151
『英語の構造』*The Structure of English*　151
プライス，ヘンリー・H. Henry Habberley Price　9, 118, 126
『思考と経験』*Thinking and Experience*　9, 118, 127n13
プラトン　102, 114–115, 162
『エウテュプロン』　115
『国家』　115
『パイドン』　115
『メノン』　115
『ブラーフマナ』　33
ブリッジマン，パーシー Percy Bridgman　89
プリュシュ，ブノワ Benoît Pruche　124–125
『サルトルの人間像』*L’homme de Sartre*　124
フルー，A. G. N. Antony G. N. Flew　166
ブルームフィールド，L. L. Bloomfield　156
フレイザー，ジェームズ James G. Frazer　13, 28, 65
フロイト，ジークムント Siegmund Freud　83
文王　198
フンボルト Wilhelm von Humboldt　154

ペダーセン，ヨハネス Johannes Pedersen　40
*Israel, its Life and Culture*　45n7, 46n11
ベルクソン，アンリ Henri-Louis Bergson　116–117, 119, 158
『創造的進化』*L'évolution créatrice*　116
ヘルメス文書　58
ホイットマン，ウォルト Walter Whitman　35
ポスト，アルベルト，H. Albert Herman Post　67
『民族誌的法学の基礎』*Grundriss der ethnologischen Jurisprudenz*　67
ボードレール，Ch. Charles Baudelaire　134
ホメーロス　52
『イーリアス』　127n12
ポルツィヒ，ヴァルター Walter Porzig　89, 92, 172
『言語の驚異』*Das Wunder der Sprache*　107n1, 172

※マ行
マイヤー，ゲルハルト Gerhard Meier, *Die assyrische Beschwörungssammlung Maqlû*　107n5
マウトナー，フリッツ Fritz Mauthner　149, 165
マクドナルド，マーガレット Margaret Macdonald　68–70
「倫理と言語の儀式的使用」"Ethics and the Ceremonial Use of Language"　68, 83n3
松本信廣　3
マーティー，アントン Anton Marty　151
マヌ法典　67
マーフィー，ジョン John Murphy　23, 24n3, 45n1
*The Origins and History of Religions*　24n3, 45n1
マラルメ，ステファヌ Stéphane Mallarmé　72–73, 84n5, 102
マリノフスキー，ブロニスワフ Bronislaw Malinowski　11, 50, 92, 179–180
『バローマ』*Baloma*　50
マリヤム（マリア）　58
マレー，ギルバート Gilbert Murray　43
*Five Stages of Greek Religion*　46n14
マレット，ロバート，R. Robert Ranulph Marett　50
『万葉集』　37–39, 44, 45n8, 45n9, 46n15, 191–192, 204n1
ミル，ジョン・ステュアート John Stuart Mill　147–148
ムハンマド（預言者）　40, 215, 220
メイエ，アントワーヌ　Antoine Meillet　152
*Linguistique historique et linguistique générale*　167n5
モース，マルセル Marcel Mauss　33
モリス，チャールズ Charles Morris　16–17, 104
『記号，言語，振る舞い』*Signs, Language and Behavior*　16, 108n6

※ヤ行
ヤコブ　219
柳田國男
『民俗学辞典』　46n12
山田孝雄　163–164
『日本文法論』　163
『日本文法学概論』　168n15
雄略天皇　38
ユベール，アンリ　Henri Hubert　33
揚伯峻（楊徳崇）　210
『文言語法』　210
ヨシュア　214

※ラ行
『礼記』　53–54
ライズィ，エルンスト Ernst Leisi　133–135, 162
ライヒェンバッハ，ハンス Hans Reichenbach　161
*Elements of Symbolic Logic*　168n14
ライル，ギルバート Gilbert Ryle　166
「体系的に誤解を招く表現」"Systematically Misleading Expressions"　166
ラッケンビル，ダニエル，D. Daniel David Luckenbill, *The Annals of Sennacherib*　222n3
ラッセル，バートランド Bertrand Russell　79, 117–118, 181

*An Inquiry into Meaning and Truth*　84n11, 127n5
『ラーマーヤナ』　200
ランガー，スザンヌ　Susanne Langer　9, 65, 177–178
『哲学の新しい調べ』*Philosophy in a New Key*　83n2, 177
『リグ・ヴェーダ』　32–33, 113, 127n11
リチャーズ，アイヴァー・A.　Ivor Armstrong Richards　16, 20, 94, 96, 129, 132, 144, 148–150, 159
『意味の意味』*Meaning of Meaning*　16
『文芸批評の原理』*Some Principles of Literary Criticism*　129
*Interpretation in Teaching*　167n1, 168n17
リード，ハーバート　Herbert Read　71
*Collected Essays in Literary Criticism*　84n4
リルケ，ライナー，M.　Rainer Maria Rilke　57, 71–72, 89
『オルフェウスへのソネット』*Die Sonette an Orpheus*　57, 71–72
『ドゥイノの悲歌』*Duineser Elegien*　57
ルジエ，ルイ　Louis Rougier　158
“Pseudo-problèmes résolus etsoulevés par la logique d’Aristote”　167n12
レヴィ゠ブリュール　L. Lévi-Bruhl　14, 173, 182
レーヴェース，ゲーザ　Géza Révész　93–94, 175–178, 182
『言語の起源および前史』*Ursprung und Vorgeschichte der Sprache*　93, 175
レナック，サロモン　Solomon Reinach　15
ロビンソン，リチャード　Richard Robinson　114, 123, 127n2
『定義』*Definition*　114, 123, 127n2
『プラトンの初期弁証法』*Plato’s Earlier Dialectic*　114

# 主要参考文献

翻訳にあたって参照した版（注に付記したものは除く）を挙げる。
本文で示した邦訳タイトルについては人名・著作名索引を参照されたい。


Aaron, R. I., *The Theory of Universals*, Oxford: Clarendon Press, 1952.
Aldrich, Ch. R., *The Primitive Mind and Modern Civilization*, London: K. Paul, 1931.
Ammann, H., *Die menschliche Rede*, 2 Bände, Lahr i. B.: M. Schauenburg, 1925–28.
Anderson, J. F., *The Bond of Being*, St. Louis: Herder Book, 1949.
Angers, P., *Commentaire à l'art poétique de Paul Claudel*, Paris: Mercure de France, 1949.
Aristoteles, *Analytica priora et posteriora*, ed. W. D. Ross, Oxford: Clarendon Press, 1964.
——, *Categoriae et Liber de interpretatione*, ed. L. Minio-Paluello, Oxford: Clarendon Press, 1949.
Ayer, A. J., *Language, Truth and Logic*, London: V. Gollancz, 1936.
Bally, Ch., *Linguistique générale et linguistique française*, Paris: E. Leroux, 1932.
Baudelaire, Ch., *Œuvres complètes*, I, Paris: Gallimard, 1975.
Baydawi (al-), ʿAbd Allāh ibn ʿUmar, *Anwār al-tanzīl wa-asrār al-taʾwīl*, 2 vols., al-Qāhhirah, 1939.
Bergson, H., *L'évolution créatrice*, dans *Œuvres*, Édition du centenaire, Paris: PUF, 1959.
Berkeley, G., *Principles of Human Knowledge*, Oxford: Oxford Univ. Press, 1996.
Bickel, E., *Homerischer Seelenglaube*, Berlin: Deutsche Verlagsgesellschaft für Politik und Geschichte M. B. H., 1926.
Black, M., *Critical Thinking*, Englewood Cliffs: Prentice-Hall, 1952.
—— (ed.), *Philosophical Analysis*, New York: Cornell Univ. Press, 1950.
Bloomfield, L., *Language*, Chicago: Univ. of Chicago Press, 1984.
Bloomfield, M. (tr.), *Hymns of the Atharva-Veda*, Oxford: Clarendon Press, 1897.
Bridgman, P., *The Nature of Physical Theory*, Princeton: Princeton Univ. Press, 1936.
British Museum, *Cuneiform Texts from Babylonian Tablets*, vol. 1, London: The Trustees, 1896.
Brunschvicg, L., *Les âges de l'intelligence*, Paris: PUF, 1947.
Bühler, K., *Tatsachen und Probleme zu einer Psychologie der Denkvorgänge*, Leipzig: W. Engelmann, 1907.
——, *Sprachtheorie*, Jena: G. Fischer, 1934.
Carnap, R., *Philosophy and Logical Syntax*, London: K. Paul, 1953.
Carrol, L., *Alice's Adventures in Wonderland and Through the Looking-Glass, and What Alice Found There*, London: Penguin Classics, 2003.
Cassirer, E., *Philosophie der symbolischen Formen*, T. 1, Berlin: B. Cassirer Verlag, 1923.
Chadwick, N., *Poetry and Prophecy*, Cambridge: Cambridge Univ. Press, 1952.
Chase, S., *Power of Words*, New York: Harcourt, Brace, 1954.
Claudel, P., *Cinq grandes odes*, Paris: Gallimard, 1966.
Codrington, R., *The Melanesians*, Oxford: Clarendon Press, 1891.
Cohen, M., *A Preface to Logic*, London: Routledge, 1946.
Copi, I., *Introduction to Logic*, New York: Macmillan, 1953.
*Corpus Hermeticum*, 1–2, éd. A. Nock, tr. A.-J. Festugière, Paris: Les Belles lettres, 1945.

Descartes, R., *Discours de la méthode*, éd. E. Gilson, Paris: J. Vrin, 1947.
Dodd, Ch., *The Bible and the Greeks*, London: Hodder & Stoughton, 1935.
Driver, G., *Problems of the Hebrew Verbal System*, Edinburgh: T. & T. Clark, 1936.
Durkheim, E., *The Elementary Forms of the Religious Life*, tr., J. Swain, London: Allen & Unwin, 1915.
Eissfeldt, O., *Einleitung in das Alte Testament unter Einschluss der Apokryphen und Pseudepigraphen*, Tübingen: Mohr, 1956.
Flew, A. (ed.), *Essays on Logic and Language*, Oxford: Blackwell, 1951.
Frazer, J., *The Golden Bough*, London: Macmilian, 1906.
Fries, Ch., *The Structure of English*, New York: Harcourt, Brace, 1952.
Gadd, C., *A Sumerian Reading-Book*, Oxford: The Clarendon Press, 1924.
——, "Babylonian Myth and Ritual," in *Myth and Ritual*, ed. S. Hooke, London, 1933.
Gardiner, A., *Theory of Speech and Language*, Oxford: Clarendon Press, 1951.
Ghil, R., *Traité du verbe*, Paris: Chez Giraud, 1886.
Ghosh, B., "Language and Literature" in *The History and Culture of the Indian People*, vol. 1, ed., R. Majumdar et al., Bombay: Bharatiya Vidya Bhavan, 1951, pp. 337–354.
Gokak, V., *The Poetic Approach to Language*, London: Oxford Univ. Press, 1952.
Goldziher, I., *Abhandlungen zur arabischen Philologie*, Hildesheim: G. Olms, 1982.
Granet, M., *Festivals and Songs of Ancient China*, tr., E. Edwards, London: Routledge, 1932.
Grapow, H., "Bedrohungen der Götter durch den Verstorbenen" in *Zeitschrift für ägyptische Sprache und Altertumskunde*, vol. 49, 1911, S. 48–54, 60–66.
Greene, G., *The Power and the Glory*, London: W. Heinemann, 1949.
Griffith, R. (tr.), *The Hymns of the Rigveda*, Benares: E.J. Lazarus, 1896–1897.
Guillaume, A., *Prophecy and Divination among the Hebrews and Other Semites*, London: Hodder and Stoughton, 1938.
Hahn, A., *Subjunctive and Optative*, New York: American Philological Association, 1953.
Heidegger, M., *Was ist Metaphysik?*, Bonn: F. Cohen, 1929.
Heinemann, F., *Existentialism and the Modern Predicament*, London: Black, 1953.
Holloway, J., *Language and Intelligence*, London: Macmillan, 1951.
Homerus, *Homeri Opera*, I–II, eds. D. Monro and Th. Allen, Oxford: Clarendon Press, 1902.
Hooke, S. (ed.), *Myth and Ritual*, London: Oxford Univ. Press, 1933.
Howard, L., *Birds as Individuals*, London: Collins Clear-Type Press, 1969.
Hubert, H. et M. Mauss, « Essai sur la nature et la fonction du sacrifice » in *L'année sociologique*, vol. 2, 1897, pp. 29–138.
——, « Esquisse d'une théorie générale de la magie » in *L'année sociologique*, vol. 7, 1902, pp. 1–146.
Ibn Hishām, ʻAbd al-Malik, Ibn Isḥāq, Muḥammad, *Sīrat rasūl Allāh* [*Das Leben Muhammed's nach Muhammed ibn Ishâk*], hrg. F. Wüstenfeld, 3 Bde, Göttingen: Dieterichs, 1858–1860.
Ibshīhī (al-), Muḥammad ibn Aḥmad, *al-Mustaṭraf fī kull fann mustaẓraf*, al-Qāhirah: ʿAbd al-Ḥamīd Aḥmad Ḥanafī, 1949.
Jespersen, O., *Language*, London: George Allen & Unwin, 1922.
Johnson, A., *A Treatise on Language*, Berkeley: Univ. of California Press, 1947.

Korzybski, A., *Science and Sanity*, Lakeville: International Non-Aristotelian Library, 1950.
Langdon, S., *Babylonian Penitential Psalms*, Paris: P. Geuthner, 1927.
Langer, S., *Philosophy in a New Key*, Cambridge: Harvard Univ. Press, 1951.
Leisi, E., *Der Wortinhalt*, Heidelberg: Quelle & Meyer, 1953.
Luckenbill, D. (ed.), *The Annals of Sennecherib*, Oregon: Wipf & Stock Publishers, 2005.
Malinowski, B., "Baloma: the Spirits of the Dead in the Trobriand Islands," in *The Journal of the Royal Anthropological Institute of Great Britain and Ireland*, London, Vol. 46, 1916, pp. 353–430.
——, *Magic, Science and Religion and Other Essays*, Boston: Beacon Press, 1948.
Meier, G., *Die assyrische Beschwörungssammlung Maqlû*, Osnabrück: Biblio-Verlag, 1967.
Meillet, A., *Linguistique historique et linguistique générale*, Paris: H. Champion, 1921.
Morgan, J. de, *L'humanité préhistorique*, Paris: Renaissance du livre, 1921.
Morris, Ch., *Signs, Language and Behavior*, New York: G. Braziller, 1955.
Murphy, J., *The Origins and History of Religions*, Manchester: Manchester Univ. Press, 1949.
Murray, G., *Five Stages of Greek Religion*, Garden City: Doubleday, 1955.
Ogden, C. & I. Richards, *The Meaning of Meaning*, London: K. Paul, 1923.
Oldenberg, H., *Die Religion des Veda*, Berlin: Verlag von Wilhelm Hertz, 1894.
Paul, H., *Prinzipien der Sprachgeschichte*, Halle a. S.: Niemeyer , 1920.
Pedersen, J., *Israel, its Life and Culture*, 4 vols., London: Oxford Univ. Press, 1946–1947.
Piaget, J., *Language and Thought of the Child*, tr., M. Gabain, London: Routledge & K. Paul, 1932.
Pickthall, M. (tr.), *The Meaning of the Glorious Koran*, London: A. A. Knopf, 1930.
Pindaros, *Carmina cvm fragmentis*, ed., C. Bowra, Oxford: Clarendon Press, 1947.
Porzig, W., *Das Wunder der Sprache*, München: L. Lehnen, 1950.
Post, A., *Grundriss der ethnologischen Jurisprudenz*, Oldenburg: A. Schwartz, 1894–1895.
Price, H., *Thinking and Experience*, Cambridge, Mass.: Harvard Univ. Press, 1953.
Pruche, B., *L'homme de Sartre*, Grenoble: Arthaud, 1949.
Read, H., *Collected Essays in Literary Criticism*, London: Faber & Faber, 1951.
Reichenbach, H., *Elements of Symbolic Logic*, New York: Macmillan, 1947.
Révész, G., *Ursprung und Vorgeschichte der Sprache*, Bern: A. Francke, 1946.
Richards, I., *Interpretation in Teaching*, New York: Harcourt Brace, 1938.
——, *Principles of Literary Criticism*, London: K. Paul, 1934.
Rilke, R., *Duineser Elegien; Sonette an Orpheus*, hrsg. W. Groddeck, Stuttgart: Reclam, 1997.
Robinson, R., *Plato's Earlier Dialectic*, Oxford: Clarendon Press, 1953.
Rougier, Louis, "Pseudo-problèmes résolus et soulevés par la logique d'Aristote," in *Actes du Congrès international de philosophie scientifique*, Sorbonne, Paris, 1935–1936.
Russell, B., *An Inquiry into Meaning and Truth*, London: G. Allen & Unwin , 1940.
Ryle, G., "Systematically Misleading Expressions," in *Logic and Language*, ed. A. Flew, Oxford: Blackwell, 1963–1966.
Sapir, E., *Selected Writings*, ed. D. Mandelbaum, Berkeley: Univ. of California Press, 1949.
Sartre, J.-P., *L'être et le néant*, Paris: Gallimard, 1943.
Sophocles, *The Oedipus at Colonus of Sophocles*, ed. R. Jebb, Cambridge: Cambridge Univ.

Press, 1889.
Stcherbatsky, Th., *La théorie de la connaissance et la logique chez les Bouddhistes tardifs*, tr. I. de Manziarly et P. Masson-Oursel, Paris: P. Geuthner, 1926.
Sweet, H., *Collected Papers*, Oxford: The Clarendon press, 1913.
——, *The History of Language*, Folcroft, Pa.: Folcroft Library Editions, 1974.
Tinbergen, N., *Social Behaviour in Animals*, London: Methuen, 1953.
Tylor, E., *Primitive Culture*, London: John Murray, 1929.
Urban, W., *Language and Reality*, London, G. Allen & Unwin, 1951.
Valéry, P., *Variété III*, Paris: Gallimard, 1936.
*The Vālmīki-Rāmāyaṇa*, 7 vols., ed., U. Shah & G. Bhatt, Baroda: Oriental Institute, 1960–1975.
Vendryes, Joseph, *Le language*, Paris: Renaissance du livre, 1921.
Vergilius, *P. Vergili Maronis Opera*, ed. R. Mynors, Oxford: Clarendon Press, 1969.
Waley, A., *The Way and its Power*, New York, 1958.
Wheelwright, Ph., *The Burning Fountain*, Bloomington: Indiana Univ. Press, 1954.
Zwemer, S., *Studies in Popular Islam*, London: The Sheldon Press, 1939.

石川忠久『詩経』全三巻、明治書院、1997–2000 年。

市川安司・遠藤哲夫『荘子』全二巻、明治書院、1966–1967 年。

井筒俊彦『コーラン』全三巻、岩波書店、1964 年。

遠藤哲夫『管子』全三巻、明治書院、1989–1992 年。

王力「中國文法中的繫詞」『清華學報』第 12 巻、第 1 期、1937 年、1–67 頁。

尾崎雄二郎『訓読　説文解字注』東海大出版会、1981 年。

折口信夫『折口信夫全集』第二巻、中央公論社、1965 年。

鎌田正『春秋左氏伝』全四巻、明治書院、1971–1981 年。

小柳司氣太『続東洋思想の研究』関書院、1938 年。

鄭玄『毛詩鄭箋』汲古書院、全三冊、1992–1994 年。

竹内照夫『礼記』全三巻、明治書院、1971–1979 年。

日本ムスリム協会編『日亜対訳注解聖クルアーン』日本ムスリム協会、1982 年。

星川清孝『楚辞』明治書院、1970 年。

柳田國男監修・民俗学研究所編著『民俗学辞典』東京堂出版、1951 年。

山田孝雄『日本文法論』宝文館、1908 年。

楊伯峻『文言語法』香港、劭華文化服務社、1955 年。